Michael Ritzau

DIE GROßE FONDSLÜGE

Michael Ritzau

Die große Fondslüge

Falsch beraten von Finanztest,
Sparkassen, Banken und Co

Tectum

Sämtliche im Buch präsentierten Angaben und Aussagen sind das Ergebnis von sorgfältiger Recherche und Berechnung. Der Autor kann aber weder Fehler in den externen Datenquellen noch bei den eigenen Berechnungen ausschließen. Haftungsansprüche jeglicher Art gegen den Autor sind grundsätzlich ausgeschlossen.

Michael Ritzau
Die große Fondslüge.
Falsch beraten von Finanztest, Sparkassen, Banken und Co
Tectum Verlag Marburg, 2016
ISBN 978-3-8288-3728-7

Lektorat: Christina Kruschwitz
Umschlag: CreativaImages / www.istockphoto.com
Druck und Bindung: Finidr, Český Těšín

Besuchen Sie uns im Internet
www.tectum-verlag.de

Bibliografische Informationen der Deutschen Nationalbibliothek
Die Deutsche Nationalbibliothek verzeichnet diese Publikation in der Deutschen Nationalbibliografie; detaillierte bibliografische Angaben sind im Internet über http://dnb.ddb.de abrufbar.

Für Geraldine und Tim

Inhalt

Einleitung: Die große Fondslüge – Wie uns teure Zufallsgewinner
als angebliche Spitzenfonds untergejubelt werden 11

1. Bevor wir loslegen – kurzer Crashkurs Fondsbewertung 15

2. Wer mischt alles mit bei der Fondslüge – und warum? 17
   Die Zukunft vorhersagen mit Blick in den Rückspiegel?
   Die Bewerter von Fonds 17
   Finanztest: Der Ex-Chef empfiehlt nur noch Indexfonds –
   seine Nachfolger haben den Absprung noch vor sich 20
   Morningstar: Der Marktführer verteilt nutzlose Sternchen –
   und jeder nutzt sie 25
   Lipper Leaders: Sinnlose Pünktchen statt nutzloser Sternchen 28
   Feri-Fondsrating: Die »Einäugigen unter den Blinden« herausfinden? 29
   Massenhaft Preise für jeden: Die »Fund and Asset Manager Awards« 31
   »Kosten hoch halten!«: Die Fondsstrategie der Banken, Sparkassen
   und Versicherungen 33
   Der Etikettenschwindel mit den verkappten Indexfonds 38
   Die Mär von den guten Banken: Sparkassen, Volks- und
   Raiffeisenbanken 40
   Die Fondslüge im Kostenquadrat: Dachfonds, Fonds mit
   erfolgsabhängigen Gebühren und Fonds im Versicherungsmantel 48
   Mischfonds: besonders beliebt, besonders teuer, besonders schlecht! 54
   Schließen, verändern, verschmelzen – Wie erfolglose Fonds aus der
   Statistik verschwinden 57

3. Unkritische Medienberichte als Verbreiter der Fondslüge 63

4. Die große Fondslüge – die Rolle von Politik und Lobbyismus 69
   Das Versagen der Politik bei Fondsregulierung und Riesterrente 72
   Die ignorierte Blaupause: Schwedens gelungene Prämienrente
   mit Indexfonds 81

5. Die große Fondslüge: Warum sind wir so leichte Opfer? 89
   Die Schule entlässt uns unvorbereitet – eine Fallstudie 89
   Wir unterschätzen massiv die Rolle des Zufalls 92
   Fonds sind anders als Toaster! 97
   Frei erfunden: Der Aufstieg und Fall des Fondsmanagers
   Felix Durchschnittlich 98
   Der Zufall und die Fondshitlisten 102
   Nun ist es bewiesen: Affen sind die besten Fondsmanager! 103

6. Investieren in aktiv gemanagte Fonds:
   Ein Spiel für Verlierer! 105
   Die Spur der Verlierer: Der Track Record der aktiv gemanagten Fonds 106
   Die Gretchenfrage: Gutes Fondsmanagement oder Zufall? 108
   Umtausch-Strategien 119
   Interview mit Nobelpreisträger Eugene F. Fama, 19. März 2016 120
   Interview mit Nobelpreisträger William F. Sharpe, 2. März 2016 123
   Der beste Fondsmanager aller Zeiten – Zufall oder Können? 127

7. Der große Test der Finanztest-Fondsempfehlungen 133
   Die Methodik der Finanztest: Ein bis fünf Jahre in den
   Rückspiegel schauen 133
   Wie Finanztest Topfonds durch Vergleich von Äpfeln und
   Birnen erschafft 135
   Aktien-, Renten-, Mischfonds: Die Besten der Finanztest im Test 139
   Alte (Zufalls-)Gewinner durch neue ersetzen?
   Die Umtauschstrategie der Finanztest im Test 152
   Finanztest-Bewertungen von Indizes und Indexfonds 157

Warum hält Finanztest an ihren Fondsempfehlungen nach Vergangenheitsperformance fest?	162

8. Taugt das Feri-Rating mehr als die Fondsempfehlungen der Finanztest? — 165

Die Ratingmethodik von Feri	166
Feri- und Lipper-Ratings sind oft fast identisch	167
Feri und Finanztest empfehlen dieselben Fonds – mit denselben schlechten Ergebnissen!	169

9. Die Resultate der Fondslüge: Die größten deutschen Publikumsfonds – Wie verwalten sie unser Geld? — 171

Hoffentlich merkt's keiner: Der drittgrößte deutsche Aktienfonds verliert die letzten sieben Jahre 3,8 % pro Jahr auf den Index	172
Der größte Publikumsfonds in Deutschland: Schon seit 2009 eine gigantische Geldvernichtungsmaschine	176
Uniglobal: Gebühren-Abzocke nach Genossenschaftsart – 100 % Gebühren für 2 % Abweichung vom Index	179
Schlechte Ergebnisse mit Konstanz: Der UniEuroRenta	184
10:2 für den Index: Die 12 größten Aktien-, Renten- und Mischfonds in Deutschland	186
Geld verlieren mit Gewinnerfonds von gestern: Wie Anleger durch falsches Timing schlechtere Renditen erzielen als die Fonds, in die Sie investieren	188

10. Die große Fondslüge – Wie viel Geld kostet sie uns? — 191

11. Die Lehren aus der Fondslüge für Privatanleger — 195

Provisionssystem durchschauen!	195
Kosten, Kosten, Kosten!	196
Diversifizieren, diversifizieren, diversifizieren!	197
Immer schön durchschnittlich bleiben!	201
Ignorieren Sie die Börsennachrichten!	203
Investieren, nicht Spekulieren!	204

Warten Sie nicht auf den richtigen Zeitpunkt – beginnen Sie jetzt! 205
Bleiben Sie Optimist und ignorieren Sie die Schwarzseher! 207

Schlusswort 213

Anhang – Ausführliche Tabellen 215

Literaturverzeichnis 223

Einleitung: Die große Fondslüge

Wie uns teure Zufallsgewinner als angebliche Spitzenfonds untergejubelt werden

»Die Fondsindustrie ist keine Vermögensverwaltungs-Industrie. Sie ist eine Marketingindustrie!« [1]

DAVID SWENSEN, LANGJÄHRIGER MANAGER
DES STIFUNGSFONDS DER YALE UNIVERSITÄT

Privatanleger in Deutschland verlieren Jahr für Jahr Milliarden Euro, weil ihnen überteuerte Fonds nach völlig falschen Auswahlkriterien empfohlen werden. Die Fondsanbieter leiten uns – um ihre Gebühreneinnahmen zu maximieren – bewusst in die Irre mit irrelevanten Informationen über Wertentwicklungen in der Vergangenheit. Gleichzeitig verschweigen sie uns, dass die Kosten die einzig relevanten Daten bei Fonds sind. Das ist ein riesiger Schwindel, der uns schon jahrzehntelang aufgetischt wird. Warum fallen wir so leicht darauf herein? Es gibt verschiedene Gründe: Die Schule entlässt uns fast ohne Finanzwissen ins Leben. Wir unterschätzen notorisch die Rolle des Zufalls – im Alltag ebenso wie bei der Wertentwicklung von Fonds. Das macht uns empfänglich für Falschinformationen. Aber die Schuld liegt nicht bei uns. Es gibt fundamentale Fehler im System, mit dem Fonds und andere Finanzprodukte hierzulande an den Mann oder die Frau gebracht werden.

Dieses Buch entlarvt – in verständlicher Sprache, aber immer wissenschaftlich fundiert und belegt – die Akteure der »großen Fondslüge«, die unerfüllbare Hoffnungen auf überdurchschnittliche Renditen mit angeblichen »Spitzenfonds« wecken und dafür sorgen, dass über hohe Gebühren für nutzloses Fondsmanagement ungeheure Summen aus den Taschen der Privatanleger in die Kassen von Banken und Fondsgesellschaften umgeleitet werden. Die Akteure reichen von den üblichen Verdächtigen wie Banken und Fondsgesellschaften über Firmen, die nutzlose Fondsratings produzieren, bis hin zur scheinbar unverdächtigen Finanztest. Jeder dieser Akteure spielt in diesem Spiel mit unserem Geld eine bestimmte Rolle und hat seine eigenen Motive.

Da haben wir die Produzenten der Fondsratings, die meist zugeben, dass ihre Ratings nichts über die zu erwartende Wertentwicklung eines Fonds aussagen, sie aber dennoch massenhaft produzieren und vermarkten. Die Fondsgesellschaften, die diese irrelevanten Ratings bewusst irreführend als Qualitätskriterium im Fondsmarketing einsetzen. Die Banken und Sparkassen, deren Provisionssystem den Verkauf teurer aktiv gemanagter Fonds erfordert, und die deshalb ihre kostengünstigen Indexfonds vor den Privatanlegern regelrecht verstecken. Die Stiftung Warentest, die – statt konsequent nur Indexfonds zu empfehlen – ihre Leser nach wie vor auch in überteuerte Zufallsgewinner lotst. Verantwortlich sind aber auch Politiker in Berlin und Brüssel, von denen zu wenige unabhängig von den Einflüsterungen der Finanz- und Fondsindustrie entscheiden. Ihre Fehlentscheidungen in der Regulierung von Fonds und des Finanzmarkts kommen uns teuer zu stehen.

All diese Akteure spielen ihren Part bei der großen Fondslüge, die Anleger in Deutschland jedes Jahr Milliarden Euro kostet. Wie viele, das berechnen wir näherungsweise in Kapitel 10. Der Hauptteil des Buches zeigt auf, warum das Investieren in »Spitzenfonds«, die in der Vergangenheit überdurchschnittlich waren, keinen Sinn macht. Wir erfahren in allgemeinverständlicher Form von den Ergebnissen führender Wissenschaftler. Wir befragen zwei Nobelpreisträger für Wirtschaftswissenschaften nach ihren Meinungen und Forschungsergebnissen zum Thema »Spitzenfonds«. Anhand der Finanztest-Fondshitlisten überprüfen wir dann selbst, wie die

Anleger mit diesen Tipps gefahren sind. Und wir schauen uns in Kapitel 9 an, wie die größten Fonds das Geld der Privatanleger in Deutschland verwalten. Abschließend betrachten wir in Kapitel 11, welche Lehren Privatanleger aus der großen Fondslüge ziehen können. Denn die gute Nachricht ist: Man muss nicht auf sie hereinfallen. Es gibt hervorragende kostengünstige Produkte – man muss sie nur kennen.

Noch eine Anmerkung: Dieses Buch ist keine generelle Kapitalismuskritik. Meine Kritik ist nicht politisch oder ideologisch motiviert. Die Kritik an der Fondslüge kann man gleich gut von einem marktliberalen Standpunkt wie aus Verbraucherschutzperspektive begründen. Ich habe nichts gegen Märkte, die funktionieren. Wer in einem funktionierenden Markt ein nicht konkurrenzfähiges übertuertes Produkt anbietet, wird entweder in Konkurs gehen oder seinen Preis senken müssen. Der Fondsmarkt für Privatanleger in Deutschland und vielen anderen Ländern wird aber dominiert von einer nicht konkurrenzfähigen übertuerten Produktklasse: den aktiv gemanagten Fonds. Aus dieser Tatsache folgt unmittelbar, dass der Fondsmarkt nicht funktioniert. [2] Politik und Regulierungsbehörden müssen einschreiten und das schnellstens ändern. Sie müssen nicht protektionistisch oder bürokratisch regulieren. Nein, sie müssen einfach nur dafür sorgen, dass der Fondsmarkt endlich funktioniert! Die Anleger müssen endlich die Fakten über die Fonds erfahren. Sobald das der Fall ist, werden übertuerte Fonds und nutzlose Fondsmanager ganz von alleine verschwinden.

1. Bevor wir loslegen – kurzer Crashkurs Fondsbewertung

Es ist sehr wichtig, frühzeitig einige Begriffe zu erklären, denen wir ständig in diesem Buch begegnen werden. Begriffe, die mit der Bewertung von Fonds zusammenhängen. Ganz wichtig ist: Um den Erfolg eines Fonds bewerten zu können, genügt nicht die Aussage, dass er in einem bestimmten Zeitraum gestiegen ist. Ein Fonds kann steigen und trotzdem – relativ betrachtet – Geld vernichten. Wenn z. B. ein Fonds über fünf Jahre 43 % im Plus liegt, sein Vergleichsmaßstab aber 55 %, dann weist der Fonds eine relative Wertentwicklung von -12 % auf. Gerade bei Aktien kommen nach Jahren mit hohen Gewinnen immer wieder Einbrüche. Anleger, deren Aktienfonds in den guten Jahren nicht genügen »vorgelegt« haben, erleben dann ihr blaues Wunder.

Was ist nun ein »geeigneter Vergleichsmaßstab«? Nun, es ist meist ein Index, der die Wertentwicklung der in ihm enthaltenen Wertpapiere – wie zum Beispiel Aktien oder Anleihen – nachbildet. Ein bekanntes Beispiel in Deutschland ist der Dax, der die Entwicklung der 30 größten börsennotierten Aktienunternehmen Deutschlands nachvollzieht. Bekannte Unternehmen wie BASF, Siemens oder VW sind darin enthalten. Für einen Aktienfondsmanager, der nur in Dax-Aktien investiert, ist der Dax genau der richtige Vergleichsmaßstab. Statt Vergleichsmaßstab wird gerne auch der englische Begriff »Benchmark« verwendet. Vergleichsmaßstäbe oder Benchmarks können auch aus mehreren Indizes zusammengesetzt sein. Beispiel: Für einen Mischfonds, der laut Fondsprospekt zur Hälfte in Aktien und zur anderen Hälfte in Anleihen investiert, ist eine 1:1 zusammengesetzte Benchmark aus geeigneten Aktien- und Anleihe-Indizes das Richtige.

Es werden – auch in diesem Buch – noch eine ganze Reihe weiterer Begriffe benutzt, die alle synonym für Benchmark bzw. Vergleichsmaßstab stehen: Referenzindex, Vergleichsindex, Index oder einfach nur »Markt«. Wenn z. B. Nobelpreisträger William F. Sharpe im Interview in Kapitel 6 davon spricht, dass ein Fondsmanager 15 Jahre lang den »Markt« geschlagen hat, dann meint er damit seine Benchmark. Damit genug der Begriffsklärungen. Im folgenden Kapitel wollen wir uns mit den Akteuren der großen Fondslüge befassen.

2. Wer mischt alles mit bei der Fondslüge – und warum?

Dieses Buch handelt von der großen Fondslüge bei offenen Investmentfonds. Es behandelt nicht eine ähnlich klingende Produktkategorie des kaum regulierten grauen Kapitalmarkts, die sogenannten geschlossenen Fonds. Nicht weil bei geschlossenen Fonds keine Kritik angebracht wäre (im Gegenteil, die kaum regulierten geschlossenen Fonds sind so ziemlich das Übelste, was einem Anleger über den Weg laufen kann). [3] Nein, wir konzentrieren uns auf offene Fonds, um aufzuzeigen, mit welchen Mechanismen Privatanleger in Deutschland und anderswo auch in diesem stark regulierten Bereich massenhaft über den Tisch gezogen werden. Wir beginnen mit denjenigen, die Fonds nach ihrer Wertentwicklung in der Vergangenheit bewerten.

**Die Zukunft vorhersagen mit Blick in den Rückspiegel?
Die Bewerter von Fonds**

Es gibt eine Reihe von kommerziellen Anbietern, die Fonds nach Vergangenheitsperformance bewerten. In Deutschland, der Schweiz und Österreich am wichtigsten sind Morningstar [4], Feri [5] und Lipper [6]. Um die Rolle dieser »Ratingagenturen« im System der großen Fondslüge zu verstehen, muss man sich erst einmal klarmachen, womit sie ihr Geld verdienen. Kein Privatanleger hat ihnen schließlich je einen Cent für ihre Fondsratings gezahlt. Der Sinn der Fondsratings ist nicht – auch wenn dieser Eindruck fast immer erweckt wird –, dem Privatanleger bei der Auswahl der besten Fonds zu helfen. Die Fondsratings sagen nichts über die zukünftige Wertentwicklung von Fonds aus.

Nein, die Fondsratings eignen sich für einen ganz anderen Zweck und werden genau dafür auch gemacht: als Marketingmaterial für den Fondsvertrieb! Zwar bewerten die Fondsratingagenturen in den allermeisten Fällen nicht im Auftrag der Fondsgesellschaften. Aber gerade das macht ja die Ratings für die Fondsgesellschaften so wertvoll: Ratings als »unabhängige« Bewertungen haben eine viel höhere Glaubwürdigkeit als solche, die im Auftrag erstellt wurden. Das bedeutet aber nicht, dass die Fondsgesellschaften nicht für Verwendung dieser Ratings zahlen. Natürlich tun sie das! Die Ratingagenturen erstellen ihre Ratings nicht aus »Spaß an der Freud«! Ihr Businessmodell ist es, diese Ratings zusammen mit anderen Fondsdaten zu vermarkten. [7] Die Fondsgesellschaften erwerben Lizenzen von den Ratingagenturen, um deren unabhängige Fondsratings für den Verkauf ihrer Fonds einzusetzen.

Hat man dieses Verhältnis zwischen Fondsratingagentur und Fondsgesellschaft einmal begriffen, versteht man einiges sehr viel besser. Beispielsweise, warum es allein in Deutschland Tausende von topbewerteten Fonds gibt. Warum die Ratinganbieter es nicht bei den Fondsratings belassen, sondern auch noch eine große Anzahl Preise für einzelne Fonds und sogar ganze Fondsgesellschaften vergeben. Aufgrund ihres Businessmodells haben die Produzenten der Fondsratings einen Anreiz, möglichst viele gute und sehr gute Bewertungen sowie Auszeichnungen von Fonds bereitzustellen, die dann für Fondsgesellschaften als Marketinginstrumente im Fondsvertrieb interessant sind. Davon profitieren einerseits die Produzenten der Fondsratings, da so die Zahl ihrer zahlenden Kunden steigt. Aber auch die Fondsgesellschaften, deren Interesse an unabhängigen positiven Bewertungen natürlich sehr groß ist.

Die Folge dieser »Win-Win-Situation«: Der prozentuale Anteil der mit »gut« oder »sehr gut« bewerteten Fonds ist extrem hoch: Er liegt je nach Ratinganbieter zwischen 32,5 und 40 % aller bewerteten Fonds. Die großen Fondsgesellschaften mit ihren Hunderten von Investmentfonds können so nicht nur einige wenige von »renommierten externen Ratingagenturen« ausgezeichnete Fonds präsentieren. Nein, die großen Fondsgesellschaften werden regelrecht mit Topratings überschwemmt. Morningstar, Feri und Lipper haben alle ein fünfstufiges Ratingsystem.

2. Wer mischt alles mit bei der Fondslüge – und warum?

Das bedeutet, dass die beiden besten Kategorien mit den Noten »sehr gut« und »gut« gleichgesetzt werden und damit für Marketingzwecke geeignet sind. Mit wie vielen solcher guten und sehr guten Ratings können die Fondsgesellschaften rechnen? Das ist in Tabelle 1 für die vier Marktführer bei den Fondsgesellschaften in Deutschland angegeben. Sie zeigt die Zahl der nach dem Zufallsprinzip zu erwartenden Fonds in den obersten zwei Kategorien der drei wichtigsten Anbieter von Fondsratings.

Tabelle 1: Zahl der nach dem Zufallsprinzip zu erwartenden Fonds mit guten und sehr guten Ratings*

Fondsgesellschaft	Zahl der Publikumsfonds	Morningstar 4/5 Sterne	Feri B/A	Lipper** 4/5
Allianz Global Investors	852	191/85	213/85	170/170
Deka	351	79/35	88/35	70/70
DWS	361	81/36	90/36	72/72
Union Investment	278	63/28	70/28	56/56
Prozentual		22,5 %/10 %	25 %/10 %	20 %/20 %

*Quellen: Websites der Fondsgesellschaften, Statistica [8], *Stand: 31.12.2015, **Lipper Leaders Total Return Rating*

Wie man sieht, sind die Zahlen extrem hoch. So hoch, dass die großen Fondsgesellschaften in jeder noch so exotischen Fondskategorie mit »gut« bzw. »sehr gut« bewerteten Fonds rechnen können. Diese werden dann im Fondsvertrieb als »Spitzenfonds« angepriesen. Und dieses System der Vermarktung von Fonds über positive, aber sinnlose Ratings funktioniert, die Fondskäufer reagieren wie gewünscht: Sie lenken ihre Anlagegelder in gut bzw. sehr gut bewertete Fonds, ohne auf deren im Vergleich zu Indexfonds extrem hohe laufende Kosten zu achten. [9] Sehr zu ihrem Schaden, denn:

> »Das Einzige, was mit einiger Zuverlässigkeit vorhersagt, welche Investmentfonds in der Zukunft am besten abschneiden werden, sind ihre laufenden Kosten!« (WILLIAM F. SHARPE IM INTERVIEW MIT DEM AUTOR)

In diesem ganzen kommerziellen Spiel der Fondsratingagenturen und Fondsgesellschaften gibt es einen ganz unwahrscheinlichen Teilnehmer: Die Stiftung Warentest/Finanztest mit ihren monatlichen Empfehlungen der »besten« aktiv gemanagten Fonds. Die Parallelen zu den kommerziellen Fondsratings sind leider frappierend: Auch Finanztest hat ein fünfstufiges Bewertungssystem, das nicht auf den Kosten, sondern auf der Wertentwicklung der Vergangenheit beruht. Auch bei der Finanztest befindet sich mehr als ein Drittel der aktiv gemanagten Fonds in den beiden höchsten Kategorien. Sie ist damit unter den Verbraucherschützern, die ansonsten zu Recht ausschließlich zu kostengünstigen Indexfonds raten, völlig isoliert.

Diese Empfehlungen sind ganz klar eine Leiche im Keller der Stiftung Warentest. Die wissenschaftliche Evidenz spricht eindeutig gegen sie. Die von der Finanztest empfohlene Strategie, in von ihr mit fünf oder vier Punkten bewertete Fonds zu investieren bzw. darin investiert zu bleiben, ist wissenschaftlich nicht gedeckt. Mit dieser Strategie sind mehr oder weniger deutliche Verluste gegenüber einem passiven Indexinvestment zu erwarten. Warum niemand diese Leiche endlich entfernt und dieses Empfehlungsbusiness stoppt, darüber kann man nur mutmaßen. Auf alle Fälle scheint es mir besonders kritikwürdig, dass ausgerechnet die Stiftung Warentest, die ein sehr hohes Vertrauen in der Bevölkerung genießt, ihren Lesern solche höchst zweifelhaften Tipps gibt und diese leider auch noch in die Bewertungen von fondsbasierten Versicherungsprodukten überträgt. Wir beginnen deshalb im nächsten Abschnitt bei der Finanztest. Nachfolgend gehen wir auf die drei wichtigsten kommerziellen Fondsrater Morningstar, Feri und Lipper ein.

Finanztest: Der Ex-Chef empfiehlt nur noch Indexfonds – seine Nachfolger haben den Absprung noch vor sich

Bevor ich zu den Fondstipps der Finanztest komme, möchte ich einige Worte zur Stiftung Warentest sagen. Die Idee einer unabhängigen Verbrauchertest-Stiftung – eine Idee Adenauers – wurde erst unter Ludwig Erhard realisiert. Der Bundesverband der Deutschen Industrie hielt das für überflüssig, die Verbraucher würden doch schon »in ausreichendem Maße durch die Werbung informiert«. [10] Ludwig Erhard war anderer Meinung:

»Die sollen spüren, dass sie es nicht mit einer fühllosen Masse zu tun haben, sondern mit bewusst gewordenen Verbrauchern.« [11]

So wurde die Stiftung Warentest 1964 auf Beschluss des Bundestags gegründet. Ziel war es, den Verbrauchern durch die vergleichenden Tests von Waren und Dienstleistungen eine unabhängige und objektive Unterstützung zu bieten. [12] Die Stiftung kennen nach eigenen Angaben 94 % der Deutschen, ein Drittel orientiert sich bei ihren Entscheidungen an den Tests. Als Ausgleich für den Verzicht auf Werbeeinnahmen erhält sie eine jährliche Zahlung vom Bundesministerium der Justiz und für Verbraucherschutz, die etwa 10 % ihres Etats ausmacht. Sie finanziert sich zum größten Teil durch den Verkauf ihrer Publikationen.

Ein gutes Testurteil der Stiftung Warentest kann den Umsatz eines Produkts massiv ankurbeln. Dementsprechend trägt die Stiftung Warentest eine hohe Verantwortung, was ihre Testkriterien angeht: Falsche Testkriterien führen zu falschen Kaufentscheidungen der Verbraucher.

Seit 1991 gibt die Stiftung Warentest die Zeitschrift Finanztest heraus. Sie befasst sich mit den Themen Versicherungen, Geldanlage, Steuern und Recht. Ein umfassender Serviceteil vergleicht in jedem Heft unter anderem aktiv gemanagte Fonds. Die Finanztest hat eine monatliche Auflage von ca. 219.000 Exemplaren (Stand: 2014) und ist damit nach Test die zweitwichtigste Publikation der Stiftung. Auch bei der Finanzierung ist Finanztest mit 22,7 % die zweitwichtigste Einnahmequelle. [13] Ob hierdurch ein Anreiz entsteht, liebgewonnene »kontinuierliche Testvorhaben« wie die »Fonds im Dauertest« auch gegen wissenschaftliche Vernunft beizubehalten, darüber möchte ich nicht spekulieren.

Die Finanztest-Fondsempfehlungen aktiv gemanagter Fonds sind mir aber schon lange ein Dorn im Auge. »Das sind doch die ‚Guten', denke ich schon seit Jahren. »Warum machen die das immer noch? Sehen sie nicht, dass sie damit ihrem Auftrag widersprechen und ihre Leser in die Irre führen?« Und ich stehe nicht allein mit dieser Ansicht:

»Man kann verstehen, dass Organisationen dies [gemeint sind Bewertungen von Fonds nach Vergangenheitsperformance, M. R.] tun, deren Geschäftsmodell es ist, Vorhersagen und Ratings zu verkaufen, aber ich finde es sehr deprimierend, dass eine von der Regierung finanzierte Verbraucherorganisation das auch tut.« (WILLIAM F. SHARPE IM INTERVIEW MIT DEM AUTOR)

Seit sehr vielen Jahren veröffentlicht Finanztest nun schon ihre Hitlisten aktiv gemanagter Fonds (»Das sind die Besten«). Monat für Monat aktualisiert sie diese Liste voller vom Zufall nach oben gespülter Fonds. Die Empfehlungen der Finanztest bei aktiv gemanagten Fonds pflanzen sich fort über Fondsdiscounter und Versicherungsmakler, die die Topfonds-Bewertungen der Finanztest weiterverbreiten, um ihre Produkte an den Mann zu bringen und Provisionen zu kassieren. Das Verhalten der Finanztest ist besonders kritikwürdig, weil:

- ihre Empfehlungsstrategie bei aktiven Fonds wissenschaftlich nicht fundiert ist: Die Wissenschaft ist sich einig, dass vor allem die Kosten Vorhersagekraft bei Fonds haben und der Zufall bei der Fondsperformance eine enorme Rolle spielt. Deshalb ist klar, dass unter den Finanztest-Topfonds enorm viele Zufallsgewinner sind, die nur Glück hatten.
- Finanztest im Gegensatz zu den kommerziellen Fondsratinganbietern Morningstar und Lipper den falschen Eindruck erweckt, man könne mit ihren Fondsempfehlungen und Umtauschstrategien den Index schlagen;
- sie nicht immer genügend Sorgfalt bei der Auswahl der geeigneten Benchmarks walten lässt[1].

Dass wir die Finanztest-Fondstipps für unseren breitangelegten Test der Spitzenfonds in Kapitel 7 verwenden, hat aber auch praktische Gründe: Die Tipps lassen sich gut mehrere Jahre zurückverfolgen, da Finanztest anders als kommerzielle Fondsrater die Daten alter Fondstipps nicht von ihrer Website verschwinden lässt. Die alten Finanztest-Ausgaben sind online zugänglich.

Noch ein Wort zur Stiftung Warentest: Ich kritisiere ihre Fondshitlisten in diesem Buch scharf. Diese Kritik soll jedoch ein Aufruf sein, »die Leiche im Keller« – die Empfehlungen von aktiv gemanagten Fonds nach

---

[1] Ein krasses Beispiel dafür finden wir in Kapitel 7 ab Seite 136.

2. Wer mischt alles mit bei der Fondslüge – und warum?

Wertentwicklungen der Vergangenheit – einzustellen. Ich kritisiere die Stiftung Warentest nicht generell. Sie soll weiter ihre wichtige Aufgabe erfüllen. Gerade im Finanzbereich müssen Produkte und Dienstleistungen unbedingt unabhängig getestet werden. In vielen Bereichen gibt sie nützliche Tipps und veröffentlicht aufschlussreiche Tests. So kritisiert sie völlig zu Recht die unverschämte Praxis der Performance-Fees bei Fonds, warnt vor geschlossenen Fonds, weist auf die hohe Kostenbelastung von fondsgebundenen Versicherungen hin usw. Meine Kritik erfolgt streng aus der Perspektive des Verbraucherschutzes und der Wissenschaft.

Finanztest sollte sich strikt auf das Empfehlen von kostengünstigen Indexfonds, sogenannten ETFs (Exchange Traded Funds) beschränken, wie sie das richtigerweise in ihren sogenannten »Pantoffelportfolios« macht. Stattdessen rät sie unbeirrt weiterhin auch zu aktiv gemanagten Fonds. [14] Dabei erweckt sie leider auch den völlig falschen Eindruck, dass ihre »Pantoffelportfolios« etwas für »Faule« bzw. »Einsteiger« sind, und das es noch eine zweite, ambitioniertere, ja sogar bessere Methode gibt, sein Geld anzulegen: es nämlich in die jeweils von der Finanztest sehr gut und gut bewerteten aktiv gemanagten Fonds zu investieren. [15] Dies sei zwar aufwendiger, da man die gewählten Fonds laufend überprüfen und ggf. austauschen müsse, jedoch noch erfolgversprechender, da man so – im Gegensatz zum »Pantoffelportfolio« – die Benchmark schlagen könne.

Das Testkriterium Vergangenheitsperformance betrifft leider nicht nur Fonds, sondern z. B. auch die Testergebnisse bei kapitalbildenden Versicherungen, wo die Finanztest typischerweise die Anlageergebnisse der Vergangenheit mit 40 % gewichtet. [16, 17] So bewertet Finanztest in Heft 10/2015 [18] den ersten indexfondsbasierten Riester-Fondssparplan »Fairriester« [19] als nur »eingeschränkt empfehlenswert«. Dies, obwohl dieser Fondssparplan das mit Abstand kostengünstigste Angebot im Markt der teuren Riester-Fondssparpläne darstellt: keine Abschlussprovision, Kosten von nur ungefähr der Hälfte der Konkurrenzprodukte von DWS, Union Investment und DEKA, keine Wechselkosten. Warum keine uneingeschränkte Empfehlung? Die Fonds seien nur »durchschnittlich«, heißt es.

Natürlich ist ein Indexfonds immer durchschnittlich, da er nur den Durchschnitt des Index abbildet. Trotzdem überholt dieser Durchschnitt im Laufe der Zeit nach und nach fast alle ehemals überdurchschnittlichen Fonds. Bei global investierenden Aktienfonds zum Beispiel waren nach einer Untersuchung von S&P Dow Jones Indices von 2016 nach einem Jahr noch 17,5 % der Fonds besser als der Index, nach 10 Jahren waren es noch ganze 2 % (vgl. Tabelle 12, Seite 118)

Als »empfehlenswert« wertet Finanztest dagegen die ungleich teureren Fondsparpläne »UniProfiRente Select« und »Deka-Bonusrente«. Warum? Weil die wesentlich teureren Fonds »überdurchschnittlich« sind![2]

Ich spare mir den Kommentar und wiederhole einfach mein Zitat aus der Einleitung. Es ist nämlich so fundamental wichtig, dass man es nicht häufig genug zitieren kann:

> »Das Einzige, was mit einiger Zuverlässigkeit vorhersagt, welche Investmentfonds in der Zukunft am besten abschneiden werden, sind ihre laufenden Kosten!« (*WILLIAM F. SHARPE IM INTERVIEW MIT DEM AUTOR*)

Pikant ist auch, dass der Fairriester-Fondssparplan vom langjährigen Ex-Finanztestchef Hermann-Josef Tenhagen in seiner neuen Funktion als Chefredakteur des gemeinnützigen Online-Verbrauchermagazins »Finanztip« erst kurz zuvor als derzeit »bester Riester-Fondssparplan« im Markt empfohlen wurde. [20]

Ich kann nur hoffen, dass Finanztest die Fondstipps nach Vergangenheitsperformance möglichst bald einstellt und – wie alle anderen Verbraucherschützer auch – nur noch kostengünstige Indexfonds empfiehlt. Denn eines werde ich in diesem Buch überdeutlich machen: Investieren in aktiv gemanagte Fonds ist ein Rezept zum Geldverbrennen!

---

[2] Was übrigens so nicht einmal stimmt: Die Rentenkomponente des »UniProfiRente Select« beispielsweise, der UniEuroRenta, wurde in fünf der letzten sieben Jahre mit einem relativen Verlust von mehr als 11 % vom Index abgehängt.

Morningstar: Der Marktführer verteilt nutzlose Sternchen – und jeder nutzt sie

Morningstar ist nicht nur in Deutschland, sondern weltweit der größte und bekannteste Anbieter von Fondsdaten, Fondsrankings und Fondsratings. Morningstar hat ein bei Anlegern, Banken und Fondsgesellschaften sehr beliebtes quantitatives Ratingsystem, das Investmentfonds nach ihrer Vergangenheitsperformance ein bis fünf Sterne zuweist. [21] Es wurde vielfach nachgewiesen [9], dass das Morningstar-Sterne-Rating einen enormen Einfluss darauf hat, in welche Fonds Privatanleger ihr Geld lenken. Schauen wir uns an, wie es funktioniert: Alle Fonds, die älter als drei Jahre sind und einer Morningstar-Fondskategorie zugerechnet werden können, werden innerhalb der jeweiligen Kategorie nach Rendite-Risiko-Verhältnis geordnet. Je nach Alter des Fonds werden dafür bis zu drei Zeitperioden (drei, fünf und zehn Jahre) herangezogen. Die besten 10 % der Fonds bekommen fünf Sterne, die nächsten 22,5 % vier, die mittleren 35 % der Fonds drei, die 22,5 % danach zwei und die schlechtesten 10 % der Fonds einen Stern.

Die Vorhersagekraft des Morningstar-Sterne-Rankings hat die Investmentgesellschaft Vanguard in einer Studie von 2010 untersucht. [22] Ergebnis: In den drei Jahren nach dem Datum des Morningstar-Ratings waren Sterne-Rating und Wertentwicklung invers korreliert. Das ist das Gegenteil von dem, was man erwartet! Es bedeutet, Fonds mit einem Stern entwickelten sich besser als Fonds mit fünf Sternen! Abbildung 1 zeigt, wie perfekt gegenläufig sich das Morningstar-Sterne-Rating und die relative Wertentwicklung im Vergleich zur Benchmark entwickelten.

Selbst Morningstar gibt mehr oder weniger unumwunden zu, dass sein Sterne-Rating nur die Vergangenheit bewertet. Die Firma hat klargestellt, dass ihre Sterne-Ratings von Fonds *nichts* über deren zukünftige Wertentwicklung aussagen. So sagt Ali Masarwah, der Chefredakteur für die deutschsprachigen Seiten von Morningstar:

> »Unsere Ratings stellen keine Kaufempfehlungen dar. ... Die alles entscheidende Frage, wie sich ein Fonds in der Zukunft schlagen wird, muss von dem Morningstar Sterne-Rating unbeantwortet bleiben.« [23]

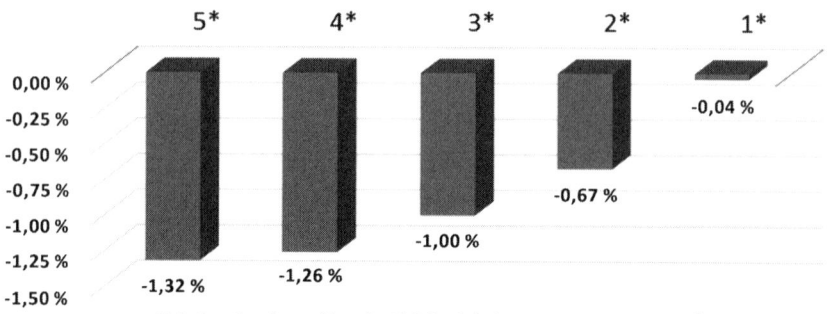

Abbildung 1: Morningstar-Sterne-Rating und relative Rendite*

Relative Fondsrenditen in Abhängigkeit vom Sterne-Ranking[1]

Quelle: Eigene Darstellung nach Vanguard [22], Untersuchungszeitraum 1992–2009, [1] *Relativ zur Fondskategorie-Benchmark in den drei Jahren nach Erhalt des Morningstar-Ratings.*

Viel klarer hätten man es nicht formulieren können! Finden wir einen Hinweis auf diese Nutzlosigkeit des Sterne-Ratings bei den unzähligen Banken, Fondsgesellschaften, Finanz-Websites, Anlegermagazinen, Fondsdiscountern und Versicherungen, die mit dem Morningstar-Sterne-Rating werben? Nein! Natürlich nicht! Nie! Nirgends! Immer werden Fonds, die vier oder fünf Sterne haben, als »ausgezeichnet«, als »von überdurchschnittlicher Qualität« oder als »Spitzenfonds« bezeichnet. Hier eine kleine, zufällige Auswahl von irreführenden Werbetexten, die sich beliebig fortsetzen ließe.

Deutsche Asset Management – der Fonds-Arm der Deutschen Bank:

> »Zwei Volltreffer – unsere beiden Aktienfonds DWS Aktien Strategie Deutschland und DWS Deutschland. 10-mal Weltklasse – mit ihrem Anlagekonzept konnten beide Fonds bisher überzeugen. Das sieht auch die renommierte Ratingagentur Morningstar so und hat beide Aktienfonds mit jeweils 5 von 5 Sternen ausgezeichnet.« [24]

Heidelberger Leben – die auf fondsgebundene Versicherungen spezialisierte Versicherung beschreibt ihre Auswahlkriterien für Fonds:

»Liegt ein Rating von Morningstar vor? Wie gut ist es? Um die Qualität der Fonds dauerhaft zu sichern, bevorzugen wir Fonds von überdurchschnittlicher Qualität, die überwiegend mit einem 4- bis 5-Sterne-Rating von Morningstar ausgezeichnet wurden.« [25]

FondsClever, ein Fondsdiscounter:

»FondsClever.de hat für Sie ,**Top 5 Sterne-Fonds**' ausgewählt. Bei Morningstar wurden diese Spitzenfonds mit ,5 Sternen' ausgezeichnet.« [26]

Das Ganze ist ziemlich perfide, zumal den Werbenden klar ist, dass das Morningstar-Fondsranking kein Qualitätssiegel oder eine Kaufempfehlung ist und dass die Ratingfirma ihm auch keine Aussagekraft für die Zukunft zuspricht. Dennoch wird hier massenhaft bewusst irreführende Werbung gemacht. Betrachtet man die gewählten Formulierungen genauer, so fällt auf, dass sie formal betrachtet sogar halbwegs wasserdicht sind. Keine der Aussagen verspricht schließlich irgendetwas für die Zukunft. Dennoch wird der normale Privatanleger, der diese Werbetexte liest, natürlich davon ausgehen, dass die von Morningstar »ausgezeichneten« Fonds auch in der Zukunft besser abschneiden sollten.

Interessant ist dabei auch, dass für Werbezwecke fast ausschließlich das Morningstar »Sterne-Ranking« und kaum das ebenfalls von Morningstar verbreitete »Analyst Rating« benutzt wird. Dies, obwohl Morningstar selbst nur das letztere Rating als »optimal für die Fondsauswahl« bewirbt: Das qualitative »Morningstar Analyst Rating« hat ebenfalls fünf Bewertungsstufen (Gold, Silber, Bronze, Neutral und Negativ). Laut Morningstar sind hier ausgezeichnete Fonds solche, »denen wir künftig eine überdurchschnittliche Rendite zutrauen«. Dass dieses qualitative Analyst Rating hält, was Morningstar verspricht, haben Untersuchungen zwar schon stark in Zweifel gezogen. [27] Aber es stellt sich doch die Frage, warum dem Sterne-Rating so ungleich viel mehr Aufmerksamkeit zuteil wird. Ich denke, die Antwort ist recht einfach: Man kann damit viel mehr Fonds bewerben! Es existierten am 23.2.2016 nur 124 mit Gold und 705 mit Silber bewertete Fonds im Analyst Rating (Morningstar Fonds Screener,

Deutsches Fondsuniversum, nur Publikumsfonds).[3] Demgegenüber gab es zum selben Stichtag 1.409 Fünf-Sterne- und knapp 4.080 Vier-Sterne-Fonds! Also 6,6-mal so viel!

Lipper Leaders: Sinnlose Pünktchen statt nutzloser Sternchen

Bei den Fondsratingagenturen in Deutschland ist Feri eigentlich wichtiger als Lipper. Aber auch Lipper-Ratings werden von fast allen Fondsgesellschaften veröffentlicht. Wir besprechen zuerst das »Lipper Leaders« genannte Fondsrating, da Lipper – ebenso wie Morningstar und im Gegensatz zu Feri – bereitwillig zugibt, dass seine Fondsratings keinerlei Vorhersagekraft für die zukünftige Fondsperformance haben. »*Lipper Leaders Ratings are not predictive of future performance*«. [28] Es gibt vier Ratingkategorien (Lipper Leaders genannt): Lipper Leaders für Gesamtertrag, Kapitalerhalt, konsistenten Ertrag und Kosten. Die Fonds werden nach Vergangenheitsperformance jeweils in 20 %-Gruppen eingeteilt und mit ein bis fünf Punkten bewertet. Das gibt satte 40 % »gute« und »sehr gute« Fonds mit vier oder fünf Punkten. Wie bei Morningstar wird keine geeignete Benchmark verwendet, sondern nur die »Peergroup«, also die Fonds der gleichen Anlagekategorie, deren Durchschnitt von ihrer Benchmark fast immer geschlagen wird. Gleichzeitig macht Lipper jede Menge überflüssiger bzw. widersprüchlicher Aussagen, z. B.:

- »Das Lipper Leaders Rating System dient Anlegern und Beratern als Hilfsmittel zur Entscheidungsfindung bei der Auswahl von Investmentfonds.«

Kommentar: Das ist eigentlich keine Aussage. Es besagt nur, dass die Ratings, die laut Lipper keinerlei Prognosekraft haben, von Leuten (unsinnigerweise) verwendet werden.

- »Die Auszeichnung Lipper Leaders ist kein Prognoseinstrument, kann aber als Richtschnur bei der Auswahl von Investmentfonds für bestimmte Anlageziele dienen.«

---

[3] Als »Publikumsfonds« werden die den Privatanlegern offenstehenden Fonds bezeichnet im Gegensatz zu den »Spezialfonds«, die nur institutionellen Anlegern wie z. B. Pensionskassen vorbehalten ist.

Kommentar: Ein offensichtlicher Widerspruch in sich. Zitieren wir mal jemanden, der sich mit so was auskennt: »Was ist der Sinn eines Ratings, wenn es nicht zukunftsorientiert, also prognostisch ist?« (Nobelpreisträger Eugene F. Fama im Interview mit dem Autor)

Gleichzeitig stellt Lipper sogar bewusst sein »Licht unter den Scheffel«. Denn selbstverständlich hat genau eins seiner vier Ratings eine Aussagekraft für die Zukunft. Der aufmerksame Leser weiß schon, welches: Lipper Leaders für Kosten. Wir erinnern uns an das Zitat von Nobelpreisträger Sharpe: »*Das Einzige, was mit einiger Zuverlässigkeit vorhersagt, welche Investmentfonds in der Zukunft am besten abschneiden werden, sind ihre laufenden Kosten!*« Warum wirbt Lipper nicht damit? Nun, weil sie wohl gleichzeitig einräumen müssten, dass die drei anderen Ratings das Papier nicht wert sind, auf dem sie gedruckt sind!

Feri-Fondsrating: Die »Einäugigen unter den Blinden« herausfinden?

Im Gegensatz zu Morningstar und Lipper, die offen zugeben, dass ihre Sterne- bzw. »Lipper Leaders«-Fondsratings keine Aussagekraft für die zukünftige Entwicklung eines Fonds haben und ihre Ratings nicht als Kaufempfehlung verstanden wissen wollen, lehnt sich die viel kleinere deutsche FERI EuroRating Services AG mit ihren Fondsratings weiter aus dem Fenster. Die hundertprozentige Tochter des Finanzvertriebs MLP meint, ein Fondsrating müsse in die Zukunft gerichtet sein (soweit stimmen wir zu), und behauptet: »Für einen Anlagehorizont von drei Jahren lässt sich beispielsweise für die gesamte Historie des Feri-Fondsratings zeigen, dass Fonds mit einem A oder B Rating im Durchschnitt ein deutlich besseres Ergebnis erzielt haben als Fonds, die mit C, D oder E bewertet werden.« [5] Das hört sich doch gut an, oder? Nach den Aussagen von Morningstar und Lipper zu ihren Ratings und den Ergebnissen der Vanguard-Studie zu den Morningstar-Ratings sind wir allerdings etwas skeptisch. Schauen wir mal genauer hin: Was sagt Feri da eigentlich? Wer genau liest, dem stellt sich nämlich sofort eine fundamentale Frage:

- Wo ist die Benchmark? Wie sieht die Performance der mit A und B bewerteten Fonds denn im Vergleich zur Benchmark aus? Feris Aussage oben vergleicht ja nur aktiv gemanagte Fonds untereinander! Die meisten Fonds sind aber schlechter als die Benchmark! Es fehlt eindeutig eine Bewertung in Relation zu einer angemessenen Benchmark. Es nützt ja nichts, wenn Feri die »Einäugigen unter den Blinden« herausfiltert, sprich Fonds, die zwar besser als der Durchschnitt der Fonds, aber schlechter als der Index sind.

Unsere Skepsis wird jedenfalls nicht geringer, wenn wir erfahren, dass Feri Fondsratings, im Gegensatz zu Morningstar, auch im Auftrag der Fondsgesellschaften macht (bei Fonds, die noch keine fünf Jahre alt sind). Hm – eine Bewertung eines Fonds, die durch den Fondsherausgeber bezahlt wird? Ist die das Papier wert, auf dem sie steht? Das hört sich doch eher nach der frühzeitigen Bereitstellung eines Marketinginstruments für die Fondsgesellschaft an. Feri versteht sich auch selbst als »kompetenter Partner für Banken, Versicherungen, Fondsgesellschaften«. [29] Schließlich sind das die zahlenden Kunden und nicht die Privatanleger. Die Firma preist ausdrücklich die Nützlichkeit ihrer Ratings für den Verkauf: »Für den Fondsvertrieb schließlich liefert das Fondsrating wichtige Verkaufsargumente.« [30] Wichtig – und vor allen Dingen massenhaft: Nicht weniger als 1.553 Fonds hat Feri als Topfonds der Kategorien A und B bewertet (Stand: 31.1.2016 [31]) Ob der Kunde, dem der Fondsvertrieb einen von Feri top bewerteten Fonds verkauft, davon profitiert, analysieren wir in Kapitel 8, wo wir auch die Methodik näher beschreiben.

Massenhaft Preise für jeden:
Die »Fund and Asset Manager Awards«

> »Es gibt keinen Unsinn, den man der Masse nicht durch geschickte Propaganda mundgerecht machen könnte«
>
> BERTRAND RUSSELL, BRITISCHER PHILOSOPH UND MATHEMATIKER

Im vorigen Abschnitt haben wir gesehen, dass die drei großen Fondsrater ihre Fondsratings in großen Mengen produzieren. In jeder Fondskategorie werden 30 bis 40 % der Fonds mit »gut« bzw. »sehr gut« »ausgezeichnet«. Man sollte meinen, das sei genug Material für die Marketingzwecke der Fondsverkäufer. Offenbar nicht. Die Fondsrater produzieren noch etwas in Mengen: Preise für Fonds und ganze Fondsgesellschaften, neudeutsch »Fund and Asset Manager Awards« genannt. Natürlich – genau wie die Ratings – basierend auf der Vergangenheitsperformance.

Die Idee: Allein oder mit bestimmten Medienpartnern in repräsentativer Umgebung jährlich eine große Menge Auszeichnungen verteilen. Bei Feri z. B. werden nicht weniger als 15 Gesellschaften und 13 Fonds ausgezeichnet. Zuvor wird die fünffache Menge »nominiert« und bekanntgegeben. Es gibt also 28 Preisträger und 140 Nominierte. Die Analogie zu den Oscar-Nominierungen ist sicher gewollt; so kann schon die Nominierung als Auszeichnung verstanden und vermarktet werden.

Wer denkt, dass Feri damit Weltmeister im Fondspreiseverleihen ist, liegt völlig daneben. Dieser Titel gebührt mit großem Abstand der Finanzen Verlag GmbH, die ebenfalls jährlich ihre »€uro-FundAwards« verteilt. Allerdings ohne Brimborium und repräsentative Umgebung. Das ginge beim besten Willen nicht mehr angesichts der sintflutartigen Preisschwemme, die die Finanzen Verlag GmbH sich ausgedacht hat. Wie funktioniert's? In nicht weniger als 69 Fondskategorien werden »jeweils die drei Fonds mit der besten Performance über ein, drei, fünf, zehn und zwanzig Jahre« mit den »€uro-FundAwards« ausgezeichnet. [32] Selbst höchst exotische Kategorien wie Fonds, die ausschließlich in türkische Aktien investieren, bekommen ihre eigene Kategorie. Preisfrage an den aufmerksamen Leser: Wie viele »€uro-FundAwards« vergibt die Finanzen Verlag GmbH jedes Jahr?

Sie denken vielleicht, drei ausgezeichnete Fonds in 69 Kategorien macht 207 Preisträger? Das wäre ja schon Rekord – ist aber leider falsch gerechnet. Die Preise werden für jede der fünf Zeitperioden *separat* verliehen! Das ergibt die unglaubliche Zahl von 1.035 Preisen, die Jahr für Jahr bei den »€uro-FundAwards« ausgeschüttet werden! Es ist damit – aufgrund der großen Rolle, die der Zufall bei der Fondsperformance spielt – für große Fondsgesellschaften definitiv unmöglich dieser Gießkanne auszuweichen und nicht etliche Preise verliehen zu bekommen. Das Ziel dieser wahrhaft inflationären Preisverteilung ist offensichtlich: Es soll eine möglichst große Zahl von Siegerfonds für Vermarktungszwecke kreiert werden. Bleiben wir einmal bei unserem Beispiel der Türkei-Aktienfonds: Hier gibt es – fasst man die unterschiedlichen Anteilsklassen derselben Investmentfonds zusammen – gerade einmal 11 unterschiedliche in Deutschland vertriebene Fonds (Stand: März 2016). Auf diese 11 werden jährlich Gold, Silber und Bronze in fünf Zeitperioden, also 15 »€uro-FundAwards« verteilt! Ich denke, Sie haben das Prinzip verstanden.

Die Fondsgesellschaften jedenfalls sind sehr zufrieden mit diesem System, die »Perlen« unter den Fonds herauszufiltern: Nicht ohne Stolz vermeldet z. B. die Allianz Global Investors mit ihren über 850 Publikumsfonds auf ihrer Website: »*Finanzen Euro Fund Award 2015: 36 Euro Finanzen Fund Awards für Allianz Global Investors.*« [33] Und auch der kleine Fondsanbieter Landesbank Baden-Württemberg verkündet feierlich, welch außergewöhnliche Ehre ihr zuteil geworden ist: »*Zwei unserer Fonds wurden mit dem €uro Fund Award 2016 ausgezeichnet.*« [34] Zufälligerweise vergisst sie – ebenso wie Allianz Global Investors – zu erwähnen, dass es zwei von 1.035 »ausgezeichneten« Fonds waren. Die potenziellen Fondskäufer könnten diese Zahl womöglich missverstehen und einen völlig falschen Eindruck vom Sinn und Zweck dieser Preise bekommen…

»Kosten hoch halten!«: Die Fondsstrategie der Banken, Sparkassen und Versicherungen

Ob man es mag oder nicht – auch die Banken und Bankmitarbeiter müssen Geld verdienen. Das ist ja auch grundsätzlich völlig in Ordnung. Andere Leute arbeiten schließlich auch nicht umsonst. Das Problem liegt woanders: Statt ihren Kunden den Aufwand für ihre Beratungen zu Fonds und anderen Finanzprodukten in Rechnung zu stellen, haben die Banken und Versicherungen sich für ein System von versteckten Provisionen und verdeckten Kosten entschieden. Dieses System ist unehrlich, baut einen unnötigen Interessengegensatz zwischen Bank und Bankkunde auf und führt – wie wir im nächsten Abschnitt erläutern werden – zu suboptimaler Beratung und hohen Kosten für die Kunden.

Das Provisionssystem erfordert den Verkauf teurer Produkte

Es ist zentraler Teil unserer Lernkurve zu begreifen, dass die »kostenlose Beratung« bei einer Bank, Sparkasse oder Versicherung weder kostenlos noch eine Beratung ist. Niels Nauhauser, Finanzexperte der Verbraucherzentrale Baden-Württemberg, bringt es auf den Punkt: »Jeder, der kostenlos berät, ist Verkäufer.« [35] Viele von uns machen sich darüber keine Gedanken. Man geht zur Bank, nennt eine Summe, die man einmalig oder über einen Sparplan anlegen will, und bekommt ein Finanzprodukt, wie z. B. einen Fonds, empfohlen. Wenn man Glück hat, entspricht das empfohlene Produkt halbwegs den eigenen Anlagezielen und der eigenen Risikoneigung. Sehr wahrscheinlich ist es zwar nicht, wie u. a. mehrere Finanztest-Tests der Beratungsqualität bei Banken und Sparkassen ergeben haben, [36, 37] aber man hat immerhin eine Chance. Was man allerdings so gut wie nie empfohlen bekommt, ist ein kostengünstiges Produkt, trotz der entscheidenden Rolle, die niedrige Kosten für eine gute Rendite haben. Für den Bereich Fonds heißt das, man bekommt regelmäßig teure aktiv gemanagte Fonds und keine kostengünstigen Indexfonds vermittelt.

Warum ist das so? Es liegt nicht daran, dass einem die »Berater« die »besten« Fonds zukommen lassen wollen. Die ganze unsinnige Fokussierung auf die – weitestgehend vom Zufall bestimmte – Vergangenheitsperformance bei Fonds ist nur ein Nebelvorhang, bewusst erzeugt, um uns vom wahren Empfehlungsgrund für aktiv gemanagte Fonds abzulenken: den Provisionen, die die Fondsgesellschaften an die Fondsverkäufer zahlen. Das Provisionssystem spielt eine ganz entscheidende Rolle bei der großen Fondslüge. Ohne es hätten Banken und Sparkassen viel weniger Grund, ihren Kunden besonders teure Fonds aufzuschwatzen.

Man kann es drehen, wie man will, eine indirekt über Provisionen bezahlte Beratung kann aufgrund des Interessenkonflikts bei den Kosten nichts taugen. Zahlreiche Fehlberatungsskandale beweisen das immer wieder. Provisionen speisen sich schließlich aus den Kosten der vermittelten Finanzprodukte. Ein Indexfonds mit vielleicht 0,2 % laufenden Kosten zahlt keine Provisionen und wird nicht vermittelt. Den meisten Kunden der Banken und Sparkassen sind die Zusammenhänge nicht ansatzweise klar:

- Weder haben sie einen Überblick z. B. über die Kosten eines aktiv gemanagten Fonds im Vergleich zu einem vergleichbaren Indexfonds,
- noch wissen sie, welcher Anteil der einmaligen und laufenden Gebühren der vermittelten Finanzprodukte für die Finanzierung des Vertriebs aufgewendet wird.

Schlimmer noch: Das ganze Provisionssystem ist der überwiegenden Mehrheit der Bundesbürger überhaupt nicht bekannt! Wie aus einer repräsentativen Umfrage der EBS Business School in Oestrich-Winkel vom Herbst 2014 [38] hervorgeht, glauben »fast zwei Drittel der Teilnehmer, dass eine Beratung in finanziellen Angelegenheiten durch Banken, Sparkassen und andere Finanzdienstleister generell kostenlos sei«. Nur 17 % wissen, dass die Beratung über Provisionszahlungen der Produktanbieter, also z. B. der Fondsgesellschaften, an die »Berater« finanziert wird. Es ist klar, dass alle Finanzdienstleister, die nach dem Provisionssystem arbeiten (also ca. 99 % der in Deutschland tätigen), ein finanzielles Interesse daran haben, diesen Zustand der Unwissenheit aufrechtzuerhalten. Sie verdienen gut dabei. So zahlen beispielsweise Aktienfondsanleger ihrem Provisionsberater für die einmalige Empfehlung eines aktiv gemanagten Fonds Jahr für Jahr ca.

0,6 % ihres angelegten Kapitals. [39] Diese dauerhafte »Bestandsprovision« steht in keinem Verhältnis zur erbrachten Leistung, die im einmaligen Verkauf eines schlechten, weil überteuerten Produkts bestand.

Und noch etwas ist offensichtlich: Die Bankkunden sind sich auch nicht darüber im Klaren, wie sich die hohen laufenden Kosten der im Provisionssystem vermittelten aktiv gemanagten Fonds über den Zinseszinseffekt mittel- bis langfristig oft in astronomische Größenordnungen steigern. Geht man von der realistischen Annahme aus, dass die Rendite vor Kosten bei aktiv gemanagten Fonds und Indexfonds gleich ist (wie wir später sehen werden, kann man das für aktiv und passiv gemanagte Gelder sogar mathematisch nachweisen [40]), so kann man die Auswirkungen von hohen laufenden Kosten mit der Annahme einer Bruttorendite leicht ausrechnen (Tabelle 2, Abbildung 2).

Tabelle 2: Kostenexplosion bei aktiven Fonds durch hohe laufende Gebühren

	Dax-Indexfonds	Aktiver Dax-Fonds	Differenz
Laufende Kosten	0,10 %*	1,85 %*	1,75 %
Anlagebetrag	10.000 Euro	10.000 Euro	-
Nettorendite	8,14 %**	6,39 %	1,75 %
Wert nach 10 Jahren	21.871 Euro	18.578 Euro	3.293 Euro
Wert nach 20 Jahren	47.833 Euro	34.516 Euro	13.317 Euro
Wert nach 30 Jahren	104.614 Euro	64.125 Euro	40.489 Euro

Quellen: JustETF [40], Morningstar [42], *Typische laufende Kosten eines Dax-Indexfonds bzw. aktiv gemanagten Aktienfonds, **Basierend auf der Dax-Rendite über 30 Jahre von 8,24 % seit seiner Erstberechnung am 31.12.1987 bis 31. März 2016

Wie man sieht, entwickelt sich der Kostennachteil des aktiv gemanagten Fonds nicht linear, sondern aufgrund des Zinseszinseffekts der Kosten exponentiell! Nach 30 Jahren hat der Anleger in einen aktiv gemanagten Fonds brutto über 40.000 Euro mehr berappt als der Anleger in einen Indexfonds. Da wir in Übereinstimmung mit der Wissenschaft von einer gleich hohen Bruttorendite von aktiven und passiven Fonds ausgehen, werden diese Kosten durch nichts kompensiert: sie gehen 1:1 von der Rendite des Anlegers ab, die entsprechend um mehr als 40.000 Euro niedriger

Abbildung 2: Wertentwicklung von 10.000 Euro nach 10, 20 und 30 Jahren (in EUR)

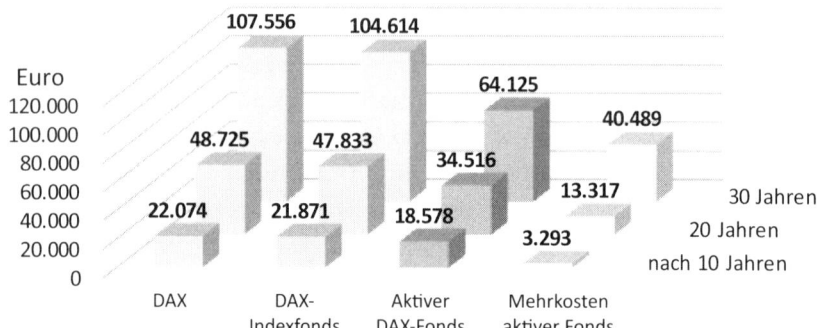

Quelle: Eigene Darstellung basierend auf Tabelle 2

ausfällt. Das sind die Kosten der im Provisionssystem vermittelten Fonds. Dabei sind etwaige Ausgabeaufschläge noch nicht einmal eingerechnet. Die Kunden tragen diese exorbitanten Kosten nur aus einem einzigen Grund: Weil sie ihr Ausmaß überhaupt nicht erkennen.

Wieder kann man nicht nur aus Verbraucherschutzperspektive argumentieren. Man braucht gar nicht unbedingt ein Provisionsverbot, um das Problem zu lösen. Es gibt ein genauso überzeugendes marktliberales Vorgehen: Politik und BaFin müssen nur endlich einen transparenten Markt für Fonds und andere Finanzprodukte schaffen. Einen Markt, in dem die Anleger die Kosten der Produkte klar erkennen. Das tun sie nicht durch Offenlegung prozentualer Kosten irgendwo im Kleingedruckten. Es muss bei Finanzprodukten wie aktiv gemanagten Fonds auf Eurobasis klar erkennbar sein, wie viel Geld bei einer typischen Renditeannahme für Gebühren draufgeht.

Sobald (und nur wenn) diese Zahlen offengelegt sind, wird sich das Provisionssystem in Luft auflösen. Die Anleger werden dann entweder selbst ihre Anlageentscheidungen treffen oder eine unabhängige Beratung auf Honorarbasis in Anspruch nehmen. Natürlich würden dadurch viele Arbeitsplätze in der Finanzindustrie verlorengehen. Aber niemand braucht eine Fondsindustrie, die Nebelwände aus irrelevanten Informationen hochzieht, die ihre eigenen Indexfonds vor Privatanlegern versteckt und das Marketing in den Mittelpunkt ihrer Aktivitäten rückt. Niemand braucht die Unmenge nutzloser Fondsmanager und Provisonsverkäufer, die heute existieren. Sie fügen den Vermögen der privaten Anleger in Deutschland Jahr für Jahr einen enormen Schaden zu.

Preiswerte Indexfonds: Haben wir, sagen's Ihnen aber nicht!

Große institutionelle Kunden (wie z. B. Pensionskassen) haben schon lange Nachfrage nach kostengünstigen Alternativen zu den aktiv gemanagten Fonds generiert. Deshalb haben nahezu alle Banken (unrühmliche Ausnahme: die genossenschaftlichen Volks- und Raiffeisenbanken) neben aktiv gemanagten Fonds auch preiswerte Indexfonds »im Angebot«. Dieses Angebot richtet sich aber nicht an jedermann! Von den Privatanlegern wollen sie weiterhin die hohen Gebühren für aktiv gemanagte Fonds kassieren. Frei nach dem Motto: »Mit denen kann man's ja machen!« Um den bereits stark ins Rollen gekommenen Trend weg von Fonds hin zu kostengünstigen Indexfonds (ETFs) [43] zumindest bei Privatanlegern so weit wie möglich zu verzögern, werden ihnen deshalb so gut wie nie ETFs angeboten.

Aus diesem Grund erfolgt im Privatkundenbereich bei fast allen Banken eine strikte Trennung von aktiv gemanagten Fonds und ETFs. Obwohl beides Fonds sind, tauchen sie auf den Websites der Banken grundsätzlich nicht zusammen auf. Beispiel Deutsche Bank: Der Marktführer im Bereich Indexfonds in Deutschland hat seine Fonds zusammen mit den ETFs unter einem Dach, dem der »Deutschen Asset Management«, organisiert. Auf der »Deutsche Asset Management«-Homepage »www.dws.de/Produkte« werden in Fondsbereich aber ausschließlich aktiv gemanagte Fonds vorgestellt. Kein noch so kleiner Hinweis findet sich auf die 206 Indexfonds (Stand: 11.4.2016 [44]), die DB X-Trackers – der ETF-Arm der Deutschen Asset Management – aufgelegt hat. Ein ganz anderes Bild dagegen bei den institutionellen Kunden der Deutschen Bank: Pensionskassen und Versicherungen z. B. bekommen auf den für sie bestimmten Bereichen der »Deutsche Bank«-Website selbstverständlich auch ETFs angeboten. [45] Wer allerdings glaubt, solche Praktiken findet man nur bei nach Shareholder Value organisierten privaten Banken, irrt sich gewaltig. (vgl. Seite 40 ff.)

Der Etikettenschwindel mit den verkappten Indexfonds

Die Fondsindustrie würde es nie offiziell zugeben, aber sie weiß natürlich selbst, dass aktives Fondsmanagement nicht funktioniert. Die Fondsmanager wissen, dass sie nur mit Glück ihre Benchmark schlagen können. Sie wissen auch, dass ihre Chancen schlecht stehen: So haben im Jahr 2014 gerade mal 12 % der global investierenden Fondsmanager ihre Benchmark MSCI World geschlagen. [46] Aus dieser Erkenntnis heraus könnten die Fondsgesellschaften nun ihr aktives Fondsmanagement einstellen oder zumindest stark reduzieren und sich auf Indexfonds konzentrieren.[4] Das wäre logisch, hätte aber ein Problem zur Folge: Den Banken und Sparkassen sowie den – in Deutschland meist in ihrem Besitz befindlichen – Fondsgesellschaften würden viele Milliarden im Jahr entgehen, wenn sie statt der fetten Kostenquoten der aktiven Fonds nur noch die mageren Gebühren der Indexfonds vereinnahmen würden.

Deshalb ist eine andere Lösung dieses Dilemmas verbreitet: der Etikettenschwindel mit verkappten Indexfonds! Das sind gemanagte Fonds mit hohen Gebühren, die aber nur ein minimales aktives Management betreiben und ansonsten hauptsächlich wie der Index investieren. Im englischsprachigen Raum gibt es dafür die Begriffe »Closet Tracker« oder »Index Hugger«, auf Deutsch etwa mit »heimlicher Indexfonds« bzw. »Index-Umarmer« zu übersetzen. Diese Fonds kassieren hohe Gebühren, obwohl ihre Fondsmanager – aus Faulheit, Inkompetenz oder Angst vor dem Index – die Arbeit verweigern. Fonds müssen tun, was sie vorgeben zu tun. Verkapptes übersteuertes Indexinvestment darf bei angeblich aktiv investierenden Fonds nicht toleriert werden.

Heimliche Indexfonds sind weltweit und auch in Deutschland ein Riesenproblem. Eine globale Studie [47] hat es Anfang 2015 ans Licht

---

[4] Wenn alle nur noch den Index nachbilden, besteht in der Theorie das Problem, dass niemand mehr für eine angemessene Bewertung der Aktien sorgt, die der wirtschaftlichen Lage der an der Börse notierten Unternehmen entspricht. Mit einem Anteil der echten Indexfonds von etwa 16 % in Deutschland sind wir aber davon noch meilenweit entfernt.

gebracht: Je nach Land stecken unglaubliche 15 bis 58 % des insgesamt in Fonds angelegten Geldes in heimlichen Indexfonds. Bei den in Deutschland aufgelegten Fonds beträgt die Quote laut dieser Studie volle 34 %! Das ist mehr als das Doppelte des hierzulande in echte Indexfonds investierten Geldes! Der Etikettenschwindel mit den heimlichen Indexfonds kostet die Anleger jedes Jahr Unsummen. Wie viel? Wenn wir mal konservativ annehmen, dass 25 % der in Deutschland vertriebenen aktiven Fonds verkappte Indexfonds sind,[5] dann kann man die Summe basierend auf den in Kapitel 10 gemachten Annahmen und Berechnungen ziemlich genau bestimmen (Tabelle 3):

Tabelle 3: Jährlicher Schaden für Privatanleger in Deutschland durch überhöhte Gebühren für heimliche Indexfonds

Anlagevolumen aktiv gemanagte Publikumsfonds (Mrd. EUR)*	Geld in heimlichen Indexfonds (25 %, Mrd. EUR)	Gewichtete laufende Kosten verkappte Indexfonds**	Gewichtete laufende Kosten echte Indexfonds**	Differenz (%)	Schaden pro Jahr (Mrd. EUR)
703.846	175.962	1,55 % p. a.	0,31 % p. a.	1,24 % p. a.	2,182

Quelle: BVI [48], *Stand: 31.8.2015, nur Aktien-, Renten- und Mischfonds, **vgl. Kapitel 10

Man kommt so auf knapp 176 Milliarden Euro, die 2015 in verkappten Indexfonds steckten. Multipliziert man diese Zahl mit dem gewichteten Kostennachteil der aktiven Fonds gegenüber echten Indexfonds (1,24 % p. a.), kommt man auf knapp 2,2 Milliarden Euro, die den Privatanlegern in Deutschland allein 2015 ungerechtfertigt aus der Tasche gezogen worden sind!

Es ist höchste Zeit, dass die Regulierungsbehörden einschreiten! Viel zu lange haben sie diese weitverbreitete Praxis einfach toleriert. Es geht nicht darum, den Fonds ihre Gebühren vorzuschreiben. Es geht darum, den

---

[5] Man kann nicht einfach von den 34 % in der Studie ausgehen, da sehr viele in Deutschland vertriebene Fonds in Ländern wie Luxemburg und Irland aufgelegt sind, wo die Quoten heimlicher Indexfonds laut Studie nur 22 bzw. 25 % betragen.

Etikettenschwindel zu beenden. An Fonds, die behaupten, ein aktives Management zu betreiben, müssen klar definierte Mindestanforderungen gestellt werden. Fonds müssen tun, was sie vorgeben zu tun. Obwohl das Problem schon lange besteht, sind leider viele Regulierungsbehörden erst aktiv geworden, nachdem die Financial Times 2015 auf den »gigantischen Skandal der verkappten Indexfonds« und die oben erwähnte Studie aufmerksam machte. [49] Die italienische Finanzaufsicht hat unlängst begonnen, gegen solche Fonds vorzugehen. [50] Auch die europäische Finanzmarktaufsicht hat Untersuchungen eingeleitet. Die BaFin hat – leider mit als letzte europäische Regulierungsbehörde – nun endlich eine Untersuchung gestartet, die die verkappten Indexfonds unter den aktiv gemanagten Fonds herausfinden soll. [51]

Ich bin gespannt, welche konkreten Schritte folgen werden und ob man damit das Problem tatsächlich in den Griff bekommen wird. Denn es ist nicht ganz leicht, die heimlichen Indexfonds zu überführen. Die erwähnte Studie verwendete z. B. eine »Active Share« genannte Kennzahl, um die Etikettenschwindler zu überführen. Andere Möglichkeiten sind der sogenannte »Tracking Error« oder das »Bestimmtheitsmaß« R^2. Darauf hier einzugehen, würde den Rahmen des Buches sprengen und die Allgemeinverständlichkeit reduzieren. Wie wir aber später beim Uniglobal sehen werden, können Fonds, die beim »Active Share« noch als aktiv durchgehen, ein Bestimmtheitsmaß von 98 % haben, was bedeutet, dass die Bewegungen des Fonds zu 98 % durch die Bewegungen des Index, in den sie investieren, erklärbar sind. Hohe Gebühren für 98 % Index? Aktives Management sieht in den Augen der allermeisten Leute sicher anders aus!

Die Mär von den guten Banken: Sparkassen, Volks- und Raiffeisenbanken

Sparkassen und Genossenschaftsbanken genießen einen guten Ruf in der Bevölkerung. Jeder zweite Deutsche hat ein Konto bei einer Sparkasse, Volks- oder Raiffeisenbank. [52] Warum ist das Vertrauen so hoch? Nun – das ist recht gut zu erklären: Sparkassen sind öffentlich-rechtliche Kreditinstitute, in den Sparkassengesetzen ist die Erzielung eines Gewinns nicht als Hauptzweck des Geschäftsbetriebs definiert. Angeblich ist das Leitmotiv der Sparkassen die Gemeinwohlorientierung. [53] Regelmäßig liest man in den lokalen Zeitungen über Spenden der Sparkasse für einen guten Zweck.

Ein ähnliches Vertrauen genießen die genossenschaftlich organisierten Volks- und Raiffeisenbanken. Historisch als Kreditinstitute der »kleinen Leute« gegründet, hebt sie die genossenschaftliche Besitzstruktur klar von den auf Gewinnerzielung und Shareholder Value getrimmten privaten Geschäftsbanken ab. Auch denken viele, Sparkassen und Genossenschaftsbanken hätten bei den spekulativen Geschäften, die zur Finanzmarktkrise 2008 führten, nicht mitgemischt.[6] Man könnte annehmen, dass diese »guten« Banken der »kleinen Leute« bei der großen Fondslüge nicht mitmischen. Leider liegt nichts ferner von der Wahrheit als diese Annahme!

Beispiel: Sparkassen. Die meisten Sparkassen betreiben – schlimmer als manche private Bank – ein rigoroses Versteckspiel mit den börsengehandelten Indexfonds (ETFs) auf ihren Websites. Während man auf der Commerzbank-Website im Privatkundenbereich ohne Probleme alles zu den ETFs von ComStage (dem ETF-Arm der Commerzbank) findet, tauchen die ETFs der Sparkassenfondsgesellschaft Deka auf den meisten Sparkassen-Websites im Privatkundenbereich nicht auf. Dabei ist es ja nicht etwa so, dass die Sparkassenfondsgesellschaft Deka keine ETFs im Angebot hat. Nicht weniger als 46 hat sie aufgelegt (Stand: März 2016 [54]). Das erfahren Privatanleger allerdings meist nur auf externen Websites. Egal ob man auf der übergeordneten Website www.sparkasse.de oder auf den Websites der lokalen Sparkassen sucht: Im Bereich Fonds findet man fast nie Indexfonds! [55] Der Anleger erfährt von allen möglichen Fondsarten: Da gibt es Aktienfonds, Rentenfonds, Mischfonds, Immobilienfonds und Dachfonds. Aber Indexfonds werden nicht erwähnt. Warum? Ganz ein-

---

6   Was aber nur bedingt stimmt: Beispielsweise waren an der aufgelösten WestLB, die sich massiv in der Finanzkrise verspekuliert hatte, regionale Sparkassen und Giroverbände zu über 50% beteiligt. [210] Auch an weiteren Landesbanken, die sich 2008 verspekuliert haben, wie BayernLB und HSH Nordbank, sind als Teileigentümer regionale Sparkassen- und Giroverbände beteiligt. [211]

fach: Es gibt eine generelle Firmenpolitik der Sparkassen, kostengünstige Indexfonds nicht an Privatanleger zu vertreiben. Das bedeutet: Niemand, der nicht von selbst nach Indexfonds (ETFs) fragt, erfährt überhaupt von deren Existenz, geschweige denn bekommt er sie angeboten. Und wer ausdrücklich nach Indexfonds fragt, erhält folgende Antwort:

Anfrage Maria R. vom 22.8.2014 auf www.sparkasse.de [56]: »Die Verbraucherzentrale spricht sehr positiv über ETFs. Gibt es die bei der Deka oder den Sparkassen? Falls nein, warum nicht?«

Antwort der Sparkasse: »Hallo Maria, ETFs, also sogenannte Exchange-traded funds, sind ein wichtiger Bestandteil der Produktpalette der Deka als Wertpapierhaus der Sparkassen. Allerdings erfordern diese börsengehandelten Investmentfonds eine ausreichende Marktkenntnis und sind nicht für jeden Kunden geeignet. Sie werden deshalb aktiv nur an institutionelle Anleger vertrieben. Ihr Sparkassenberater informiert Sie gerne zu alternativen Anlageklassen aus der Produktpalette von Deka Investments.«

Diese scheinheilige Antwort ist der blanke Unsinn. Mehr als das: Man kann sie mit Fug und Recht als eine bewusste Fehlinformation bezeichnen. Man muss es sich wirklich auf der Zunge zergehen lassen: Die angeblich am Gemeinwohl orientierten Sparkassen vertreiben die von den gemeinnützigen Verbraucherschutzverbänden mit Nachdruck empfohlenen kostengünstigen Indexfonds (ETFs) nicht an Privatanleger (denn an institutionelle vertreibt sie sie ja), weil »diese börsengehandelten Investmentfonds eine ausreichende Marktkenntnis erfordern und nicht für jeden Kunden geeignet sind«. Als Alternative empfehlen sie teure aktiv gemanagte Fonds, die in genau dieselben Anlageklassen investieren wie die ETFs.

Was macht diese ETFs denn so brandgefährlich? Dass sie börsengehandelt sind? Wohl kaum – jeder Sparkassenkunde kann kinderleicht beim Sparkassen-S-Broker ein Depot eröffnen und z. B. in riskante Einzelaktien investieren. Die Sparkassen weisen zwar auf die Risiken von Aktieninvestments hin, raten aber nicht wie bei den ETFs generell ab. Dabei ist jeder diversifizierte Aktien-ETF ungleich sicherer und schwankungsärmer als

Einzelaktien. Über den Sparkassen-Broker kann man auch jederzeit in Zertifikate investieren. Zertifikate sind – genau wie ETFs – im Grunde genommen erst einmal nur »Hüllen«, in die man mehr oder weniger spekulative Investments »hineinlegen« kann. Mit einem wichtigen Unterschied: Zertifikate sind – im Gegensatz zu ETFs – kein Sondervermögen und auch nicht über eine Einlagensicherung geschützt. Das bedeutet: Beim Konkurs des Zertifikate-Herausgebers (des sogenannten Emittenten) ist das Kapital der Anleger im höchsten Maße gefährdet![7]

Ein ETF dagegen ist eine sehr sichere Hülle. Das in ETFs investierte Geld ist in unbegrenzter Höhe Sondervermögen und bleibt deshalb sogar beim Konkurs des Emittenten vor dem Zugriff des Insolvenzverwalters geschützt. Die sichere »Hülle« ETF kann zudem nicht nur mit schwankungsanfälligen Aktien, sondern auch mit extrem stabilen und sicheren Anlagen, wie Staatsanleihen von Schuldnern höchster Bonität (z. B. Bundesanleihen), »gefüllt« werden. Darüber hinaus sind ETFs durch extrem niedrige laufende Kosten gekennzeichnet, die nur einen Bruchteil der Kosten aktiv gemanagter (Deka)-Fonds ausmachen. Deshalb stellen breit diversifizierte ETFs ein ideales Basisinvestment für jeden Privatanleger dar. Deshalb werden sie von den Verbraucherschutzverbänden wärmstens empfohlen.

Halten wir also fest: Die generelle Weigerung der Sparkassen, ETFs an Privatkunden zu vermitteln, ist aus Anlegersicht überhaupt nicht zu begründen. Es stimmt aber trotzdem: ETFs sind brandgefährlich – allerdings nicht für die Sparkassenkunden, sondern für die Provisions- und Gebühreneinnahmen der Sparkassen selbst! Die Sparkassen wollen weiterhin abkassieren und setzen dabei voll und ganz auf die große Fondslüge. Sie kassieren für ihre an Privatkunden vermarkteten aktiv gemanagten Deka-Fonds hohe laufende Kosten, die im Schnitt etwa 5 bis 10-mal höher als die der Indexfonds sind. Sie schrecken nicht vor Dachfonds mit doppelter Gebührenstruktur zurück. Die hauseigene Versicherungsgesellschaft

---

[7] Das haben viele Sparkassen-Zertifikate-Anleger 2008 beim Konkurs von Lehman Brothers leidvoll erfahren müssen. Die Hamburger Sparkasse wurde vom Landgericht Hamburg 2009 sogar zu Schadensersatz verurteilt, da sie den Anleger nicht auf die fehlende Einlagensicherung und bestehende Interessenkonflikte hingewiesen hatte. [212]

Sparkassenversicherung verkauft ihren Kunden gerne auch die »Fondslüge im Kostenquadrat«, also teure aktiv gemanagte Fonds im teuren Versicherungsmantel (vgl. Seite 48 ff.).

Mit welchen Argumenten wird nun der teure aktiv gemanagte Deka-Fonds bei den Sparkassen an den Mann oder die Frau gebracht? Dass die Kunden in der Sparkassen Anlage-»Beratung« nichts von den kostengünstigen besseren Alternativen der Indexfonds erfahren, hilft schon mal, aber man braucht ja auch Verkaufsargumente. Sie ahnen vielleicht schon, wer die liefert: Genau wie die privaten Banken nutzen die Sparkassen die nutzlosen kommerziellen Fondsratings und Fondspreise für Marketingzwecke:

Der Sparkassen-Broker:

> »*Clever in FondsSterne investieren*: Mit den FondsSternen investieren Sie in Fonds, die vielfach mit 4 oder 5 Sternen der renommierten Rating-Agentur Morningstar ausgezeichnet sind. Damit können Sie jetzt ausgezeichnete Fonds unterschiedlicher Schwerpunkte ganz ohne Ausgabeaufschlag kaufen.« [57]

Sparkasse Fürstenfeldbruck:

> »*Deka Immobilien gewinnt Feri Award als beste Kapitalanlagegesellschaft in der Kategorie ‚Immobilien‘:* Das Analysehaus Feri hat zum neunten Mal die besten Fonds und Fondsgesellschaften ausgezeichnet. Bei der diesjährigen Verleihung setzte sich die Deka Immobilien Investment gegen die Konkurrenz durch und gewann als beste Kapitalanlagegesellschaft in der Kategorie ‚Immobilien‘ den Feri EuroRating Award. … Rund 3.000 Fonds und 200 Fondsgesellschaften wurden während des Nominierungsprozesses analysiert. Im Bereich ‚Immobilien‘ führte Feri eine quantitative und eine qualitative Bewertung durch, um den Sieger zu ermitteln.
>
> … Private Anleger achten bei der Auswahl auf Einschätzungen von Experten oder Ratings.« [58]

Angesichts der vielen von Feri vergebenen Awards nicht nur in dieser einen Kategorie ist diese Darstellung zwar sachlich nicht falsch, aber bewusst irreführend, da die Chance für die Deka, mit ihren Hunderten von Fonds irgendeinen der vielen Preise »abzugreifen«, natürlich nicht gering war.

Und die Werbung des S-Brokers mit den »FondsSternen«? Morningstar gibt ja selbst zu, dass seine Sterne-Ratings weder eine Kaufempfehlung darstellen, noch irgendeine Vorhersagekraft für die zukünftige Wertentwicklung eines Fonds haben. Die Sparkassen wissen das, erwecken aber dennoch irreführend den Eindruck, mit Hilfe des Morningstar-Ratings könne man eine erfolgreiche Fondsauswahl betreiben. Warum bitteschön muss der Sparkassenkunde ein nutzloses Rating mitgeteilt bekommen? Und das, obwohl es mit den laufenden Kosten ja durchaus eine nützliche Kennzahl gibt, die klare Vorhersagekraft für die zukünftige Wertentwicklung hat, die die Sparkasse aber nicht erwähnt (die Leute könnten auf dumme Gedanken kommen und in Indexfonds investieren…). Dafür gibt es nur eine Erklärung: Die Sparkassen täuschen ihre Kunden bewusst, um sie zum Kauf teurer aktiv gemanagter Fonds zu veranlassen! Darin unterscheiden sie sich in keiner Weise von den privaten Banken.

Damit aber nicht genug. Die Sparkassen fallen auch noch anderweitig negativ auf. Der Deutsche Sparkassen und Giroverband (DSGV), der Dachverband der Sparkassen-Finanzgruppe, ist einer der aktivsten Lobbyisten im Kampf gegen mehr Transparenz bei der Vermittlung von Fonds und anderen Finanzprodukten. Er war und ist unter anderem in vorderster Front im Kampf gegen das von Verbraucherschützern geforderte Provisionsverbot aktiv. Wir erinnern uns: Das Provisionssystem ist eine der wichtigsten Stützen der großen Fondslüge. Dem Sparkassen-Lobbyverband ist keine Begründung zu fadenscheinig, kein Argument zu konstruiert, um das Provisionssystem zu verteidigen. Schauen wir uns doch mal die Argumente an, die der DSGV im Januar 2014 in seiner Publikationsreihe »Positionen« zur Verteidigung der Provisionen hervorbringt [59]:

- »Beratungsqualität ist nicht abhängig vom Vergütungsmodell.« Diese Behauptung ist so lächerlich, dass man eigentlich nicht näher darauf eingehen müsste. Die Sparkasse behauptet hier doch allen Ernstes, dass jemand, der mehr verdient wenn er Finanzprodukte mit hohen Gebühren vermittelt ebenso gut berät wie jemand, der keinen finanziellen Anreiz hat teure Produkte zu empfehlen.

- Ein Provisionsverbot würde Kleinanleger von der »Beratung« ausschließen, da sie sich keine teure Honorarberatung leisten könnten, heißt es weiter. Wiederum ein Argument, dass keiner Prüfung standhält. Die britische Regulierungsbehörde FCA (Financial Conduct Authority) hat 2015 in ihrer positiven Zwischenbilanz des seit Januar 2013 in Großbritannien geltenden Provisionsverbots [60] klargestellt, es gebe keine Anzeichen dafür, dass sich die Verfügbarkeit der Beratung aufgrund des Provisionsverbots verschlechtert habe.

Egal unter welchem Blickwinkel man das Verhalten der Sparkassen analysiert, von Gemeinwohlorientierung ist wenig zu erkennen. Vielmehr werden knallhart Gewinne optimiert zum Schaden der Kunden.

Und die Volks- und Raiffeisenbanken? Machen die es besser als die Sparkassen? Probieren wir es aus. Gehen wir zur Website der Volks- und Raiffeisenbanken (www.vr.de/privatkunden) und geben in das Suchfeld die Abkürzung »etf« ein:

Antwort: »Sie haben nach etf gesucht. Wir haben dazu *0* Treffer gefunden«

Vielleicht groß geschrieben, »ETF«?

Antwort: »Sie haben nach ETF gesucht. Wir haben dazu *0* Treffer gefunden«

Plural, »ETFs«?

Antwort: »Sie haben nach ETFs gesucht. Wir haben dazu *0* Treffer gefunden«

Es ist in der Tat so: Die genossenschaftliche Fondsgesellschaft Union Investment hat hunderte Fonds, aber – ca. 15 Jahre nach Auftauchen der ersten börsengehandelten Indexfonds in Deutschland – keinen einzigen ETF im Angebot! Dies, obwohl die Genossenschaftsbanken ja eigentlich wie alle Genossenschaften »die (finanzielle) Förderung der Mitglieder« als wichtiges Ziel ihres Bestehens definieren. Zweifelsohne wäre es für die Mitglieder und Kunden der Genossenschaftsbanken förderlich, in kostengünstige Indexfonds statt in teure Union-Investment-Fonds investieren zu können. Aber die Genossenschaftsbanken machen einen noch weiteren Bogen um kostengünstige Indexfonds, als es die Sparkassen bereits mit ihrer Politik des Nichtanbietens tun. Immerhin haben sie so nicht das Problem, ihre ETFs verstecken zu müssen! Sie können ganz ehrlich jede ETF-Anfrage ins Leere laufen lassen und aus Mangel an kostengünstigen Alternativen die Leute unbedenklich in ihre teuren Union-Investment-Fonds leiten.[8]

Wie machen Sie das? Dreimal dürfen Sie raten: Natürlich wie alle mit Hilfe nutzloser Fondsratings!

Union Investment: »Unsere Topfonds: Wer bei den vielen Fondsangeboten den Überblick verliert, kann sich an den Urteilen von Rating-Agenturen orientieren. So bewerten beispielsweise Morningstar und FERI EuroRatings Services die Qualität von Investmentfonds anhand der Wertentwicklung und wichtiger Risikokennzahlen.« [61]

Fassen wir zusammen: Sparkassen, Volks- und Raiffeisenbanken mischen bei der großen Fondslüge voll mit! Ihre »Beratung« ist wie bei den privaten Banken nicht am Kundenwohl orientiert, sondern ein auf Provisionszahlungen basierender Verkauf. Dadurch sind die Interessen der Kunden bzw. Fondsanleger auf der einen und die der Sparkassen, Volks- und Raiffeisenbanken auf der anderen Seite nicht in Einklang zu bringen:

- Die Kunden brauchen möglichst kostengünstige Fonds und andere Finanzprodukte. Hohe Fondskosten sind der Renditekiller Nummer eins. [62] Niedrige laufende Kosten sind die einzig zuverlässige Kennzahl, die mit hoher zukünftiger Fondsrendite korreliert.
- Die Sparkassen, Volks- und Raiffeisenbanken haben ein starkes Interesse daran, zur Steigerung ihrer Einnahmen und zur Aufrechterhaltung ihres provisionsbasierten Vergütungsmodells teure Fonds und andere Finanzprodukte zu verkaufen. Sie bieten deshalb – wie im Fall der genossenschaftlichen Banken – entweder gar keine kostengünstigen Indexfonds an oder haben – wie

---

[8] Wovor die genossenschaftliche Fondsgesellschaft allerdings nicht zurückschreckt, sind verkappte Indexfonds, also gemanagte Fonds mit hohen Gebühren, deren Wertentwicklung zu 98 % der des Index entspricht (vgl. Seite 179).

im Fall der Sparkassen – eine strikte Firmenpolitik, diese nicht an Privatanleger zu vermitteln. Beides ist direkt gegen das Interesse der Kunden gerichtet.
- Die Sparkassen, Volks- und Raiffeisenbanken nutzen genau wie die privaten Banken nutzlose Fondsratings, um den Verkauf der jeweils gerade am besten bewerteten Fonds anzukurbeln.

Formal werden sowohl die Sparkassen als auch die Volks- und Raiffeisenbanken so ihrem jeweiligen Auftrag gerecht:

- Die Sparkassen können durch ihre Spendentätigkeit nachweisen, dass die Erzielung eines Gewinns nicht der Hauptzweck des Geschäftsbetriebs ist. Ihre Gewinne wären ohne die Spenden ja noch höher! Das bewusste Lenken der Kundengelder in teure Fonds entspricht aber ganz sicher nicht dem Geist der »Gemeinwohlorientierung« der Sparkassen.
- Wenn die Volks- und Raiffeisenbanken ihre 18 Millionen Mitglieder und 12 Millionen Kunden [63] mit hohen Fondsgebühren belasten, die mit schlechten Wertentwicklungen korrelieren, dann schadet das zwar jedem einzelnen Käufer eines Union-Investment-Fonds. Es steigert jedoch den Gewinn der Genossenschaftsbank, an dem ja die Mitglieder über ihre Anteile partizipieren. Also wieder das gleiche Verhaltensmuster wie bei den Sparkassen. Formal mag das gerade noch haltbar sein. Es entspricht aber ganz sicher nicht dem Geist der Gründerväter der genossenschaftlichen Banken.

Die Fondslüge im Kostenquadrat: Dachfonds, Fonds mit erfolgsabhängigen Gebühren und Fonds im Versicherungsmantel

Aktiv gemanagte Fonds sind teuer. Wir haben im Abschnitt über das Provisionssystem gesehen, wie sich ihre hohen laufenden Kosten über die Jahre summieren. Banken, Fondsgesellschaften und Versicherungen machen aber nicht bei den laufenden Kosten und Ausgabeaufschlägen halt. Um die Zitrone Privatkunde noch weiter auszupressen, gibt es zusätzliche Gebühren, die bei vielen Fonds anfallen. Zum Beispiel bei sogenannten **Dachfonds**. Der Name klingt gut, irgendwie beschützend, finden Sie nicht? Was aber sind Dachfonds? Ganz einfach: Dachfonds investieren nicht wie normale Fonds direkt in die Anlageklassen wie Aktien, Renten oder Immobilien. Nein, Dachfonds investieren in andere Fonds. Warum machen sie das?

Der einzige Grund, den man aus Anlegersicht gelten lassen könnte, wäre eine breitere Risikostreuung. Aber man kann das Risiko schon mit normalen Fonds und Indexfonds wunderbar diversifizieren. Entweder, indem man verschiedene Fonds selbst zu einem breitgestreuten Portfolio zusammenstellt, oder indem man einen ETF-Portfoliofonds kauft, die ETF-Entsprechung der teuren Mischfonds. Zum Diversifizieren unserer Fondsanlagen brauchen wir die Dachfonds also nicht. Und wenn Fondsmanager von normalen Fonds nicht in der Lage sind, ihre Benchmark durch geschickte Auswahl von Wertpapieren zu schlagen, dann ist auch nicht anzunehmen, dass Dachfondsmanager bei der Fondsauswahl ein besseres Händchen haben.

Der Sinn der Dachfonds erschließt sich nur, wenn man es aus Sicht der Banken und Fondsgesellschaften betrachtet: Dachfonds haben eine doppelte Gebührenstruktur! Der Dachfonds-Anleger zahlt die Gebühren aller im Dachfonds enthaltenen Fonds *und* die Gebühren des Dachfondsmanagements. Dachfonds toppen gebührenmäßig sogar noch die teuren Mischfonds (siehe nächsten Abschnitt). Da hohe Kosten mit schlechter Performance korrelieren (so viel haben wir von Prof. Sharpe schon gelernt), ist auch klar: Dachfonds sind statistisch gesehen Verlierer-Fonds. Noch dazu ist es für Anleger manchmal schwierig, die hohen laufenden Kosten von Dachfonds überhaupt zu erkennen. Sind für einen Dachfonds eine Gesamtkostenquote (Total Expense Ratio, TER) oder jährliche Verwaltungsgebühren angegeben, so zeigen sie nämlich nur die Kosten auf Dachfondsebene! Die Kosten der Fonds, in die der Dachfonds investiert, bleiben unsichtbar. Nur wenn man die neuere Kostenkennzahl der »laufenden Kosten« betrachtet, kann man sicher sein, dass alle jährlichen Gebühren der Dachfonds erfasst werden. Fassen wir zusammen: Dachfonds sind so überflüssig wie ein Kropf und machen nur für die Fondsgesellschaften Sinn, weil sie ihre Gebühreneinnahmen steigern.

Ein weiteres grundfalsches System der ungerechtfertigten Gebühren-Abzocke bei Fonds ist die Praxis der sogenannten **erfolgsabhängigen Gebühren** (engl. Performance Fees). Diese Gebühren werden bei etlichen Fonds fällig, wenn eine Benchmark geschlagen wurde oder eine bestimmte Wertentwicklung (die sogenannte »Hurdle Rate«) erreicht wurde. Ich spreche bewusst von der Praxis erfolgsabhängiger Gebühren. Ich habe nämlich grundsätzlich nichts gegen leistungsabhängige Bezahlung. Wer sehr gute Arbeit leistet, kann von mir aus auch einen Bonus dafür bekommen. Nur muss er dann auch entsprechend weniger bekommen, wenn er schlechte Arbeit abliefert.

Die Art und Weise, wie diese Gebühren bei Fonds in Deutschland und Europa erlaubt sind und praktiziert werden, entspricht aber gerade nicht diesem Prinzip der leistungsabhängigen Bezahlung. Das geltende Prinzip kann man eher als einseitige Selbstbereicherung der Fondsgesellschaften auf Kosten der Anleger zusammenfassen. Schon die Begründung für ihre Einführung ist fadenscheinig. Sie sollen angeblich die Motivation des Fondsmanagements steigern, seine Benchmark zu schlagen. Moment mal – was war nochmal die Aufgabe des aktiven Fondsmanagements? Richtig: die Benchmark zu schlagen. Warum soll der Fondsmanager dafür einen Bonus bekommen, dass er sein normales Hauptziel erreicht? Vor allem, wenn umgekehrt der Anleger in die Röhre schaut, wenn der Fonds schlechter als seine Benchmark läuft. Der Fondsanleger bekommt dann nämlich: Nichts!

Deshalb müssen Fonds auch gar keine halbwegs stetige Outperformance an den Tag legen, um die Performance Fees einzunehmen: Auch absolute »Looser«-Fonds können so abkassieren: Selbst wenn ein Fonds nur in einem von fünf Jahren mal den Index schlägt und in den anderen vier Jahren hoch auf den Index verliert, wird diese Gebühr fällig. Zwar hat die deutsche Finanzaufsicht BaFin dieses Spiel seit Juli 2013 eingeschränkt,[9] aber die BaFin-Regulierung gilt nur *für in Deutschland aufgelegte Fonds*.

---

[9] Durch einen sogenannten Verlustvortrag über fünf Jahre, der Bestandteil einer ersten – noch unzureichenden – BaFin-Regulierung der schlimmsten Auswüchse bei Performance Fees ist. [86] Ebenso verbietet die BaFin die völlig widersinnige Praxis, die Performance Fee auch dann abzuziehen, wenn der Fonds nur vor Kosten seine Benchmark schlägt, aber nach Kosten schlechter ist! Die Champions dieser speziellen Abzocker-Methode sind

So können DEKA, Union Investment und die anderen beiden großen deutschen Anbieter DWS und Allianz Global Investors bei ihren zahlreichen in Luxemburg oder Irland aufgelegten Fonds weiter so verfahren. Die DWS und Union Investment haben auch schon erklärt, genau dies tun zu wollen. [64] Die Fondsmanager solcher im Ausland aufgelegten Fonds haben weiter einen Anreiz, mit dem Anlegergeld zu spielen, d. h. riskante Aktienwetten einzugehen. Geht ihre Wette (vor Kosten) auf, bekommen sie einen Bonus. Scheitern sie, ist der Anleger der Dumme. Hier geht es nicht um leistungsgerechte Bezahlung, sondern um Selbstbedienung auf Kosten der Anleger.

Außerdem gewährt die BaFin unverständlicherweise einen Bestandsschutz für bis 6/2011 getroffene Performance-Fee-Regelungen. Im Klartext: Hier kann alles beim Alten bleiben. Und noch eine haarsträubende Praxis lässt die BaFin-Regulierung völlig unangetastet: Die Fonds sind weiterhin völlig frei darin, wie sie den Erfolg definieren, der ihren erfolgsabhängigen Gebühren zugrunde liegt. Wir berühren in diesem Buch mehrfach den Punkt, wie man durch das Vergleichen von »Äpfeln mit Birnen« künstlich Topfonds generieren kann, aber die freie Wahl des Vergleichs bei Perfomance Fees schlägt dem Fass den Boden aus. Ein Aktienfonds z. B. kann weiterhin eine beliebig niedrige jährliche Wertsteigerung von sagen wir 3 %, 1 % oder gar nur 0 % als Messlatte wählen, selbst wenn sein Vergleichsindex im selben Jahr zweistellig zugelegt hat. Hier ist den Erfolgsprämien für Looser-Fonds Tür und Tor geöffnet, die sich einfach niedrige, leicht zu schlagende Ziele setzen! Dass die BaFin hier nicht eingegriffen und die Verwendung solcher unangemessenen »Hurdle Rates« verboten hat, ist mir unverständlich. Ein guter europäischer Regulierungsvorstoß ist leider 2013 im EU-Parlament gescheitert (vgl. Seite 72 ff.). Es bleibt also nur die Möglichkeit, Fonds mit solchen Gebühren zu meiden wie der Teufel das Weihwasser.

übrigens die Sparkassen und Genossenschaftsbanken mit ihren Deka- und Union-Investment-Fonds! [86]

Fondsgebundene Versicherungen: Die teuerste und gleichzeitig unflexibelste Form, in Fonds anzulegen, sind fondsgebundene Lebens- oder Rentenversicherungen. [65] Gewissen steuerlichen Vorteilen, die sich nur unter ganz bestimmten Bedingungen realisieren,[10] steht eine Unmenge von Nachteilen in punkto Kosten und Flexibilität gegenüber. Wie bei den Dachfonds hat man hier gleich mehrere Gebührenebenen: Neben den Kosten für den oder die Fonds schneidet sich hier auch noch die Versicherung ein schönes Stück vom Kuchen des Anlegergeldes ab. Und die einmaligen und laufenden Kosten der Versicherung übersteigen in aller Regel die der Fonds nochmals deutlich. Heraus kommt ein Produkt, dessen Rendite aufgrund der extremen Kostenbelastung sehr oft miserabel ausfällt. Die Leistungen, die der Anleger bekommt, sind dürftig: Es gibt meist keine Garantieverzinsung, es sei denn, man wählt besonders teure Garantiemodelle, bei denen noch weniger Geld in die Fonds fließt. Die Höhe der Ablaufleistung ist meist ebenfalls nicht garantiert, sondern wird nur von den Kosten und der Wertentwicklung der Fonds bestimmt. Da kann man sich zu Recht fragen, wozu man all die hohen Kosten für den Versicherungsmantel bezahlt, wenn nicht mal die sich aus der Ablaufleistung ergebenden Rentenhöhen garantiert sind.

Bei den fondsgebundenen Lebensversicherungen hat man einen Todesfallschutz, der aber natürlich andererseits das in Fonds angelegte Geld weiter reduziert. Die Abschlusskosten für den Vertrieb sind selbst im Vergleich zu teuren Kapitallebens- und privaten Rentenversicherungen meist nochmals höher, da sie vom Gesetzgeber nicht wie bei diesen »gedeckelt« werden. Und wer an sein Geld ran will und den Vertrag kündigt, wird selbst nach vielen Jahren meist feststellen, dass aufgrund all dieser Kosten sein Rückkaufwert weit unter den eingezahlten Beiträgen liegt. Sogar, wenn die Fonds sich gut entwickelt haben. Die Abschlusskosten werden

---

[10] Es besteht ein Steuerstundungseffekt, wenn die fondsgebundene Versicherung mindestens zwölf Jahre läuft und der Sparer sie nicht vor seinem 62. Geburtstag beendet. Man sollte jedoch diesen Vorteil nicht überschätzen, denn laut einer Studie des Verbraucherschutzministeriums aus dem Jahr 2008 werden 50 bis 80 % aller Langfristanlagen – hauptsächlich kapitalbildende Versicherungen – vorzeitig mit Verlust abgebrochen! [213]

2. Wer mischt alles mit bei der Fondslüge – und warum?

nämlich in den ersten Jahren abgezogen und drücken den Rückkaufswert sehr lange Zeit gewaltig ins Minus.[11]

Trotz gewisser gesetzlicher Pflichten zur Angabe von Kosten seit 2008 herrscht nach wie vor auch keine Kostentransparenz. So wird bei fondsgebundenen Lebensversicherungen meist nicht deklariert, wie viel Geld in den Todesfallschatz wandert und wie viel für die Fondsanlage übrig bleibt. Einen Überblick über die anfallenden Kosten gibt Tabelle 4.

Tabelle 4: Kosten fondsbasierter Versicherungen

Ausgabeaufschlag Fonds	Abschluss- und Vertriebskosten Versicherung	Laufende Kosten Fonds	Laufende Kosten Versicherung
ca. 2–5 %*	5,16 %**	ca. 0,5–2 %* p. a.	3,42 % der Beiträge**

*typische Bandbreite, **Quelle: Institut für Vorsorge und Finanzplanung [66]

Mit derartig hohen Kosten kann sich keine Geldanlage rentieren! Solche Gebühren minimieren noch so gute Bruttorenditen. Dass der Gesetzgeber für solche Produkte dennoch gewisse Steuervorteile vorsieht, die natürlich von Provisionsverkäufern schamlos als Verkaufsargument für ihre überteuerten fondsgebundenen Versicherungen eingesetzt werden, ist mir absolut unverständlich. Hier haben die Lobbyisten des Gesamtverbands der Deutschen Versicherungswirtschaft offensichtlich wieder ganze Arbeit geleistet und die Politiker und Regulierer geschlafen (vgl. Kapitel 4). Es kann doch nicht sein, dass der Steuerzahler jede langfristige kapitalbildende Versicherung subventioniert, egal wie hoch ihre Kosten sind. Das gibt gesamtgesellschaftlich keinen Sinn, da letztlich Steuergelder verschwendet werden, um Anlegergelder in schlechte, weil extrem kostenbelastete Produkte umzuleiten.

---

[11] Zwar gibt es inzwischen einige wenige ETF-basierte Nettotarife mit moderateren Kosten und keinen Provisionen, aber diese fristen im Markt noch ein absolutes Schattendasein.

Mischfonds: besonders beliebt, besonders teuer, besonders schlecht!

Mischfonds werden immer beliebter. Laut Statistik der Interessenvertretung der deutschen Fondsgesellschaften BVI haben Mischfonds 2015 die Rentenfonds von Platz zwei der beliebtesten Publikumsfonds verdrängt. [67] Nach den Aktienfonds, die mit 35 % (304 Mrd. Euro) vorne liegen, folgen Mischfonds neu mit 24 % auf dem zweiten Platz (205 Mrd. Euro) noch vor den Rentenfonds (23 %, 195 Mrd. Euro), die 2014 vom Anlagevolumen noch vor den Mischfonds lagen. Eine erfreuliche Entwicklung – aber leider nur für die Fondsgesellschaften. Für die Anleger ist diese Entwicklung ganz und gar unerfreulich. Warum, sehen wir gleich. Schauen wir uns erst einmal an, was Mischfonds überhaupt sind. Mischfonds investieren im Allgemeinen in ein Portfolio aus Aktien, Anleihen und gegebenenfalls auch in andere Anlageklassen wie Immobilien. Sie sind sozusagen ein ganzes Portfolio in einem Fonds.

Mit diesem Argument werden sie auch an die Anleger verkauft. So bewirbt beispielsweise die Fondsgesellschaft der Deutschen Bank DWS ihre Mischfonds so: »Mischfonds sind Investmentfonds, die in verschiedene Anlageklassen … anlegen können. Dies gibt dem Fondsmanager einen größeren Anlagespielraum. … Mischfonds können aufgrund ihres flexiblen Konzeptes das Herzstück eines jeden Portfolios bilden.« [68] Für die Fondsgesellschaften sind Mischfonds ein guter Deal, denn: Die laufenden Kosten von Mischfonds sind im Schnitt erheblich höher als die gemittelten laufenden Kosten ihrer Einzelkomponenten Aktien- bzw. Rentenfonds. Tabelle 5 zeigt die Unterschiede für konservative, ausgewogene und offensive Mischfonds.

Mischfonds sind also im Schnitt 0,33 bis 0,38 % pro Jahr teurer als gleich aufgebaute Mischungen aus aktiv gemanagten Aktien- und Rentenfonds. Das mag läppisch erscheinen. Wir müssen es aber mit den 205 Milliarden Euro multiplizieren, die Privatanleger 2015 in Mischfonds investiert haben. Das bedeutet, die Fondsgesellschaften haben 2015 mit Mischfonds den Anlegern etwa 676 bis 779 Millionen Euro zusätzlich aus den Taschen gezogen! Was haben die Anleger dafür im Gegenzug

Tabelle 5: Mischfonds sind deutlich teurer als Renten- und Aktienfonds gemischt

Fondskategorie	Durchschnittliche laufende Kosten	Mehrkosten Mischfonds p. a.
Aktienfonds (**A**)	1,85 %*	-
Rentenfonds (**B**)	0,90 %**	-
Mischung **A : B** 25 % : 75 %	1,14 %	-
Mischung **A : B** 50 % : 50 %	1,38 %	-
Mischung **A : B** 75 % : 25 %	1,61 %	-
Mischfonds konservativ (25 % **A** / 75 % **B**)	1,52 %*	0,38 %
Mischfonds ausgewogen (50 % **A** / 50 % **B**)	1,72 %*	0,34 %
Mischfonds offensiv (75 % **A** / 25 % **B**)	1,94 %*	0,33 %

Quellen: *Morningstar [69], [42] **BVI, Zahlen gerundet

bekommen? Natürlich bringen die Fondsgesellschaften verschiedene Argumente vor, diese Zusatzkosten zu rechtfertigen: Das Fondsmanagement müsse zwei oder mehr verschiedene Anlagekategorien beobachten. Oder: Mischfonds hätten ein flexibles Konzept, was die Aufteilung Aktien zu Renten angeht, und könnten so einen Mehrwert generieren (wie im oben zitierten Mischfonds-Werbetext der DWS angedeutet). Laut Fondsprospekt mag ein flexibler Mischfonds z. B. seine Aktienquote zwischen 40 und 60 % variieren können, je nach Einschätzung des Managers. So könne der Fondsmanager in der Krise verstärkt in sichere Anleihen und während eines Aktienbooms mehr in renditeträchtige Aktien investieren, heißt es.

Soweit die Theorie der Fondsgesellschaften. Wenn aktives Fondsmanagement funktionieren würde, könnte da was dran sein. Die Realität sieht leider gänzlich anders aus. Mischfonds schneiden im Schnitt ganz außerordentlich schlecht ab. Wir werden das noch im Detail bei unserem Test der Finanztest-Mischfondsempfehlungen sehen. Übersichtsweise können wir es aber schon Tabelle 6 entnehmen (aus einer Morningstar-Untersuchung vom August 2015).

Tabelle 6: Relative Wertentwicklungen (in %) verschiedener global investierender Mischfondskategorien

Mischfondskategorie	Relative Rendite im Vergleich zur Benchmark*			Volatilität	
	2015	2014	6 Jahre (p. a.)	Fonds	Benchmark
Globale Mischfonds offensiv	-0,74	-9,12	-4,85	7,8	5,64
Globale Mischfonds ausgewogen	-0,77	-8,39	-4,34	5,45	5,66
Globale Mischfonds flexibel	-0,89	-9,91	-5,64	5,68	5,66
Globale Mischfonds defensiv	-0,49	-7,78	-3,82	3,42	4,19

*Quelle: Morningstar [69], Stand: 31.8.2015, *Morningstar Benchmark*

Man kann die Bilanz der Mischfonds über die letzten Jahre wirklich nur mit einem Wort beschreiben: katastrophal! Über die fünf Jahre bis zum 31. August 2015 (dem Datum der Morningstar-Untersuchung) haben sie im Schnitt zwischen 3,82 und 5,64 % auf ihre jeweilige Benchmark verloren! Nein, nicht über die gesamten fünf Jahre, sondern pro Jahr! Besonders auffällig: Diejenigen Mischfonds, bei denen das Fondsmanagement die Aktienquote nach eigenem Ermessen hoch- oder runtersetzen konnten (Kategorie globale Mischfonds flexibel), haben ihren Anlegern in allen betrachteten Zeiträumen die größten relativen Verluste beschert. Wieder ein Beleg, dass aktives Fondsmanagement nicht funktioniert: Je mehr Spielraum die Fondsmanager hatten, umso mehr Schaden haben sie angerichtet! In den letzten beiden Spalten sieht man, dass die Ergebnisse auch risikoadjustiert nicht besser werden: Im Schnitt waren die Wertschwankungen (Volatilitäten) der Mischfonds sehr ähnlich wie die ihrer Benchmark. Massiv schlechtere Wertentwicklung ohne Reduzierung der Wertschwankungen. Das ist das lausige Ergebnis der Mischfonds gegenüber ihren Vergleichsmaßstäben.

Trotz dieser selbst für aktiv gemanagte Fonds außerordentlich schlechten Performance-Historie waren Mischfonds – wie eingangs erwähnt – 2015 der Renner bei deutschen Privatanlegern. Ein klareres Indiz dafür, dass der Fondsmarkt in Deutschland überhaupt nicht so funktioniert, wie ein Markt funktionieren sollte, gibt es wohl nicht. Hier werden Anleger massenhaft über den Tisch gezogen und treffen ihre Entscheidungen ganz offensichtlich in Unkenntnis der Fakten. Die Politik und die BaFin sind gefordert. Sie müssen deshalb die Mischfonds nicht verbieten. Nein. Sie müssen mit vernünftiger Regulierung einen funktionierenden Markt gewährleisten. Einen Markt, in dem Anleger nicht weiter mit unsinnigen Fondsratings in die Irre geführt werden. In dem die Fondsverkäufer die alles entscheidenden Kosten nicht irgendwo ins Kleingedruckte verbannen können. Einen Markt, der funktioniert und dadurch ganz von selbst dafür sorgt, dass nicht konkurrenzfähige Produkte wie überteuerte Mischfonds entweder billiger werden oder auf dem Müllhaufen der von den Anlegern ignorierten Produkte landen.

Schließen, verändern, verschmelzen – Wie erfolglose Fonds aus der Statistik verschwinden

Frei zugängliche Fondsdaten, z. B. bei Fondsdatenbanken, Direktbanken oder Fondswebseiten, enthalten nur die Daten unverändert bestehender Fonds. Die Daten zu den Wertentwicklungen der aufgelösten und zusammengelegten Fonds werden immer sofort nach der Schließung oder Zusammenlegung komplett gelöscht.

Das betrifft keine kleine Zahl von Fonds. Jahr für Jahr werden sehr viele Fonds geschlossen oder zusammengelegt. Wie viele genau? Dazu findet man gute, jedes Jahr aktualisierte Daten in der »S&P Indices Versus Active Funds (SPIVA) Scorecard« (»S&P Berichtsbogen Indizes im Vergleich mit aktiven Fonds«). [70] Tabelle 7 zeigt die Überlebensrate europäischer Aktienfonds in den wichtigsten Anlagekategorien. Der betrachtete Zeitraum ist fünf Jahre, Datenstand ist der 30.6.2015. Wie man sieht, sind nach fünf Jahren nur noch zwischen ca. 64 und 80 % der Fonds unverändert vorhanden. Der Rest wurde geschlossen bzw. mit anderen Fonds zusammengelegt.[12] Nach zehn Jahren überleben nur noch zwischen 37 und 61 %

---

[12] Warum die erfolglosen Fonds nicht alle einfach geschlossen werden, sondern auch oftmals zusammengelegt, dafür gibt Princeton-Professor Burton Malkiel die Erklärung: »Mutual fund complexes (that run large numbers of funds) will typically allow the fund to suffer a painless death by merging the fund into one of the more successful funds in the complex, thereby burying the fund's bad record with it.« [126]

der Fonds. Man kann also als Faustregel davon ausgehen, dass nach etwa zehn Jahren die Hälfte aller Fonds verschwunden sind!

Warum werden Fonds geschlossen oder mit anderen Fonds zusammengelegt? Nun – das muss man nicht mutmaßen, dazu gibt es eine Fülle unabhängiger wissenschaftlicher Studien. [71, 72] Alle Studien kommen zum selben Ergebnis. Fonds, die geschlossen werden, erfüllen zwei Kriterien:

- Sie weisen eine deutlich schlechte Wertentwicklung im Vergleich zu den überlebenden Fonds derselben Kategorie auf.
- Sie sind meist klein, entweder weil sie von vornherein wenig Kundengelder angezogen haben, oder weil sie wegen der schlechten Wertentwicklung starke Mittelabflüsse hatten.

Tabelle 7: Wie viele Fonds sind nach fünf Jahren noch da?

Fonds-Kategorie	Anfängliche Zahl der Fonds	Überlebensrate nach 5 Jahren (%)
Aktien Europa	1.662	66,2
Aktien Eurozone	1.265	77,1
Aktien Frankreich	349	71,4
Aktien Deutschland	134	72,4
Aktien Global	1.710	68,0
Aktien Schwellenländer	278	79,9
Aktien U.S.A.	593	63,7

Quelle: S&P Dow Jones Indices, Stand: 30.6.2015

Zugegeben, diese Fondsschließungen machen für die Fondsgesellschaften aus wirtschaftlichen Gründen Sinn: Kleine Fonds haben ein schlechtes Einnahmen-Kosten-Verhältnis. Dass aber die Daten dieser besonders schlechten Fonds sofort nach ihrer Schließung/Zusammenlegung gelöscht werden, bedeutet auch: Die Statistik der aktiv gemanagten Fonds ist in den meisten Datenbanken geschönt. Im Englischen wird von einem »Survivorship Bias« [73] in den Datenbanken gesprochen. Beispielsweise entspricht die als »Kategorie« dargestellte Linie im Chart des DWS-Vermögensbildungsfonds (Abbildung 3, aus der von uns viel genutzten Morningstar-Fondsdatenbank entnommen) eben gerade nicht der Wertentwicklung dieser Fondskategorie. Die Linie müsste noch deutlich tiefer liegen. Ebenso müssten die Werte für die jährlichen Wertentwicklungen der Kategorie deutlich nach unten angepasst werden.

Wie deutlich? Wie schlecht genau war die Performance von geschlossenen und zusammengelegten Fonds vor ihrer Schließung denn nun? Dazu gibt es eine umfassende Studie von Vanguard von Anfang 2013. [71] In ihr sind sämtliche in den 15 Jahren von Anfang 1997 bis Ende 2011 in den USA geschlossenen oder zusammengelegten Aktien- und Rentenfonds erfasst. Ihre gesamte Zahl beträgt 2.364. Das sind 46 % aller Anfang 1997 bestehenden Fonds, nur 54 % (2.744) überlebten die ganzen 15 Jahre! Die wichtigsten Ergebnisse:

Abbildung 3: Geschönte Wertenwicklung der Kategorie »Aktien weltweit Standardwerte Blend«

Wachstum von 1000 (EUR) — 31.03.2016

- Fonds: DWS Vermögensbildungsfonds I LD
- Kategorie: Aktien weltweit Standardwerte Blend
- Index: MSCI World NR USD

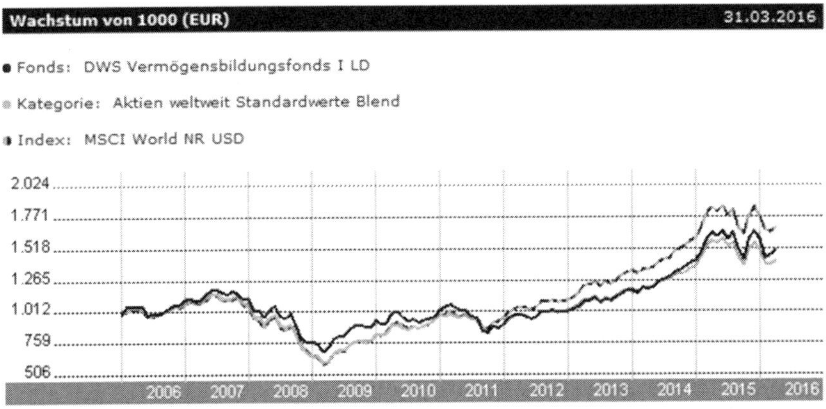

Jährliche Wertentwicklung (%) — 31.03.2016

	2009	2010	2011	2012	2013	2014	2015	31.03
Wertentwicklung	23,12	8,81	-11,04	11,10	16,76	19,93	11,55	-5,49
+/- Kategorie	-5,47	-7,90	-3,21	-1,18	-0,78	4,75	2,72	-0,11
+/- Index	-2,82	-10,72	-8,66	-2,95	-4,44	0,43	1,13	-0,49

Quelle: Morningstar (zur besseren Lesbarkeit in Graustufen leicht überarbeitet)

- Die überlebenden 54 % der Fonds (sozusagen die »Einäugigen unter den Blinden«), verloren über die 15 Jahre im Schnitt 0,51 % pro Jahr auf ihre Benchmarks.
- Die geschlossenen oder zusammengelegten 46 % der Fonds verloren über die gleiche Zeitperiode im Schnitt 1,97 % pro Jahr auf ihre Benchmarks, also fast das Vierfache!
- Bei den nicht mehr existierenden Fonds schnitten die aufgelösten Fonds besonders schlecht ab: Sie wiesen eine noch schlechtere Performance als die zusammengelegten Fonds auf. So waren sie in den 18 Monaten vor ihrer Schließung nochmals 1,11 % schlechter als die ohnehin schon stark unterdurchschnittlichen zusammengelegten Fonds.

Mir ist keine ähnliche Studie zu europäischen Fondsschließungen und -zusammenlegungen bekannt, aber es sollte klar sein, dass die Ergebnisse mit hoher Wahrscheinlichkeit sehr ähnlich ausfallen würden. Schlechte Performance ist auch in Europa und Deutschland der Grund für Fondsschließungen und -zusammenlegungen.

Noch ein interessantes Detail zu den Fondsschließungen: Große Fonds mit schlechter Wertentwicklung werden so gut wie nie geschlossen oder zusammengelegt. Warum? Ganz einfach: Weil sie den Fondsgesellschaften über die laufenden Kosten aufgrund der hohen Anlagevolumen viel Geld einbringen. Es handelt sich meist um ehemalige »Topfonds«, die der Zufall für einige Zeit nach oben gespült hatte, und deren Wertentwicklung relativ zu ihrer Benchmark anschließend schlecht bis miserabel war.[13]

Zurück zu den Fondsschließungen. Es werden nicht nur schlechte Performance-Daten der geschlossenen bzw. zusammengelegten Fonds aus den Datenbanken entfernt: Alle Spuren dieser Fonds werden systematisch verwischt! So ist es nahezu unmöglich, noch irgendwelche Nachrichten oder Informationen zu den geschlossenen bzw. zusammengelegten Fonds im Netz zu finden. Man findet nicht einmal mehr die Schließungs- oder Zusammenlegungsmitteilung dieser Fonds auf den Websites der Fondsanbieter oder irgendwo sonst. Ich weiß nicht, wie dieser Prozess genau

---

[13] Exzellente Beispiele dafür finden Sie in Kapitel 9, wo einige Mega-Fonds mit grottenschlechtem Track Record über die letzten fünf bis sieben Jahre erwähnt sind.

abläuft, und möchte deshalb darüber nicht spekulieren, aber eins ist klar: Das Verschwinden dieser negativen Daten und Nachrichten ist ganz im Interesse der Fondsgesellschaften!

Der Survivorship Bias behinderte ganz konkret auch meine Untersuchungen in diesem Buch. In Kapitel 7 müssen wir schließlich auf die geschönten Fondsdatenbanken zurückgreifen. Die schlechten Wertentwicklungen der Finanztest-Fondsempfehlungen im Vergleich zur jeweiligen Benchmark wären unter Einbeziehung der von der Finanztest empfohlenen, aber inzwischen geschlossenen Fonds noch miserabler.

3. Unkritische Medienberichte als Verbreiter der Fondslüge

Natürlich muss man die Rolle, die die Medien bei der großen Fondslüge spielen, differenziert sehen. Es gibt durchaus viele Beispiele von vernünftigen Artikeln, die sachlich und kritisch das Thema Fonds behandeln.[14] Und es werden sogar immer mehr Beiträge, die die Wahrheit über das Scheitern der aktiven Manager verbreiten. Zumindest in Medien, die nicht einseitig von Anzeigen der Finanzindustrie abhängig sind. Die schlechten Artikel sind meist charakterisiert durch unkritische Übernahme interessengesteuerter Aussagen.

Im Journalismus ist es gängig, die Meinung von anderen wiederzugeben. Solch ein Vorgehen ist häufig sogar wünschenswert. Allerdings nicht kommentarlos. Es gibt nämlich gar nicht so viele Experten, die einen objektiven Standpunkt einnehmen und ohne Eigeninteresse argumentieren. Ein Fondsmanager z. B. ist ja kein unabhängiger Experte. Pressevertreter sollten ihn genauso betrachten, wie Politiker Lobbyisten der Fondsindustrie betrachten sollten: Als jemand, der die Interessen der Fondsindustrie vertritt, und nicht als Quelle objektiver Informationen.

Wenn man einen Fondsmanager fragt, ob es eine gute Zeit für das aktives Management ist oder man lieber passiv in den Index investieren sollte, kennt man die Antwort im Voraus. Ebenso gut könnte man einen

---

[14] Ich verzichte hier bewusst auf das Aufführen positiver Beispiele. Nicht weil es sie nicht gibt, sondern weil ich mich im Rahmen dieses Buches auf Missstände konzentriere.

Friseur fragen, ob man einen Haarschnitt braucht. Fondsmanager und andere Interessenvertreter des aktiven Managements bringen im Kontakt mit Medien immer dieselben, auf den ersten Blick plausiblen Argumente, die aber unbedingt mit den Fakten verglichen und kommentiert werden müssen: Wird das unterlassen, machen sich die Medien zum Sprachrohr der Fondsindustrie. Einige typische Beispiele:

Beispiel 1: Die Welt Online, 19.3.2011. Unter der Überschrift »Fonds: Mehrwert durch aktives Management« [74] erfahren wir, dass »speziell in Seitwärts- und in fallenden Märkten aktive Manager einen Mehrwert erzielen« können.

Das ist eine der häufigsten Behauptungen der Fondsindustrie. Es wird unterstellt, dass Indexfonds nur etwas für Boom-Phasen sind. Für den unbedarften Leser erscheint die Aussage plausibel: Manager können theoretisch in der Krise besser abschneiden als der Index, z. B. durch Halten von Bargeld oder defensiven Investments. Leider sieht die Praxis anders aus. Am Ende des Jahres, in dem der Artikel erschien, sollte sich herausstellen, dass 2011 genauso ein Seitwärts- bzw. fallender Markt war: Der MSCI World hatte auf Eurobasis 2,4 % verloren. Die über 1.500 aktiv gemanagten Fonds, die bei Morningstar den MSCI World als Referenzindex haben, sollten also ideale Bedingungen vorgefunden haben. Welche Renditen haben sie im Schnitt 2011 erzielt? Ein Plus? Nein, sie haben volle 5,8 % zusätzliche Verluste generiert, also 8,2 % Verlust (auf Eurobasis) insgesamt![15]

Beispiel 2: Focus Money Online, 8.1.2014: Der Artikel mit dem Titel »Reich nach Plan« reiht zunächst eine Parade von »Topfonds« aneinander und impliziert, dass diese Zufallsgewinner auch in Zukunft vorne liegen werden. Danach geht er zum Vergleich von Äpfeln und Birnen über: Als »bester Deutschland-Fonds« wird der UBS Small Caps Germany erwähnt, der in kleine und mittlere Unternehmen aus Deutschland investiert. Bei-

---

[15] Weitere Beispiele zum Scheitern der aktiven Fondsmanager auch in der Krise finden sich in Kapitel 7.

gefügt wird ein Chart über 14 Jahre, der zeigt, wie der Fonds den Dax in diesen Jahren pulverisiert hat.

Den Dax? Moment mal – der enthält aber doch keine Aktien kleinerer und mittlerer Unternehmen! Aktien kleinerer und mittelgroßer Unternehmen sind im Beobachtungszeitraum wesentlich besser gelaufen als der Dax. Schaut man sich den Fonds mal über denselben Zeitraum im Vergleich zum MDax und SDax[16] an, sieht man, dass der Fonds über 14 Jahre marginal besser als der SDax und massiv schlechter als der MDax abgeschnitten hat.

Im Artikel wird noch ein anderes nur vordergründig überzeugendes Argument gebracht, das immer wieder zu hören ist: Fondsmanager hätten in Schwellenländermärkten und bei kleinen Aktien Vorteile, da diese Märkte »ineffizient« seien und aktives Management begünstigten. Dumm nur, dass die Zahlen das Gegenteil belegen: Der S&P-»Berichtsbogen-Index im Vergleich zu aktiv gemanagten Fonds (SPIVA)« für Europa [75] zeigt, dass über zehn Jahre 97 % der Fondsmanager in den »ineffizienten« Schwellenländermärkten von ihrer Benchmark überholt wurden (Stand: Dezember 2015, vgl. Tabelle 12). Der Wert ist höher als im »effizienten« Markt für Aktienfonds, die in der Eurozone investieren, wo nur gut 91 % nach 10 Jahren vom Index abgehängt wurden.

Beispiel 3: Die Frankfurter Allgemeine kommt am 7.7.2015 unter dem Titel »Viele Mischfonds zeigen sich verlässlich« zu der Erkenntnis, dass sich »die flexiblen Mischfonds positiv von vielen anderen Fondskategorien abheben«.

Zum Vergleich die Fakten: Flexible Mischfonds sind sogar innerhalb der katastrophal schlechten Fondskategorie Mischfonds die allerschlechteste, vgl. Tabelle 6).

Nach ausführlicher Besprechung der Mischfonds, die gerade vom Zufall in der Rangliste nach oben gespült wurden, erfolgt eine Aufzählung der mannigfaltigen Vorteile der flexiblen Mischfonds, die durchaus aus der Werbebroschüre einer Fondsgesellschaft stammen könnte: »Flexible

---

[16] Das sind die korrekten Vergleichsindizes für mittelgroße und kleine deutsche Aktien.

Mischfonds sind in ihren Investments generell besonders frei und wandlungsfähig. Ihre Fondsmanager können häufig aus dem Vollen schöpfen, was die hoffentlich richtige Mischung aus Aktien, Anleihen, Derivaten oder Währungen anbelangt. Börsengehandelte Indexfonds (ETFs), die auf anderen Ranglisten bisweilen zahlreich zu finden sind, sieht man hier selten.« Die Fakten: A) es gibt kaum Index-Mischfonds, man kann Mischfonds aber mit äquivalenten ETF-Mischungen vergleichen. B) Die Top-Mischfonds der Finanztest beispielsweise wurden von solchen äquivalenten ETF-Mischungen die letzten Jahre nicht nur geschlagen, sie wurden geradezu pulverisiert (vgl. Seite 146 ff.).

Weiter heißt es bei der FAZ: »Und die Fondsmanager haben dabei offenbar nicht schlecht gemischt. Denn im Durchschnitt haben die 200 Fonds dieser Anlagekategorie binnen drei Jahren rund 31 % an Wert gewonnen.« Die Fakten: Der Bericht erwähnt auch die Drei-Jahres-Renditen für Aktienfonds (über 70 %) und Rentenfonds (14 %). Nach Adam Riese ergibt (70+14)/2 aber nicht 31, sondern 42 %. Die Mischfonds haben also schon im Vergleich zu einer 1:1-Mischung der aktiven Aktien- und Rentenfonds massiv an Boden verloren! Ganz zu schweigen von ihren Benchmarks, gegenüber denen sie noch höhere Verluste eingefahren haben.

Aber wie gesagt, diese Artikel sind eine Negativauswahl bei den bekannteren und nicht auf Finanzthemen spezialisierten Medien. Ganz übel wird es aber, wenn man in die Tiefen der kommerziell mit der Fondswirtschaft verstrickten Medien hinabsteigt und sich dort umschaut.

Beispiel 4: €uro am Sonntag stellt am 13.3.2015 »Die besten Fonds der Welt« vor. »Hilfe!«, denke ich. »So viel Zeit habe ich nicht!« Und denke mit Schrecken an die 1.035 »€uro-FundAwards«, die die herausgebende Finanzen Verlag GmbH jedes Jahr mit der Gießkanne an die Fondsgesellschaften verteilt (vgl. Seite 31 ff.). Zum Glück beschränkt sich der Artikel auf wenige »Perlen« unter den Siegerfonds. 30 Siegerfonds hat die Redaktion aus über 6.000 Fonds ausgewählt, also 0,5 % der untersuchten Fonds. Sechs Jahre schaut sie in den Rückspiegel der Vergangenheitsperformance und fischt nur »konstante Gewinner« heraus. Normalerweise sollte der

3. Unkritische Medienberichte als Verbreiter der Fondslüge

Zufall über sechs Jahre ja mehr als 0,5 % der Fonds zu konstanten Gewinnern machen, die man dann als Siegerfonds präsentieren kann. Bei den Mischfonds scheint aber selbst das gewisse Schwierigkeiten zu machen. Nachdem Euro am Sonntag den Fondsmanager des Ethna Aktiv A, einer der fünf Mischfondsperlen, lang und breit darstellen lässt, worauf seine überlegene Strategie beruht, kann ich mir nicht verkneifen, mal selbst anzuschauen, wie sich diese Strategie denn ausgezahlt hat. Ergebnis: Ein früherer Zufallsgewinner unter den Mischfonds wird da analysiert. Das Glück hat den Fondsmanager schon lange verlassen. Selbst in dem von Euro am Sonntag analysierten Zeitraum wird der Fonds vom Index klar abgehängt (vgl. Tabelle 35). Von 2011 bis 2015 hat sein früherer Starfondsmanager über 3 % relativen Verlust pro Jahr »erwirtschaftet«. In der katastrophalen Geldvernichterkategorie der flexiblen Mischfonds ist der Ethna Aktiv A damit sogar nur ein Einäugiger unter den Blinden.[17]

Die unterste Kategorie der Medienberichte über Fonds wird aber erst erreicht, wenn Medien ohne Prüfung interessengesteuerte Falschpropaganda der untersten Schublade verbreiten.

Beispiel 5: Börse am Sonntag macht sich am 1.1.2016 [76] zum Sprachrohr des dubiosen Anlegervergleichsportals »AnlageCheck«. Dessen Betreiber, ein Herr Hansen, verbindet Eigenwerbung für sein nutzloses Portal, das wie üblich die Anleger in die angeblich »besten« Fonds nach Vergangenheitsperformance lockt und dafür Provisionen kassiert, mit einer ungewöhnlich aggressiven Verdummungspropaganda gegen Indexfonds. Die Interessenlage dieser irreführenden Propaganda ist klar: AnlageCheck kann nur bei bei aktiven Fonds gute Provisionen verdienen.

Da immer mehr Anleger die Vorteile von Indexfonds erkennen, probiert Hansen diesen Trend mit Falschaussagen wie der folgenden zu stoppen, die Börse am Sontag unkommentiert übernimmt: »Die ETF-Lüge des Jahres 2015 wird erkennbar, wenn man Kosten und Performance über

---

[17] Fondsmanager Luca Pesarini hat auch 2016 die Hände nicht in den Schoß gelegt. Allein in den ersten drei Monaten 2016 hat der langjährige Manager des Fonds es fertiggebracht, seine Benchmark um knapp 5,8 % zu unterbieten. Da sein Fonds mit über 10 Mrd. Euro der drittgrößte Publikumsfonds in Deutschland ist, bedeutet das auch: Er hat mit seinem aktiven Management in nur drei Monaten knappe 600 Millionen Euro verbrannt!

einen längeren Zeitraum mit anderen Produkten vergleichen kann. Dann wird schnell deutlich, dass ETFs zwar zunächst günstig sind, aber bei der Performance zumeist nicht mithalten können.« Belegt wird diese Aussage nicht, weil man sie nicht belegen kann. Sie ist eine völlige Umkehrung der Tatsachen. Die Fakten beweisen das genaue Gegenteil: Je länger der Zeitraum, den man betrachtet, desto mehr Zufallsgewinner unter den Fonds fallen hinter ihre Benchmark und die ETFs zurück. Wir haben das schon oben für die Schwellenländermärkte gesehen. Ich behandle das Thema später ausführlich in Kapitel 6.[18]

Das soll nun reichen mit der Medienschelte. Immer noch muss man als Fondsanleger sehr aufpassen, wenn man online oder in Printmedien Artikel zum Thema Fonds liest. Die Qualität der Berichterstattung über Fonds in unabhängigen, nicht auf Finanzen spezialisierten Zeitungen und Magazinen nimmt tendenziell zu. Bei Anlegermagazinen und Anlegerwebsites sieht es dagegen düster aus. Zu groß ist deren wirtschaftliche Abhängigkeit (meist über die geschalteten Anzeigen) von den Banken und Fondsgesellschaften, als dass man hier eine objektive Berichterstattung erwarten könnte.

---

[18] Wer schon vorgreifen will, schaue sich dazu Tabelle 12 in Kapitel 6 an, die das für mehrere Aktienfondskategorien und Zeiträume belegt.

4. Die große Fondslüge – die Rolle von Politik und Lobbyismus

In diesem Kapitel gehe ich zunächst auf Probleme ein, die der zu starke Einfluss von Lobbyisten der Finanz- und Versicherungswirtschaft auf die Politik mit sich bringt. Anschließend betrachte ich konkret drei politische Fehlentscheidungen, die durch mangelnde Kompetenz und Unabhängigkeit politischer Mehrheiten in Deutschland und Europa zustande kamen und die alle die große Fondslüge begünstigen: Die misslungene Ausgestaltung der Riesterrente und das Scheitern zweier überaus vernünftiger Regulierungsvorstöße zur Finanzmarkt- und Fondsregulierung in Europa. Schließlich zeige ich am Beispiel der schwedischen Prämienrente auf, wie ungleich viel besser die schwedische Politik 1999 auf die demographischen Herausforderungen reagiert hat, nämlich mit einer fondsbasierten Zusatzrente, die die missratene Riesterrente in jeder Beziehung in den Schatten stellt.

Die große Fondslüge existiert nicht im luftleeren Raum. Die Fondsgesellschaften, Banken und Versicherungen in Deutschland arbeiten in einem regulierten Umfeld. Die Regulierung erfolgt dabei oft auf europäischer Ebene über in Brüssel beschlossene Richtlinien, wie z. B. die Richtlinie über Märkte für Finanzinstrumente (MiFID, *Markets in Financial Instruments Directive [77]*). Spezifisch für die Regulierung von Fonds gibt es eine Richtlinie mit dem merkwürdigen Namen *Organismen für gemeinsame Anlagen in Wertpapieren* (OGAW, gebräuchlich ist auch die englische Abkürzung UCITS). [78]

Diese Richtlinien sollen unter anderem Wettbewerb, Verbraucherschutz und Transparenz sicherstellen. Leider sind sie in ihrer aktuellen Form weit davon entfernt, diese Ziele zu erreichen. Deshalb gibt es auch immer wieder politische Vorstöße, z. B. im Europaparlament, hier Verbesserungen herbeizuführen. Die Lobbyisten der Finanz- und Versicherungswirtschaft, die vom Status quo eines intransparenten Fonds- und Versicherungsmarktes profitieren, setzen aber dann stets alles daran, diese Reformen zu verhindern oder zumindest abzuschwächen oder zu verzögern. Die Politiker sollen die Interessenvertreter schon anhören, das ist so weit okay. Man kann nicht über die Köpfe der betroffenen Industrien die Regulierung ändern. Man muss der Finanzindustrie die gleiche Chance zur Stellungnahme einräumen, wie auf der anderen Seite z. B. Verbraucherschutzorganisationen.

Das Problem beim Lobbyismus liegt meiner Meinung nach im Kern gar nicht so sehr bei den Lobbyisten (so wenig Sympathie man für sie empfinden mag), sondern auf Seiten der Politik. Diese soll und muss letztendlich unter Abwägung vieler Interessen entscheiden. Sehr viele Politiker sind aber entweder nicht unabhängig von den betroffenen Industrien oder versäumen es, das notwendige Fachwissen für eine eigene Entscheidungskompetenz aufzubauen.[19] Solche Politiker ohne Fachkompetenz sind dann nicht in der Lage, die interessengesteuerten Informationen, Meinungen und Argumente der Lobbyisten zu beurteilen.[20]

Allzu oft werden so Standpunkte der Interessenvertreter vorschnell übernommen. Stattdessen wäre es Aufgabe der Politiker, die Interessen aller zu wahren und über die Partikularinteressen besonders finanzstarker und präsenter Interessengruppen zu stellen. Um es mit den Worten der ehe-

---

[19] Altbundeskanzler Schmidt hat immer wieder darauf hingewiesen, wie wichtig es für Politiker ist, zumindest in einem Fachgebiet kompetent zu sein: »Ein Abgeordneter muss sich wenigstens ein Politikfeld aussuchen, auf dem er sich selbst für urteilsfähig hält.« [214]

[20] Das häufig von Politikern geäußerte Argument, die Materie der Finanzmarktregulierung sei zu komplex, um sie ohne Hilfe der Interessenvertreter beurteilen zu können, trifft oft nicht zu. Wenn wir etwa den 2013 im EU-Parlament gescheiterten Versuch, erfolgsabhängige Gebühren bei Fonds zu regulieren, betrachten, so ist es selbst für Laien nach kurzem Studium der Fakten offensichtlich, dass die bestehende Praxis dieser Gebühren alles mit ungerechtfertigter Selbstbedienung und nichts mit angemessener Honorierung von Erfolg zu tun hat.

4. Die große Fondslüge – die Rolle von Politik und Lobbyismus

maligen Justizministerin Sabine Leutheusser-Schnarrenberger zu formulieren: »Die Politik hat die ihr übertragene Herrschaftsgewalt kompetent und unabhängig, also allein und ohne die unmittelbare Mitwirkung nicht demokratisch legitimierter Dritter auszuüben.« [79] Natürlich werden die Interessenvertreter von Banken, Fonds und Versicherungen – wenn sie ihren Job gut machen – bei ihrer Lobbyarbeit nicht einfach dreiste, leicht zu durchschauende Unwahrheiten verbreiten. Sie werden möglichst subtil vorgehen. Es steht ihnen frei, durch Betonungen, Weglassungen, Halbwahrheiten und auf den ersten Blick logische, aber einer näheren Prüfung nicht standhaltende Argumente Einfluss zu nehmen. Es ist Aufgabe der Politiker bzw. Ministerialbeamten, hier die Schwachpunkte und Weglassungen zu erkennen und bei ihren Entscheidungen das Allgemeinwohl über Einzelinteressen zu stellen.

Das erste große Problem des Lobbyismus ergibt sich aus der unterschiedlichen Finanzkraft und personellen Besetzung der einzelnen Interessenvertreter. Während die Verbraucherschutzverbände und gemeinnützigen Vereine wie Lobby Control mit wenigen Mitarbeitern auskommen müssen, haben die Lobbyisten von finanzstarken Industrien ganz andere Möglichkeiten. Der grüne Europaabgeordnete Sven Giegold erwähnt eine Zählung von 2014, die 1.700 professionelle Lobbyisten nur des Finanzsektors allein in Brüssel angibt. Nach seiner Schätzung steht dem höchstens ein Dreißigstel auf Seiten von Gewerkschaften, Verbraucherschützern und anderen Nichtregierungsorganisationen gegenüber. [80] Ein weiteres Problem ist die fehlende Transparenz. Im Gegensatz zu den USA, wo es schon seit 1995 ein verpflichtendes Lobbyregister gibt, in dem auch die eingesetzten Geldmittel von den einzelnen Lobbyakteuren offengelegt werden müssen, laufen die Lobbying-Aktivitäten in Brüssel, wo es nur ein freiwilliges Lobbyregister gibt, und in Berlin, wo ein derartiges Register gar nicht existiert, weitgehend intransparent ab (siehe Anm. Seite 214).

Die Verflechtungen von Politik und Ministerien auf der einen und Lobbyisten auf der anderen Seite gehen inzwischen so weit, dass verfassungsrechtliche Bedenken angemeldet werden. Seit 2004 gibt es das offizielle Programm »Seitenwechsel«, das es Angestellten von Konzernen und Interessenverbänden ermöglicht, bis zu zwei Jahre in Ministerien wie z. B.

dem Finanzministerium mitzuarbeiten. [81] Bernd Hartmann, Professor für Wirtschaftsrecht und Verwaltungswissenschaften an der Universität Osnabrück, ist der Meinung, dass das Programm gegen das Rechtsstaatsprinzip des Grundgesetzes verstößt und daher verfassungswidrig ist. [82] Auch ist es für Abgeordnete des Deutschen Bundestags möglich, parallel als Lobbyist zu arbeiten. [83]

Hier sind meines Erachtens Grenzen überschritten worden, die nie hätten überschritten werden sollen. Das Primat der Politik muss verteidigt, die Regulierungshoheit wieder zurückgewonnen werden. Abgeordnete, die gleichzeitig Interessenvertreter sind, brauchen wir ganz sicher nicht. Wie sagte die Ex-Ministerin: »Die Politik hat die ihr übertragene Herrschaftsgewalt kompetent und unabhängig, also allein und ohne die unmittelbare Mitwirkung nicht demokratisch legitimierter Dritter auszuüben.« Genau da müssen wir wieder hinkommen. Der Status quo sieht leider anders aus.

Das Versagen der Politik bei Fondsregulierung und Riesterrente

Im vorigen Abschnitt haben wir Fehlentwicklungen im Zusammenhang mit der übermäßigen Einflussnahme bestimmter Interessengruppen auf politische Entscheidungsträger aufgezeigt. In diesem Abschnitt werden wir konkret: Welche politischen Fehlentscheidungen bei der Rentenreform und der Regulierung von Fonds und Finanzprodukten begünstigen das System der großen Fondslüge? In der Vergangenheit sind einige wirklich krass im Widerspruch zu den Interessen der Steuerzahler und Fondsanleger stehende Entscheidungen getroffen worden. In jedem Fall waren finanzstarke Interessenvertreter wie der Bundesverband Investment und Asset Management (BVI) oder der Deutsche Sparkassen- und Giroverband beteiligt. Entschieden haben jedoch nicht die Lobbyisten. Entschieden haben die Politiker.

Beispiel 1 (3.7.2013): *Begrenzung der erfolgsabhängigen Gebühren bei Fonds im EU-Parlament gescheitert [84]*: Wir haben es im Kapitel »Die Fondslüge im Kostenquadrat« analysiert: Der Wildwuchs bei den erfolgsabhängigen Gebühren für Fondsmanager ist eine reine Abzocke und hat vor allem rein gar nichts mit Leistung oder Erfolg zu tun. Selbst außerordentlich erfolglose Fonds, die ganz überwiegend unterdurchschnittlich abschneiden, können hier abkassieren. Eine Regulierung dieser asymmetrischen, d. h. einseitig den Fondsanleger benachteiligenden, Gebühren ist dringend erforderlich. In den USA hat die zuständige Finanzaufsichtsbehörde, die »Securities and Exchange Commission« (*SEC*) asymmetrische Performance Fees bei Investmentfonds schon lange verboten. [85] Damit ist die Sache dort weitgehend von Tisch, da es die allermeisten Fonds gar nicht erst wagen, gegen den übermächtigen Index anzutreten, wenn sie bei schlechterer Performance ihre Gebühren reduzieren müssen. Ein Paradebeispiel guter Regulierung! In Deutschland hat die BaFin im Juli 2013 eine wesentlich schlechtere, noch völlig unzureichende Regulierung eingeführt [86] die man aber als ersten Schritt in die richtige Richtung begrüßen kann.

Am 3.7.2013 standen nun im Europaparlament Regeln zur Vergütung von Fondsmanagern (UCITS V) zur Abstimmung, die die Umgehung der deutschen Performance-Fee-Regulierung durch in Luxemburg oder anderen europäischen Ländern aufgelegte Fonds verhindert hätten. Besser noch: Die vorgeschlagene Regulierung hätte – wie in den USA – erfolgsabhängige Gebühren nur erlaubt, wenn sie »symmetrisch« gewesen wären, d. h., Fondsmanager und ihre Fondsgesellschaften hätten bei schlechter Wertentwicklung ihre laufenden Kosten reduzieren müssen. Es handelte sich keinesfalls um irgendwelche linken, bürokratischen oder gegen den freien Wettbewerb gerichteten Maßnahmen. Es sollte lediglich der Missbrauch der Performance Fees zur Selbstbedienung ohne Mehrleistung gestoppt werden.

Was geschah? Das Europarlament lehnte mit den Stimmen der liberalen und konservativen Abgeordneten die vorgeschlagene Regulierung ab. Der grüne Europaabgeordnete Sven Giegold bezeichnete die Mehrheitsentscheidung zu Recht als »schwarzen Tag für den Anlegerschutz in Europa«. [87] Warum haben die liberalen und konservativen Abgeordneten mehrheitlich eine derartig vernünftige, der amerikanischen Lösung ähnliche Regulierung abgelehnt? Beide Fraktionen sind laut ihren Parteiprogrammen doch Anhänger einer sinnvoll regulierten Marktwirtschaft. Aber aus marktwirtschaftlicher Perspektive ist ihre Entscheidung grundfalsch. Es gibt wohl nur zwei Möglichkeiten einer Erklärung:

- Sie haben auf den »Rat« der Fondsindustrie gehört und entschieden, ohne eine eigene Urteilsfähigkeit zu besitzen.
- Sie haben bewusst völlig unberechtigte Partikularinteressen der Fondsindustrie über die der Anleger gestellt.

Ich gehe mal davon aus, dass bei den meisten Abgeordneten das Erste der Fall war. Aber selbst das ist ein beklagenswerter Zustand. Wir brauchen dringend mehr selbständig urteilsfähige Politiker in Brüssel und Berlin, damit die Privatanleger in Europa und Deutschland nicht weiter die Zeche für die fachliche Inkompetenz politischer Mehrheiten zahlen!

Beispiel 2: *(26.9./26.10.2012) EU-weites Provisionsverbot im letzten Moment gescheitert*: Im Rahmen der Revision der europäischen Finanzmarkt-Richtlinie MiFID II (Markets in Financial Instruments Directive) war eigentlich vorgesehen, das Provisionssystem bei der Vermittlung von Finanzprodukten, das eine zentrale Rolle bei der großen Fondslüge spielt, EU-weit zu verbieten. Das hätte zwar Fehlberatungen nicht ausgeschlossen. Es hätte aber den Interessenkonflikt zwischen Vermittler und Kunde bei der Fondsberatung beseitigt, der dazu führt, dass Provisions-»Berater« nur bei Vermittlung teurer aktiv gemanagter Fonds verdienen. Es wäre ein enormer Fortschritt im Sinne der Anleger gewesen. Am 26.9.2012 stand der von allen Fraktionen ausgehandelte Kompromiss, der das Provisionsverbot bzw. die Weiterleitung von Provisionen an die Kunden vorsah, im zuständigen ECON-Ausschuss für Währung und Wirtschaft des europäischen Parlaments zur Abstimmung.

Was nun geschah, wird Sie überraschen: In letzter Minute brachte ausgerechnet die sozialdemokratische Fraktion einen mündlichen Änderungsantrag ein, der kein Provisionsverbot mehr vorsah. [88] Der Antrag, der nur eine Offenlegung der Provisionen befürwortete, fiel sogar noch hinter in Deutschland bereits bestehende Regelungen zurück. [89] Obwohl es fraktionsübergreifend Zustimmung zum Provisionsverbot gab, stimmten Sozialdemokraten und Konservative mehrheitlich dagegen. Die

4. Die große Fondslüge – die Rolle von Politik und Lobbyismus

stattdessen beschlossene Offenlegung der Provisionen löst das Problem nicht einmal ansatzweise. Entsprechende Regelungen gelten in Deutschland schon lange und haben sich als völlig unwirksam erwiesen. [90] Die Verbraucherzentrale Bundesverband (vzbv) sparte nach der Fehlentscheidung deshalb nicht mit Kritik und nannte in einem Positionspapier [91] nach der Entscheidung »Ross und Reiter«, sprich die sozialdemokratische Fraktion im Europaparlament:

»Da allen Beteiligten klar ist, dass eine Offenlegung den provisionsinduzierten Interessenkonflikt nicht löst, ist diese Entscheidung eine Katastrophe für den Anlegerschutz. Die schädlichen Strukturen, die regelmäßig zu Fehl- und Falschberatung führen, werden damit manifestiert ... Auf Druck von S&D [Anmerkung: die sozialdemokratische Fraktion im EU-Parlament, M. R.] wurde der im ECON-Ausschuss verhandelte Kompromiss zurückgenommen. Dies widerspricht der nationalen Linie der SPD-Bundestagsfraktion.«

Was das Umfallen der Sozialdemokraten bewirkte, bleibt im Dunkeln. Fest steht, dass sich der Deutsche Sparkassen- und Giroverband (und auch der Bundesverband der Deutschen Volks- und Raiffeisenbanken) mit den schon in Kapitel 2 als fadenscheinig entlarvten Argumenten ganz eindeutig für den Erhalt des von den Verbraucherschutzverbänden so heftig kritisierten kundenfeindlichen Provisionssystems eingesetzt hat. Nach der vorentscheidenden Abstimmung im Wirtschaftsausschuss wurde das Provisionsverbot am 26.10.2012 auch im Plenum gekippt.

Immerhin stellte die Revision der EU-Finanzmarktrichtlinie den Mitgliedsstaaten frei, auf nationaler Ebene ein Provisionsverbot zu beschließen. Deshalb haben Staaten wie Großbritannien (trotz seiner mächtigen Finanzlobby!) und die Niederlande umgehend von dieser Option Gebrauch gemacht und das Provisionssystem bei der Vermittlung von Fonds und anderen Finanzprodukten Anfang 2013 verboten. Und Schweden ist dabei, ihrem Beispiel zu folgen. [92] Deutschland hätte dieselbe Möglichkeit gehabt. Die politische Mehrheit zieht es aber bis heute vor, lieber Millionen deutscher Bankkunden weiter der massenhaften Fehlberatung und provisionsgetrieben Abzocke auszusetzen, als die Interessen der Banken, Sparkassen und Versicherungen zu gefährden.

Beispiel 3: *Die Fehlkonstruktion Riesterrente – eine Lizenz zum Gelddrucken für Versicherer und Fondsgesellschaften*: »Die Riester-Rente ist gescheitert«, erklärte der CSU-Vorsitzende Horst Seehofer am 8.4.2016. [93] Umgehend meldete sich auch die SPD-Spitze mit Sigmar Gabriel und Andrea Nahles zu Wort, da sie das Thema im Vorwahlkampf zur Bundestagswahl 2017 nicht der CSU überlassen wollte. Die Bundesarbeitsministerin kündigte eine umfassende Reform des staatlichen Rentensystems »noch in dieser Legislaturperiode« an. [94] Die hochfliegenden Erwartungen an die Riesterrente hätten sich nicht erfüllt. Woher kommen diese plötzlichen Erkenntnisse der regierenden Politiker? Sie kritisieren die Riesterrente, im völligen Gegensatz zu den bisherigen Verlautbarungen dieser und früherer Bundesregierungen sowie staatlicher Rententräger zur Riesterrente: So wies etwa die Bundesregierung Anfang 2008 in ungewöhnlich scharfer Form völlig berechtigte Kritik des Magazins Monitor an der Riesterrente zurück [95]: »Unseriöse Medienberichterstattung zur Riester-Rente hat Menschen verunsichert. Viele haben sich gefragt: ‚Lohnt es sich überhaupt zu riestern?' Eindeutige Antwort: Ja!«[21]

Und auch die Deutsche Rentenversicherung Bund präsentierte noch im Juli 2015 eine Studie, wonach gerade Geringverdiener bei Riester mit hohen Renditen rechnen könnten. Und nun heißt es plötzlich, die Riesterrente ist gescheitert. Wohlgemerkt – nicht dass ich da in irgendeiner Form widersprechen wollte. Natürlich ist die Riesterrente, eingeführt mit dem 2002 in Kraft getretenen Altersvermögensgesetz, [96] gescheitert. Das ist aber nicht erst seit dem 8.4.2016 offensichtlich, das war schon von Beginn an klar. Eine noch so gute Idee (kapitalgedeckte Zusatzrente

---

[21] Monitor hatte einen Nerv getroffen. Das erklärt die harsche Reaktion der Bundesregierung, die politisch motiviert war und in der Sache völlig ungerechtfertigt. Interessierte Leser können sich selbst ein Urteil bilden: Die Monitor-Sendung ist zwar in der ARD-Mediathek nicht mehr vorhanden. Glücklicherweise wurde sie jedoch auf Youtube hochgeladen. [215] Wer sich den Beitrag ansieht, kann ihn – meiner Meinung nach – nur als Musterbeispiel sehr gut recherchierten und vielfach belegten investigativen Journalismus bezeichnen! Im Übrigen ist die Monitor-Kritik auch 2016 immer noch brandaktuell: Am Hauptkritikpunkt der Sendung, der Anrechnung der Riesterrente auf die staatliche Grundsicherung, hat sich bis heute nichts geändert. Genau das ist ja neben den hohen Kosten der Grund, warum viele Geringverdiener – durchaus rational begründet – keine Riesterrente abschließen.

als Antwort auf die demographischen Probleme bei der Finanzierung der gesetzlichen Rente) ist zum Scheitern verurteilt, wenn sie fundamental falsch umgesetzt wird.

Die Frage ist nicht *ob*, sondern *warum* die Riesterrente gescheitert ist, und was man nun machen sollte. Und hier liegen sowohl Seehofer als auch die SPD-Spitze mit Diagnose und Rezept völlig falsch: Die vorgeschlagene Lösung des Problems ist eine Anhebung der durch die Rentenreform 2001 gesenkten gesetzlichen Altersbezüge. Die Probleme der Riesterrente sind aber hausgemacht und liegen nicht am System der Kapitaldeckung! Das macht der Vergleich mit dem Erfolgsmodell der schwedischen Prämienrente überdeutlich (vgl. nächstes Unterkapitel). Die misslungene Riesterrente trug den Keim ihres Scheiterns von Anfang an in sich. Warum?

- Weil sie von Anfang an ein intransparentes, viel zu teures, von Lobbyisten stark beeinflusstes Konzept hatte.
- Weil es falsch war, sie nicht verpflichtend zu machen, und falsch ist, sie auf die Grundsicherung anzurechnen.
- Weil deshalb nur gut 16 Millionen Menschen riestern und die Vorsorgelücke so nicht wie geplant gefüllt werden kann.

Sowohl Seehofer als auch Nahles und Gabriel wollen nun offenbar wieder die umlagefinanzierte gesetzliche Rente stärken, ohne allerdings ein Konzept zu haben, wie man das angesichts steigender Lebenserwartung und sinkender Geburtenrate finanzieren soll. Die demographischen Probleme waren ja genau der Grund, warum die kapitalgedeckte Riesterrente ursprünglich eingeführt wurde. Die Schieflage der umlagefinanzierten gesetzlichen Rente ist ebenso gewaltig wie weitgehend unbekannt. Schon lange reichen die Rentenbeiträge nicht mehr zur Finanzierung, und der Bund muss enorme und wachsende Zuschüsse aus Steuergeldern in das System pumpen. Von 1957 bis 2014 ist der Bundeszuschuss von 3,4 Milliarden Mark auf rund 64 Milliarden Euro jährlich angestiegen. [97] Das ist rund ein Viertel der Ausgaben. Im gleichen Zeitraum veränderte sich das Verhältnis von Arbeitnehmern zu Rentnern von 5:1 auf heute etwa 3:1, Tendenz weiter fallend mit einer Geburtenrate von unter 1,4.

Inzwischen (2014) haben CSU und SPD in der großen Koalition weitere teure Änderungen wie die Rente mit 63 und die Mütterrente durchgedrückt. Nach Ansicht von Experten wie dem ehemaligen Präsidenten des Deutschen Instituts für Wirtschaftsforschung (DIW) Klaus Zimmermann werden diese populären, aber nicht aus den Rentenbeiträgen gedeckten Rentenerhöhungen die Rentenversicherung mit über 200 Milliarden Euro belasten. [98] Es ist höchste Zeit, die Möglichkeiten der Politiker, die gesetzliche Rentenversicherung mit derartigen Wahlgeschenken für bestimmte Parteiklientele zu belasten rigoros zu beschneiden. Auch hier ist Schweden übrigens Vorbild. [99] Der Bundestagswahlkampf 2017 scheint sich auf das Thema Rente einzuschießen. Das ist das Letzte, was wir brauchen. Wir brauchen keinen Wahlkampf mit nicht gegenfinanzierten Versprechen und rückwärtsgewandten Vorschlägen. Wir brauchen konstruktive Vorschläge einer grundlegenden Reform der Riesterrente.

Immerhin, es besteht noch Hoffnung. Hessische Minister von CDU und Grünen haben Ende 2015 mit der »Deutschlandrente« einen vernünftigen Vorschlag auf den Tisch gelegt. [100] Das Altersvermögensgesetz hat den Faktor Kosten und Kostentransparenz völlig außen vor gelassen. Auf diese Weise sind über 5.000 Riesterprodukte amtlich zertifiziert worden, die Steuergelder in Milliardenhöhe in die Taschen von Versicherungen und Fondsgesellschaften umlenken.

Welche Rolle spielt nun die Fondslüge bei Riester (bzw. umgekehrt)? Das lässt sich klar beantworten: Eine ganz erhebliche! Und zwar über fondsgebundene Riester-Rentenversicherungen und Riester-Fondssparpläne. Marktführer hier: die genossenschaftliche Union Investment. Ihr 1,8 Millionen Mal verkaufter Fondssparplan UniProfiRente ist das meistverkaufte Riesterprodukt überhaupt. Es handelt sich um eine Kombination aus dem zu 98 % am Index »klebenden« Aktienfonds Uniglobal[22] und dem regelmäßig von seinem Vergleichsindex abgehängten Rentenfonds UniEuroRenta (vgl. Seite 179 ff. und 184 ff.). Die Rolle der Fondsprodukte bei der Riesterrente ist in Abbildung 4 zu sehen. In der Abbildung sind klassische und fondsgebundene Versicherungsverträge zusammen aufgeführt. Man kann dabei von einem Anteil der fondsgebundenen Versicherungen

---

[22] Beziehungsweise seit Juli 2015 dem Uniglobal Vorsorge.

4. Die große Fondslüge – die Rolle von Politik und Lobbyismus

von 25 bis 30 % ausgehen. [101] Das heißt, unter den 10.953 Millionen Riester-Versicherungsverträgen im dritten Quartal 2015 sind etwa drei Millionen fondsgebunden. Investmentfondsverträge, also Fondssparpläne, sind mit ca. 3,1 Millionen abgeschlossenen Verträgen nach den Rentenversicherungen die zweithäufigste Variante. [102]

Abbildung 4: Statistik zur Riesterrente

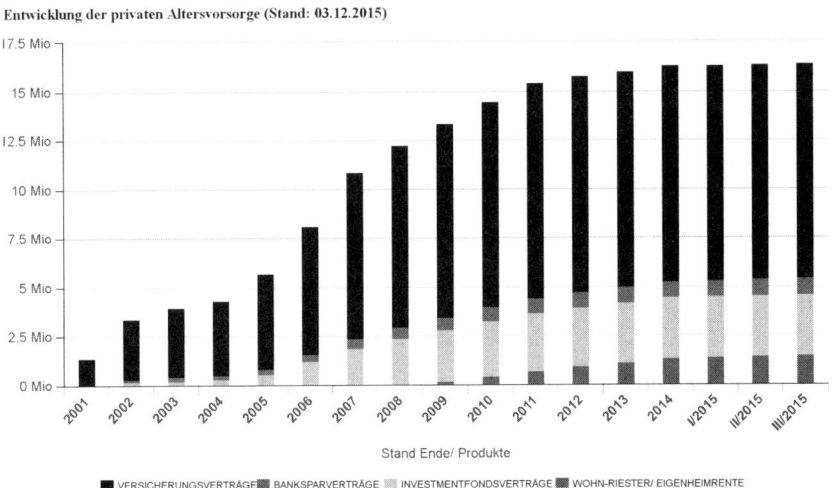

Quelle: Bundesministerium für Arbeit und Soziales

Wir kommen also insgesamt auf etwa 6,1 Millionen (ca. 37 %) Riesterverträge, die in Fonds anlegen. Die überwältigende Mehrheit davon investiert in aktiv gemanagte Fonds. Kostengünstige Indexfonds spielen bei den Riester-Fondsprodukten nur eine ganz untergeordnete Rolle. Sie ahnen warum – sie zahlen keine Provisionen an die Verkäufer. Es hat ganze zwölf Jahre gedauert, bis der erste provisionsfreie ETF-Riester-Fondssparplan überhaupt angeboten wurde [19], und auch bei den fondsgebundenen Riesterversicherungen gibt's kaum kostengünstige Indexfonds.

Es ist davon auszugehen, dass die meisten der 6,1 Millionen Riester-Fondsbesitzer keinen Überblick über die Kosten ihrer Fondspolicen bzw. Sparpläne haben. Im Riester-Dschungel der über 5.000 zertifizierten

Produkte herrscht ja in weiten Teilen die völlige Kostenintransparenz, wie auch eine Studie von Prof. Andreas Oehler von der Universität Bamberg bestätigte. [103] Während man die Kosten der Fonds noch leicht herausbekommt, verstecken viele Anbieter die massiven Abschluss-, Vertriebs- und Verwaltungskosten des Versicherungsmantels. Negativbeispiel erneut die genossenschaftliche Union Investment: Konkurrent Deutsche Bank führt seine Abschluss- und Vertriebskosten beim Fondssparplan DWS Riester Rente Premium wenigstens auf seiner Website leicht zugänglich auf. [104] Im ausführlichen zehnseitigen Produktinformationsblatt zum Riester-Fondssparplan UniProfiRente findet man dagegen alles Mögliche – nur nichts zu den Abschluss- und Vertriebskosten!

Aber genau diese teilweise gut versteckten Kosten vieler Riesterverträge zehren an der Rendite: »Die Zulagen kommen in der Masse nicht der Altersvorsorge zugute«, sagt Niels Nauhauser, Finanzexperte der Verbraucherzentrale Baden-Württemberg. [105] Was viele Leute nicht wissen: Es ist keineswegs unzulässig für einen Anbieter eines besonders teuren Produkts wie der fondsgebundenen Riester-Rentenversicherung, wenn seine Kosten die Höhe der staatlichen Förderung übersteigen. Im Extremfall können die Kosten sogar das Dreifache der staatlichen Riesterförderung betragen! [105]

Selbst Riester-Fondssparpläne ohne Versicherungsmantel sind ausgesprochen teuer. Hier muss man mit bis zu 5 % Abzügen pro Einzahlung rechnen, dazu kommen die Fondskosten von ca. 0,5 bis 2 % pro Jahr (plus evtl. Ausgabeaufschläge bis zu 5 %) plus den Verwaltungskosten von vielleicht 2 bis 3 %. Es ganz klar: Die fondsbasierten Riesterprodukte, geknebelt durch hohe Gebühren, lohnen vorwiegend aufgrund der staatlichen Zulagen. Zwar profitieren Geringverdiener mit vielen Kindern besonders stark, allerdings nur dann, wenn sie im Alter nicht auf die staatliche Grundsicherung angewiesen sind.

Für jemanden, der nur die einfache Grundzulage von 154 Euro vom Staat erhält, ist das fondsbasierte »Riestern« im Vergleich zu einem nicht geförderten ETF-Sparplan schnell ein Minusgeschäft. Zumal man ja die Zulagen und Steuerförderung auch mit einem einfachen Riester-Banksparplan mitnehmen und dann separat viel kostengünstiger in Indexfonds investieren kann. Nur etwa 16,5 Millionen der 38,6 Millionen [106] direkt oder indirekt Riesterberechtigten »riestern« überhaupt. Die anderen müssen dieses teure Fehlkonstrukt über ihre Steuergelder unterstützen. Über drei Milliarden Euro Fördergelder kostet die Riesterrente jährlich. Ein Großteil fließt in die Kassen der Versicherungen, Banken und Fondsanbieter.

Fazit: Die Riesterrente – ein offensichtliches Fehlkonstrukt von Anfang an. Und die ca. 37 % fondsbasierten Riester-Produkte sind bei den teuersten Produkten ganz vorne mit dabei. Es hätte nicht so laufen müssen! Schweden hat schon 1999 ein fondsbasiertes System der kapitalgedeckten Zusatzrente gefunden, die die deutsche Riesterrente um Längen schlägt. Dazu mehr im nächsten Abschnitt.

Die ignorierte Blaupause: Schwedens gelungene Prämienrente mit Indexfonds

Im vorigen Abschnitt haben wir gesehen, wie die deutsche Politik unter dem Einfluss von Bank- und Versicherungslobbyisten eine überteuerte, intransparente und ineffiziente Form der kapitalgedeckten Zusatzrente eingeführt hat. Wir haben auch gesehen, dass die Riesterrente aufgrund der oftmals zu hohen Kosten und Intransparenz der angebotenen Produkte von der Bevölkerung nur zögerlich angenommen wird und deswegen ihr sozialpolitisches Hauptziel, für weite Kreise der Bevölkerung einen Ausgleich für die Kürzungen bei der gesetzlichen Rente zu schaffen, verfehlt. Diese Entwicklung war nicht unausweichlich. Deutschlands Politiker hätte das Rad nicht neu erfinden müssen.

Schweden hatte schon 1999, zwei Jahre vor Einführung der Riesterrente, eine Reform seines Rentensystems vorgenommen und eine äußerst gelungene, auf Fonds basierende kapitalgedeckte Zusatzrente eingeführt, die die deutsche Riesterrente in jeder Beziehung in den Schatten stellt: Das schwedische System der staatlich organisierten Prämienrente ist ungleich transparenter, die angebotenen Standard-Fondssparpläne ohne Garantie und staatliche Zuschüsse haben einen Bruchteil der Kosten der gängigen

Riesterprodukte, und durch die Teilnahmepflicht wird eine hundertprozentige Abdeckung der Bevölkerung erreicht. Die Ausgangslage war in beiden Ländern identisch. Die Schweden sahen sich mit den gleichen demographischen Problemen bei ihrem Rentensystem konfrontiert wie die Deutschen. [107][23]

Es war klar, dass das in Schieflage geratene umlagefinanzierte gesetzliche Rentensystem durch ein kapitalgedecktes System ergänzt werden musste. Hier hören die Gemeinsamkeiten aber auf. Im Gegensatz zur deutschen privatwirtschaftlich organisierten Riesterrente wurde bei der in Schweden eingeführten kapitalgedeckten Prämienrente von Anfang an auf niedrige Kosten und hohe Transparenz geachtet. Das schwedische Modell beruht auf der Standardlösung Indexfonds, die in unterschiedlichem Maße in Aktien und Anleihen investieren. [108] Zwar können die Versicherten auch selbst aus einer langen Liste staatlich zugelassener Fonds wählen, sie müssen es aber nicht. Und sie brauchen es auch gar nicht, denn die Standardlösung für Leute, die keine eigene Anlageentscheidung treffen, ist eigentlich schon das Optimum: Ein kostengünstiger Lebenszyklusfonds (genannt AP7 Safa), der je nach Alter des Versicherten zunächst nur in Aktien und später zunehmend in Anleihen investiert. Er ist auch die meistgewählte Lösung der Schweden. Die laufenden Kosten dieses Standardprodukts betragen gerade einmal 0,12 bis 0,15 % (je nach Aktienanteil).[24]

Die »AP7 Safa«-Standardlösung zeigt, wie klar den Schweden schon 1999 und in der Entstehungsphase des Gesetzes davor die alles entscheidende Wichtigkeit niedriger Kosten und altersgerechter Diversifikation war. Mit anderen Worten: Die schwedischen Politiker hatten schon vor 1999 – ganz im Gegensatz zu ihren deutschen Kollegen 2001 – die gro-

---

[23] Tatsächlich ist das Demographie-Problem der gesetzlichen Rente in Deutschland noch viel drängender, als es in Schweden je war. Schweden hat nach Frankreich mit 1,9 Kindern (Stand: 2013) nämlich die zweithöchste Geburtenrate in Europa, weit vor der deutschen mit knapp 1,4. Wiederum könnte man sich fragen, warum man in Deutschland seit Jahren erfolglos versucht, die Geburtenrate zu steigern, statt die erfolgreichen Systeme (z. B. im Bereich Kinderbetreuung) dieser Länder zu übernehmen. Aber das ist nicht Thema dieses Buches.

[24] In meiner Zeit als Vizepräsident des Stiftungsrats der Novartis Pensionskasse II habe ich selber die Einführung eines fast identischen Produkts als Option für die Versicherten initiiert.

4. Die große Fondslüge – die Rolle von Politik und Lobbyismus

ße Fondslüge durchschaut! Fünf Parteien, die zusammen 80 % der Wählerstimmen repräsentierten, stimmten am 8. Juni 1998 im schwedischen Parlament für die Pensionsreform und die Einführung der Prämienrente. [107] Da waren in einem langen politischen Prozess wirklich gute Lösungen erarbeitet worden, die eine breite Mehrheit der Politiker von links bis rechts überzeugt haben.[25]

Vergleicht man die Kosten von Riester-Investmentfondssparplänen und fondsgebundenen Riester-Versicherungen mit dem indexfondsbasierten Standardprodukt der schwedischen Prämienrente, springen die massiven Kostenvorteile des schwedischen Produkts sofort ins Auge (Tabelle 8).

Tabelle 8: Kostenvergleich fondsbasierter Riesterprodukte mit dem indexfondsbasierten Standard (AP7 Safa) der schwedischen Prämienrente

Produkt	Ausgabeaufschlag Fonds	Abschluss- und Vertriebskosten Anbieter	Laufende Kosten Fonds	Laufende Kosten Verwaltung
AP7 Safa*	0 %	0 %	0,12–0,15 % p. a.	0 %
Riester-Fondssparplan	ca. 2–5 %***	5,16 %**	ca. 0,5–2 %*** p. a.	2,92 % der Beiträge**
Fondsgebundene Riesterrente	ca. 2–5 %***	5,16 %**	ca. 0,5–2 %*** p. a.	3,42 % der Beiträge**

Quellen: *Munich Center for the Economics of Aging (MEA) [107], **Institut für Vorsorge und Finanzplanung [66], ***typische Bandbreite,

Sicher: Riester-Fondssparpläne garantieren im Gegensatz zum schwedischen Indexfondssparplan Kapital und Zulagen. Aber abgesehen davon, dass die vom Anbieter eines Riester-Fondssparplans zu tragende Kapitalerhalts-Garantie nicht sehr viel wert ist (die Zulagen kommen schließlich vom Steuerzahler, und ein Inflationsausgleich ist nicht vorgesehen), gibt es gute Gründe, warum die Schweden auf diese Garantien verzichtet haben:

---

[25] Im Gegensatz dazu war die deutsche Rentenreform mit der unausgegorenen Riesterrente als Ausgleich für die Senkung des Niveaus der gesetzlichen Rente 2001 wesentlich umstrittener. Sie wurde im Bundestag mit nur mit 292:252 und im Bundesrat mit gerade einmal 35:34 Stimmen angenommen. [216]

- Je länger der Versicherte in den AP7 Safa oder in alternative Prämienrenten-Fonds investiert, desto stärker sinkt das Risiko negativer Renditen (und damit die Notwendigkeit von teuren Garantien). Wir werden weiter unten sehen, dass gerade mal 1 % der schwedischen Versicherten mit ihrer Prämienrente im Minus sind.
- AP7 Safa nimmt zur Risikominderung eine automatische Absenkung der Aktienquote in Abhängigkeit vom Lebensalter vor (Lebenszykluskonzept).
- Schlimmer noch: Die Riestergarantien führen bei Riester-Fondssparplänen sogar zu großen Problemen mit prozyklischen Umschichtungen aus Aktienfonds in Rentenfonds. Es gab deshalb schon Riesenärger beim meistverkauften Riester-Fondssparplan ([109] vgl. auch Seite 179 ff.)

Die schwedische Prämienrente ist nicht absolut perfekt. Aus meiner Sicht ist die Zahl der mehr als 800 bei der Prämienrente insgesamt zugelassenen Fonds unnötig groß und damit unübersichtlich. Aber – ganz wichtig – durch spezielle Rabatte sind diese Fonds sehr kostengünstig, so dass die durchschnittlichen laufenden Kosten auch bei diesen bei nur 0,28 % liegen. [110] Und wie gesagt, wenn man gar nichts entscheidet, investiert man automatisch in die sehr gute Standardlösung des Lebenszyklusfonds AP7 Safa. Deshalb kann man mit Fug und Recht sagen, dass die Prämienrente zwar nicht perfekt, aber nahe am Optimum ist.

Und wie wirken sich die unterschiedlichen Kosten auf die Renditen der Produkte aus? Im intransparenten Dschungel der 5.000 zertifizierten Riesterprodukte weiß wohl niemand, wie die Rendite der Sparer im Schnitt aussieht. Es ist aber aufgrund der oftmals hohen Kosten und der großen Zahl der Verträge, die nach Abzug hoher Vertriebsgebühren in den ersten Jahren beitragsfrei gestellt werden, klar, dass viele Leute nur eine sehr geringe Rendite kaum über der gesetzlichen Garantie (Kapital und staatliche Zulagen) erhalten werden. Und wenn die Rendite gut ist, dann meist nur aufgrund der ca. drei Milliarden Euro, die die Steuerzahler jedes Jahr zuschießen, und nicht weil die Produkte gute Nettorenditen aufweisen.

Die schwedische Prämienrente dagegen kommt zu 100 % ohne jede staatliche Förderung aus. Bedeutet das im Umkehrschluss, die Renditen für die Versicherten sind niedrig? Diese Frage kann man sehr leicht beant-

4. Die große Fondslüge – die Rolle von Politik und Lobbyismus

worten, da das schwedische System im Gegensatz zur Riesterrente völlig transparent ist. Die staatliche Rentenbehörde veröffentlicht regelmäßig genaue Statistiken. Die letzte, die ich recherchieren konnte, ist vom 31.12. 2014 (Abbildung 5).[26]

Abbildung 5: Verteilung der jährlichen Renditen der Schwedischen Prämienrente von 1999 bis 2014

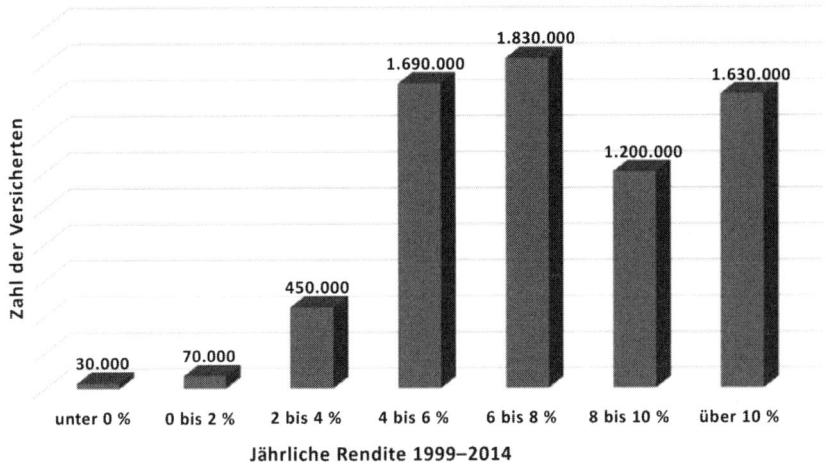

Eigene Darstellung, Quelle: Schwedische Rentenbehörde [111]

Wir sehen: Die Renditen sind ganz und gar nicht niedrig. Ganz im Gegenteil, die Renditen sind exzellent. Die allermeisten der Versicherten haben Renditen zwischen 4 und über 10 %. Im Schnitt betrug die Rendite seit der Einführung der Prämienrente 1999 bis Ende 2014 7,1 % pro Jahr! Nur 1 % der Leute hatte eine negative Rendite. Das sind Traumzahlen für die Versicherten. Es sind aber auch Traumzahlen für die schwedischen Steuerzahler, da hier nicht wie bei Riester Steuergelder über übertriebene Produktkosten in die Taschen der Fondsgesellschaften gelenkt werden.

---

[26] Ich bin auf englische Übersetzungen angewiesen. Wäre ich des Schwedischen mächtig, hätte ich sicher eine noch aktuellere Statistik präsentieren können, da die staatliche Rentenbehörde ihre Statistiken offenbar sogar monatlich veröffentlicht – eine vorbildliche Transparenz!

Das schwedische System der Prämienrente funktioniert. Und es funktioniert robust: Man muss sich vor Augen halten, in welchem Zeitraum diese Renditen erzielt wurden. Die Fonds investieren schließlich hauptsächlich in Aktien und Anleihen. Die Zeitspanne seit Einführung der Prämienrente war geprägt von Aktienmarktkrisen mit dramatischen Einbrüchen an den Börsen in den Jahren 2000 und 2008 und einer schon lange anhaltenden Niedrigzinsphase.

Damit wird auch klar, dass die Niedrigzinsphase, die bei vielen Politikern und Anbietern von Riesterprodukten als Erklärung für schlechte Renditen herhalten muss, dem schwedischen Modell nichts anhaben konnte. Denn:

- Der Wert von höherverzinsten Altanleihen steigt, wenn die Zinsen sinken.
- Fonds wie AP7 Safa investieren regelmäßig 2,5 % des Gehalts. So erfolgt eine Risikostreuung, und so werden mehr Aktien gekauft, wenn die Kurse niedrig sind, und weniger, wenn sie hoch sind.[27]
- Und natürlich vor allem: Bei der Prämienrente fressen die Gebühren nicht die Rendite auf.

Und Deutschland? Es bietet sich ein trauriges Bild. Eine grundlegende Reform der Riesterrente in Richtung schwedisches System ist trotz entsprechender Vorschläge nicht abzusehen, ungeachtet der offensichtlichen Vorteile, die dies mit sich bringen würde. Die deutschen Politiker – selbst nicht von der von ihnen eingeführten schlechten Riesterrente betroffen[28] – drehen sich im Vorfeld des Bundestagswahlkampfs 2017 im Kreis, wie die rückwärtsgerichteten und populistischen Vorstöße mehrerer Spitzenpolitiker zur Rentenreform vom April 2016 zeigen.

»Das schwedische System ist nicht patentiert!«, möchte man ihnen zurufen. Man kann es in weiten Teilen einfach kopieren und die geschei-

---

[27] Dieser sogenannte »Durchschnittskosteneffekt« ist zwar umstritten, [200] und man profitiert nicht in jedem Szenario von ihm. Aber allein schon durch seinen ermutigenden psychologischen Effekt, der übervorsichtige Anleger zu für sie tragbaren Risiken ermutigt und ihnen damit eine höhere *erwartete* Rendite ermöglicht, ist es meines Erachtens völlig legitim, mit ihm zu argumentieren.

[28] Die überaus großzügigen Altersbezüge der Bundestagsabgeordneten zahlt nach wie vor zu 100 % der Steuerzahler. Hier sehen die Abgeordneten offenbar keinen Reformbedarf. Details zu ihren bestehenden Altersbezügen finden sich beim Bund der Steuerzahler. [217]

terte Riesterrente damit ersetzen. Man kann es kopieren und eine neue Win-Win-Situation schaffen! Aber diesmal nicht wie bei der Riesterrente für Versicherungen und Fondsgesellschaften, diesmal für die Versicherten und die Steuerzahler. Jeder Tag, den die politischen Mehrheiten in Deutschland mit nicht finanzierbaren Vorstößen und Wahlkampf verschwenden, geht zu Lasten der Steuerzahler und Riestersparer in Deutschland.

5. Die große Fondslüge: Warum sind wir so leichte Opfer?

Zu einem Schwindel gehören immer zwei: Derjenige, der beschwindelt, braucht jemanden, der sich beschwindeln lässt. Warum lassen wir uns von der Fondsindustrie so leicht Zufallsgewinner der Vergangenheit als vermeintliche Topfonds andrehen? Das liegt nicht nur an den provisionsgetriebenen Vermittlern. Es kommen noch weitere Faktoren hinzu. Ein wichtiger Punkt ist, dass Finanzbildung in den Lehrplänen der Schulen nach wie vor so gut wie keine Rolle spielt. Ein anderer Grund liegt in der Funktionsweise unseres Gehirns: Wir haben große Probleme, den Zufall als Erklärung zu akzeptieren.

Die Schule entlässt uns unvorbereitet – eine Fallstudie

»Es bleibt wichtig, Gedichte zu lernen.«
BUNDESBILDUNGSMINISTERIN JOHANNA WANKA (2015)

Ich erinnere mich dunkel, in grauer Vorzeit (es war 1984) mein Abitur abgelegt zu haben. Ich habe mich dabei mit längst ausgestorbenen Sprachen beschäftigt, ergründete, warum sich bei Kafka ein Handlungsreisender plötzlich in eine Schabe verwandelt, und kannte mich bestens mit dem Unterschied zwischen den Zeitformen des »Futurs II Konjunktiv I« und des »doppelten Plusquamperfekts Konjunktiv II« aus. In solchen Dingen waren unsere Lehrer gut ausgebildet. Im realen Leben anwendbares Wissen zum Thema Verbraucherfinanzen, also Dinge wie Geldanlage, Kredite oder Steuern, haben sie uns aber nicht vermittelt. Vermutlich, weil sie selbst nicht besonders viel davon wussten. Auf alle Fälle aber, weil es nicht im Lehrplan stand. Dabei hätte es durchaus Sinn gemacht angesichts der Tatsache, dass viele von uns nun bald aus dem »Elfenbeinturm« der Schule ins »richtige Leben« überwechseln würden.

Glücklicherweise traf mich meine Unkenntnis bei Finanzthemen in den nächsten Jahren noch nicht allzu hart, da ich ein naturwissenschaftliches Studium anschloss und so noch eine ganze Weile im »Elfenbeinturm« verblieb. Fragen wie »Was mache ich mit meinem überschüssigen Geld?« stellten sich deshalb für einige Jahre noch nicht. Aber aufgeschoben ist nicht aufgehoben. Als ich nach Abschluss meines Studiums meine erste Stelle antrat, stand ich am Beginn einer langen Lernkurve, was Geldanlage, Versicherungen etc. anging. Der Staat hatte es versäumt, mich in diesem Bereich in irgendeiner Art und Weise vorzubereiten. Als Berufsanfänger musste ich nun meine Fehler mit selbstverdientem Geld machen statt mit Spielgeld. Die Verzinsung der Sparkonten und Festgelder schien mir zu gering. Die Finanzprodukte, mit denen meine Eltern Erfahrungen besaßen, waren Bausparverträge und Lebensversicherungen. Beides für mich als noch ungebundenen Berufsanfänger nicht gerade das Richtige. Mit riskanten Aktienwetten wollte ich mein noch sehr übersichtliches Erspartes zwar auch nicht aufs Spiel setzen, dennoch interessierte mich das Thema Aktien und Fonds.

Da sich im Bekanntenkreis meiner damaligen Freundin ein »Berater« der DVAG (Deutsche Vermögensberatung) befand, vereinbarte ich eine »kostenlose Beratung«. Es war schnell klar, dass das Wissen des Manns von der DVAG über Fonds und Aktien begrenzt war, und ich erinnere mich noch an meine Skepsis während des Termins. Aber das Buch »Beraten und verkauft [112], in dem ein Insider die Abzocker-Methoden des Strukturvertriebs DVAG entlarvt, war noch nicht erschienen. Dass es bei der DVAG nicht um Beratung, sondern nur um den Verkauf teurer Finanzprodukte gegen Provision geht, war mir noch nicht klar.

Die Lösung, die der umgeschulte Schuhverkäufer von der DVAG mir, dem risikoscheuen, aber aktieninteressierten Elfenbeinturmabsolventen präsentierte, war ebenso offensichtlich wie schlecht: einen Aktienfonds mit Garantie brauchte ich! So konnte ich von der hohen Aktienrendite profitieren, ohne das Risiko einer Aktienanlage eingehen zu müssen. Eine eierlegende Wollmilchsau sozusagen. Für die Absicherung gegen Verluste müssten gewisse Renditeeinbußen in Kauf genommen werden, hieß es im Fondsprospekt. Den Namen dieses Wunderfonds habe ich schon verdrängt, wie die meisten der 1993 existierenden Fonds ist er sowieso vermutlich inzwischen geschlossen oder verschmolzen worden. Ich weiß nur noch, dass der Fonds eines großen deutschen Anbieters in europäische Aktien investierte. Auch erinnere ich mich noch, dass die Kapitalgarantie nicht gegen den Abzug des fünfprozentigen Ausgabeaufschlags half.

Obwohl ich den Fonds in einer sehr günstigen Periode für Aktien erwarb, wollte er nicht so recht vom Fleck kommen. Europäische Aktienindizes links und rechts erzielten immer neue Höchststände, während mein Fonds noch damit kämpfte, seinen Ausgabeaufschlag reinzuholen. Nach zwei oder drei Jahren hatte ich genug: Ich verkaufte meine Anteile ungefähr zum Einstiegspreis, während die Aktienmärkte im gleichen Zeitraum vielleicht 30 oder 40 % gestiegen waren. Ich verkaufte auch, weil ich auf meiner Lernkurve einen Schritt weiter war: Ich hatte entdeckt, dass es Spitzenfonds gibt, die langfristig jeden Aktienindex schlagen!

Update 2015 – Hat sich etwas geändert? Wird sich je etwas ändern? – Der Tweet der Naina Kümmel: Am 10. Januar 2015 twitterte die Kölner Abiturientin Naina Kümmel: »Ich bin fast 18 und hab keine Ahnung von Steuern, Miete oder Versicherungen. Aber ich kann 'ne Gedichtsanalyse schreiben. In 4 Sprachen.« [113] Der kurze Tweet verbreitete sich völlig überraschend wie ein Lauffeuer in den sozialen Netzwerken. Das lag sicher nicht an dem banalen Inhalt, so richtig der auch war. Der Tweet hatte einen Nerv getroffen. Er löste in fast allen Medien eine Bildungsdebatte aus, Naina wurde zu Talkshows eingeladen, sogar die Bundesbildungsministerin Johanna Wanka fühlte sich zu einer Antwort genötigt: »Ich finde es sehr positiv, dass Naina diese Debatte angestoßen hat«, ließ sie verlauten. Und weiter: »Ich bin dafür, in der Schule stärker Alltagsfähigkeiten zu vermitteln.« Aha. Eigentlich ging es ja mehr um Verbraucherfinanzen und weniger um allgemeine Alltagsfähigkeiten. Aber gut – immerhin ist sie dafür! Hat die Ministerin vielleicht schon einen Aktionsplan entworfen, um die identifizierten Bildungsmängel abzustellen? Gespannt lauschte man, was die Ministerin weiter zu sagen hatte: »Es bleibt aber wichtig, Gedichte zu lernen und zu interpretieren«!!! [114]

Damit war die Debatte aus Ministersicht offenbar beendet. Heute ist der Medienrummel weitergezogen und alles bleibt beim Alten: Die jungen Erwachsenen werden nach Abschluss von Schule oder Studium auch weiterhin völlig unvorbereitet dem Heer der provsionsgetriebenen Bankberater und Versicherungsmakler ausgeliefert. Sie werden weiterhin viel Geld verlieren mit überteuerten Geldanlagen wie aktiv gemanagten Fonds. Einige von ihnen werden irgendwann die große Fondslüge und andere Schwindel im Finanzbereich durchschauen. Die meisten aber werden wohl einfach nur ärmer sein, ohne dafür je irgendeine Gegenleistung erhalten zu haben.

Wir unterschätzen massiv die Rolle des Zufalls

> »Auch der Zufall ist nicht unergründlich – er hat seine Regelmäßigkeit.«
>
> NOVALIS

Warum hier ein Kapitel über den Zufall? Das wird sich mancher sicher nun fragen. Ganz einfach: Der Zufall hat einen enormen, aber von den meisten völlig unterschätzten Einfluss in unserem Leben. Er bestimmt unter anderem auch weitgehend, welche Fonds in der Vergangenheit gut waren, und ist damit entscheidend daran beteiligt, in welche Fonds die Akteure der großen Fondslüge unser Geld leiten. Dazu mehr in Kapitel 6. Hier geht es erst einmal darum, Sie für den Zufall als mögliche Erklärung zu öffnen. Denn darauf ist unser menschliches Gehirn evolutionsbiologisch nicht programmiert. Um zu verstehen, warum die Topfonds der Vergangenheit nicht top bleiben, müssen wir zuallererst die Rolle des Zufalls verstehen!

5. Die große Fondslüge: Warum sind wir so leichte Opfer?

Unser Gehirn will Erklärungen

Unser Gehirn ist darauf programmiert, nach Erklärungen zu suchen und Zusammenhänge herzustellen. [115] Diese Fähigkeit ist sogar eine der wesentlichen Stärken des menschlichen Gehirns. Gleichzeitig ist sie aber auch eine große Schwäche. Das menschliche Gehirn hat nämlich die starke Tendenz, auch da Zusammenhänge herzustellen, wo überhaupt keine existieren. Trotz solcher Bestseller wie Stefan Kleins »Alles Zufall« [115] fällt es uns schwer, den Zufall zu begreifen. Selbst völlig aus der Luft gegriffene Erklärungen akzeptieren wir eher als den Zufall.

Beispiel Fahrkartenautomaten: Eine erstaunlich große Zahl von Leuten reibt ihre Münze am Metall des Automaten, wenn sie beim ersten Mal durchgefallen ist. Befriedigt nehmen diese Zeitgenossen dann zur Kenntnis, dass ihre Münze beim zweiten Mal vom Automaten angenommen wurde. Das Reiben hat funktioniert. Viele Leute machen das so ein Leben lang, ohne es je zu hinterfragen. Die Richtigkeit der Methode wird ja durch jede nach dem Reiben angenommene Münze bestätigt. Nur wenige kommen auf die Idee, dass die Münze vielleicht auch ganz ohne Reiben beim zweiten Mal angenommen worden wäre. Rubbeln am Automaten: »Nützt gar nichts«, sagt Norbert Monßen, Geschäftsführer des Bundesverbandes der Deutschen Vending-Automatenwirtschaft. »Physikalisch ist das Reiben völlig bedeutungslos. Ein Aberglaube, der nicht totzukriegen ist.« [116]

Wir verwechseln (Schein-)Korrelationen mit kausalen Zusammenhängen

»We are not made to view things as independent from each other. When viewing two events A and B, it is hard not to assume that A causes B, B causes A, or both cause each other. Our bias is immediately to establish a causal link.«

Nassim Nicholas Taleb, Finanzmathematiker und Bestsellerautor in »Fooled by Randomness«

Die von unserem Gehirn gesuchten Erklärungen werden oft durch völlig zufällige Korrelationen geliefert. Viele Beobachtungen korrelieren nämlich miteinander, die allermeisten aber rein zufällig. Ursächliche (kausale) Zusammenhänge sind dagegen viel seltener. Wenn wir eine scheinbar sinnvolle Erklärung für die Korrelation von A und B finden, nehmen wir oft ungeprüft einen ursächlichen Zusammenhang an. Zum besseren Verständnis drei Beispiele:

Beispiel eins – Offensichtliche Scheinkorrelation: Der Amerikaner Tylor Vigen hat auf seiner Website viele amüsante Scheinkorrelationen zusammengetragen. Auch dieses Beispiel: Niemand würde auf die Idee kommen, dass der Margarinekonsum von der Scheidungsrate bestimmt wird (oder umgekehrt). Dennoch korrelieren die Scheidungsraten im US-Bundesstaat Maine und Margarinekonsum in den USA zumindest in den Jahren 2000 bis 2009 nahezu perfekt (Abbildung 6, entnommen aus [117]).

Abbildung 6: Korrelation von Scheidungsraten und Margarinekonsum in den USA

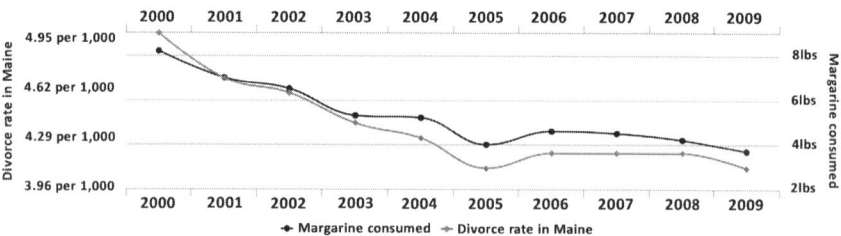

Quelle: tylervigen.com

5. Die große Fondslüge: Warum sind wir so leichte Opfer?

Der Korrelationskoeffizient r ist mit 0,993 »statistisch hochsignifikant« (ein Korrelationskoeffizient von 1 entspricht einer perfekten Korrelation, einer von 0 gar keiner Korrelation). Trotzdem ist diese Korrelation natürlich völliger Nonsens, was jedermann auch sofort einsehen wird. Die beiden Messgrößen Margarinekonsum und Scheidungsrate entwickelten sich nur rein zufällig eine bestimmte Zeit lang parallel.

Beispiel zwei – Ursächlicher Zusammenhang: *Rauchen und Lungenkrebs*: Die Korrelation zwischen Rauchen und Lungenkrebs hingegen ist viel weniger deutlich, obwohl Rauchen der Hauptverursacher von Lungenkrebs ist. Das hängt damit zusammen, dass neben dem Rauchen noch viele andere Faktoren (z. B. genetische Veranlagung, Umwelteinflüsse) das Lungenkrebsrisiko beeinflussen. Dennoch ist es wissenschaftlich erwiesen, das Rauchen und Lungenkrebs kausal zusammenhängen. [118]

Beispiel drei – Versteckte Scheinkorrelation: *Wertentwicklungen eines Fonds in der Vergangenheit und Qualität seines Fondsmanagements*: Es ist unbestreitbar, dass es immer einen kleinen Teil der aktiv gemanagten Fonds gibt, die auch über einen längeren Zeitraum bessere Wertentwicklungen als ihre Benchmark aufweisen. Die meisten Menschen gehen davon aus, dass eine langfristig überdurchschnittliche Wertentwicklung ein Beweis für die Qualität des Fondsmanagements ist. Man denkt den Zufall als Erklärung für das gute Abschneiden eines Fonds ausschließen zu können, wenn man nur lange genug zurückblickt. Ein Fonds, der seinen Index z. B. über fünf Jahre regelmäßig geschlagen hat: So etwas kann doch kein Zufall sein! Wer so denkt, berücksichtigt aber nicht die enorme Zahl von Fonds, die »an den Start« gehen. Bei einer großen Anzahl von Fonds gibt es immer welche, die nur durch Zufall vorne liegen.

Dazu ein kleines Gedankenexperiment: Stellen Sie sich 30 Fondsmanager vor, die alle nach dem Zufallsprinzip eine 50 %-Chance hätten, in einem beliebigen Jahr ihre Benchmark zu schlagen. Jedes Können schließen wir aus, die Fondsmanager bestimmen durch Auslosen, in welche Aktien sie investieren. Nach fünf Jahren erwarten wir dann immerhin einen unter ihnen, der in jedem einzelnen Jahr besser als seine Benchmark war. Wir erwarten auch einen Looser, der fünfmal hintereinander schlechter war. Und die meisten lägen irgendwo dazwischen. Dieses Gedankenexperiment entspricht einem Münzwurf mit 30 Spielern und fünf Durchgängen. Nach fünf Durchgängen könnten wir schon mit einem rechnen, der fünfmal hintereinander Kopf gewürfelt hätte.

Abbildung 7: Wahrscheinlichkeiten Münzwurf bei fünf Durchgängen

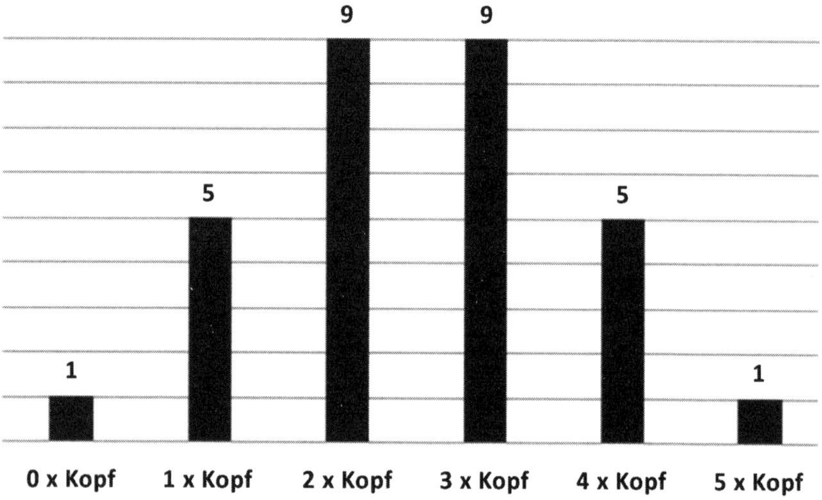

0 x Kopf	1 x Kopf	2 x Kopf	3 x Kopf	4 x Kopf	5 x Kopf
1	5	9	9	5	1

Quelle: Eigene Darstellung

Die wichtige Erkenntnis unseres kleinen Gedankenexperiments: Man braucht kein gutes oder schlechtes Fondsmanagement anzunehmen, um die real existierende breite Verteilung der Wertentwicklungen von Fonds zu erklären.

Fonds sind anders als Toaster!

> »It is hard for ordinary people to realize that investment funds are just different from toasters.«
>
> WILLIAM F. SHARPE IM INTERVIEW MIT DEM AUTOR

Das obige Zitat von Nobelpreisträger William F. Sharpe kann leicht als arrogant missinterpretiert werden. Professor Sharpe liegt aber nichts ferner, als normalen Leuten zu unterstellen, sie könnten Fonds nicht von Toastern unterscheiden. Das im Kontext mit den Finanztest-Fondsempfehlungen gemachte Zitat meint vielmehr Folgendes: Bei Toastern kann man durch einen Test gute von schlechten Modellen unterscheiden. Solange die Konstruktionen sich nicht ändern, bleibt der gute Toaster gut, der mittelmäßige mittelmäßig und der schlechte schlecht. Ist der Test vernünftig konzipiert, scheidet die Möglichkeit aus, einen schlechten Toaster zufällig gut zu testen. Der schlechte oder ein durchschnittlicher Toaster können nicht durch Glück gut sein.

Bei Fonds ist das völlig anders: Testen wir Fonds mit dem Testkriterium Wertentwicklung der letzten fünf Jahre und wiederholen denselben Test fünf Jahre später, gibt es meist einen fast komplett anderen Satz von neuen Gewinnerfonds. Trotzdem nehmen wir beim Fonds wie beim Toaster an, dass gut gut bleibt. Warum? Weil unsere Erfahrung aus anderen Bereichen uns lehrt, dass man aus der Analyse der Vergangenheit Schlüsse für die Zukunft ziehen kann. Oftmals ist das auch angebracht und erfolgversprechend. Nehmen wir z. B. den Bereich Sport. Obwohl hier der Zufall anders als beim Toasterbeispiel auch eine gehörige Rolle spielt (z. B. über Tagesform, Verletzungspech usw.), gibt es oft klare Favoriten für den Sieg und die Medaillen. Wer die letzten Jahre auf Usain Bolt als Gewinner eines 100-m-Sprint-Finales gesetzt hat, lag fast immer richtig. Seine Siege waren kein Zufall: Sie waren im hohen Maße vorhersagbar.

Im Wirtschaftsleben ist die Sache schon viel unklarer. Die meisten Startups der Internet- und Technologieblase 2000 sind mit all ihren innovativen Ideen bereits lange bankrott, während langweilige Unternehmen aus lange bekannten, ja sogar mit starken Regulierungen zu kämpfenden

Branchen prosperieren. So sind die Produzenten von Alkohol und Zigaretten in Großbritannien und den USA die langfristig erfolgreichsten Sektoren des gesamten Aktienmarkts. Was wiederum nicht bedeutet, dass sie das auch in Zukunft sein werden. Auch diese Ungewissheit macht es so schwer für Fondsmanager, ihre Benchmarks zu schlagen. Was ist besser? In die Aktien schnell wachsender Unternehmen zu investieren (deren Aktien aber hoch bewertet, also teuer sind)? Oder in Substanz- oder Value-Aktien, die günstig bewertet sind und oft eine hohe Dividendenrendite haben (aber meist auch Probleme haben und kaum noch wachsen oder gar schrumpfen)?

Die letzten acht Jahre lagen die Wachstumsaktien vorn, langfristig eher die Value-Aktien. Wie wird es die nächsten Jahre sein? Die Antwort ist: Niemand weiß es! Ich nicht, Sie nicht und auch die hochbezahlten Fondsmanager nicht. Aber da es sehr, sehr viele Fondsmanager gibt, werden immer etliche von ihnen Glück haben und – eine Zeitlang – als Topfondsmanager gehandelt werden. Auch wenn sie nie irgendein Können besessen haben. Um nicht Opfer der großen Fondslüge zu werden, ist es fundamental wichtig zu verstehen, dass ein überdurchschnittlicher Fonds keinen überdurchschnittlichen Fondsmanager braucht! Zur besseren Illustration dieser zentralen Erkenntnis betrachten wir im Folgenden die hoffentlich amüsante Geschichte des frei erfundenen Fondsmanagers Felix Durchschnittlich.

Frei erfunden: Der Aufstieg und Fall des Fondsmanagers Felix Durchschnittlich

Der »kleine, unbekannte Aktienfonds« existiert schon drei Jahre, hat aber nie Glück gehabt: Seine Wertentwicklung war schlechter als die des Index. Sein Fondsmanager Felix Durchschnittlich befürchtet, dass der Fonds demnächst zusammengelegt oder geschlossen werden könnte und er seinen Job verliert. Sein Chef hat ihm diese Möglichkeit schon angedeutet, da nur 22 Millionen Euro im Fonds investiert sind, und er damit für die Fondsgesellschaft unwirtschaftlich ist. Von der Marketingabteilung kann Felix Durchschnittlich leider nichts erwarten, weil sein Fonds nur drei

Sterne hat: »Machen sie Witze?«, hieß es »wir ersticken hier in Fünf-Sterne-Fonds. Kommen Sie zurück, wenn sie fünf Sterne haben.«

Unter Zugzwang beschließt Felix Durchschnittlich, mehr zu riskieren. Er kann in seiner Lage schließlich nur gewinnen. Unterdessen hat sich die Wirtschaftslage gerade verschlechtert. Sein Fonds – aber auch der Index – sind schon um einiges gefallen. In Ermangelung einer Kristallkugel, die ihm sagt, wann der Konjunkturhimmel sich aufhellen wird, wirft Felix Durchschnittlich eine Münze. Da Kopf fällt, beschließt er, auf eine rasche Besserung zu wetten. Er kauft jede Menge Automobil- andere zyklische Aktien und betet zu Gott. Und er hat Glück: Seine Gebete werden erhört, und wenig später ist der Tiefpunkt der Aktienmärkte schon überschritten. Seine konjunkturabhängigen zyklischen Aktien gehen durch die Decke und steigen viel stärker als der Index.

Felix Durchschnittlich ist natürlich froh, genießt den ungewohnten Erfolg und beschließt nach dem Wurf einer weiteren Münze, seiner Strategie, in zyklische Aktien zu investieren, treu zu bleiben. Und noch mal hat er Glück: Es schließt sich ein kräftiger Wirtschaftsaufschwung von viereinhalb Jahren an, in dem zyklische Aktien viel besser laufen als der Rest des Aktienmarkts. Sein Fonds steigt in den Ratings rapide und wird zum Fünf-Sterne-Fonds. Kein Wunder: Felix Durchschnittlich hat in den letzten fünf Jahren den Vergleichsindex pulverisiert. Mehr als 4 % hat er den Index pro Jahr geschlagen! Im Fonds sind nun 1,5 Milliarden Euro investiert, 90 % der neuen Gelder kamen in den letzten beiden Jahren dazu, nachdem er von Finanztest empfohlen wurde und bei allen Fondsratern die höchste Kategorie erreicht hatte. Sein Fonds trägt zwar noch denselben Namen, ist aber nicht mehr der »kleine, unbekannte Fonds«, sondern der »große, bekannte Topfonds«.

Felix Durchschnittlich ist nun ein vielgefragter Mann, der in den Medien zum Erfolgsgeheimnis seiner überdurchschnittlich erfolgreichen Strategie befragt wird. Er pflegt dann in der Regel zu erklären, dass er nur in Aktien mit überdurchschnittlichen Wachstumsaussichten und Dividendenrenditen investiert, die niedrig bewertet sind und eine starke Stellung im Markt haben. Angesichts des Mangels an solchen eierlegenden Wollmilchsäuen investiert Felix Durchschnittlich aber in Wahrheit einfach weiterhin in seine konjunkturabhängigen Aktien. Die laufen zwar nicht mehr so gut, da sich die Wirtschaftslage wieder etwas eingetrübt hat. Die folgenden zwei Jahre verliert sein Fonds deshalb pro Jahr gut 2 % auf den Index. Da die Fondsrater aber zum Glück fünf Jahre in den Rückspiegel blicken, profitiert er immer noch von drei stark überdurchschnittlichen Jahren und kann sein Toprating halten.

Die in seinem Fonds angelegte Geldmenge ist weiter angestiegen auf knapp drei Milliarden Euro, obwohl er schon zwei Jahre lang auf den Index verliert. Die Vertriebsmaschine brummt, sein Fünf-Sterne-Fonds wird noch überall massenhaft gegen Provision verkauft. Felix Durchschnittlich verbreitet in seinen Marktkommentaren Optimismus, sowohl was die vorübergehende Schwächeperiode seines Fonds, als auch was die bald zu erwartende Wiederbelebung der Wirtschaft angeht. Nun aber verlässt Felix Durchschnittlich sein Glück: Er wird mit seinen zyklischen Aktien auf dem falschen Fuß erwischt. Die Konjunkturkurve zeigt weiter nach unten, und die Leute, die um ihre Jobs bangen, sind nicht in der Stimmung, neue Autos oder Konsumgüter zu kaufen. Zyklische Aktien werden nach unten durchgereicht.

Ein Jahr nach seinem zehnjährigen Jubiläum als Fondsmanager verliert der Fonds von Felix Durchschnittlich über 5 % auf den Index, der schon selbst stark verloren hat. Er ist jetzt nur noch ein Vier-Sterne-Fonds. Das gefällt Felix Durchschnittlich zwar nicht, aber es muss ihn wenigstens nicht belasten, denn er hat in den letzten Jahren als Fondsmanager eines Milliardenfonds so gut verdient, dass er persönlich trotz seiner erst 42 Jahre finanziell längst ausgesorgt hat. Das gibt ihm eine gewisse Gelassenheit. Er beschließt, noch für ein Jahr den Turnaround zu versuchen und greift wieder zu seinem bewährtesten Hilfsmittel der Aktienanalyse: er wirft eine Münze. Die zeigt diesmal Zahl, was bedeutet, die Wirtschaftskrise dauert länger an. Folgerichtig nimmt er Risiko aus seinem Fonds. Er investiert jetzt mehr in die stabilen Aktien von Nahrungsmittelherstellern und Pharmaunternehmen. Gegessen wird schließlich auch in der Krise.

Leider hat die Münze diesmal gelogen: Die Wirtschaft erholt sich, und sein Fonds investiert in die falschen Aktien und verliert erneut 6 % auf den Index. Zum Glück für die Fondsgesellschaft steigt sein Fonds in diesem sehr guten Börsenjahr absolut betrachtet stark, so dass die meisten Anleger bei der Stange bleiben und gar nicht merken, wie viel schlechter der Fonds im Vergleich zum Index war. Felix Durchschnittlich aber hat keine Lust mehr auf weitere Münzwürfe und steigt aus. Er nimmt einen ehrenvollen Abschied als besonders verdienter Fondsmanager, übergibt die Fondsleitung in die Hände eines Jüngeren und setzt sich zur Ruhe. Er hat nun viel mehr Zeit für die Familie und seine Hobbys Golfen, Reiten und Segeln. Die Bilanz seines Fonds über seine gesamte Laufbahn als Fondsmanager sieht nun so aus:

Abbildung 8: Renditen des Fonds, der Benchmark und der Fondsanleger

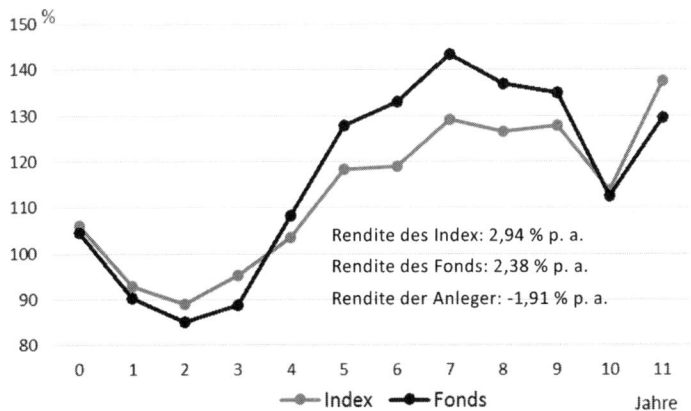

Quelle: Eigene Darstellung auf Grundlage eigener Berechnungen

Felix Durchschnittlich hat pro Jahr nur etwa ein halbes Prozent auf den Index verloren und ist damit in der Tat unter seinesgleichen überdurchschnittlich gewesen. Die Anleger allerdings – spät zur Party gekommen – haben insgesamt mit seinem Fonds knapp 2 % verloren (Ähnlichkeiten zu real existierenden Fondsmanagern und Fonds sind rein zufällig, aber wohl unvermeidlich).

Der Zufall und die Fondshitlisten

Es gibt eine enorme Zahl von Fondsmanagern und Fonds. Allein in Deutschland sind nach Angaben von Morningstar aus dem Jahr 2013 nicht weniger als 29.000 Fonds (!) für Privatanleger zugelassen. [23] Nehmen wir wieder an (wie bei unserem Gedankenexperiment mit den 30 Fondsmanagern), die 29.000 Fondsmanager hätten nach dem Zufallsprinzip in jedem Jahr eine 50%-Chance, ihren Vergleichsindex zu schlagen. Dann würden wir nach fünf Jahren eine Zahl von 906 Fonds erwarten, die nur durch Glück den Index fünf Jahre hintereinander geschlagen hätten! Allerdings haben Fondsmanager aufgrund ihrer hohen Kosten keine 50%-Chance, in einem Jahr ihre Benchmark zu schlagen. Realistischer setzen wir die Zufalls-Chance, den Index zu schlagen, nur bei 40% oder 30% an. Wie Tabelle 9 zeigt, bleibt aber selbst dann nach fünf Jahren immer noch eine große Zahl von Fonds übrig, die permanent besser als der Index waren.

Tabelle 9: Wie viele Zufallsgewinner erwarten wir bei 29.000 Fondsmanagern?

Wahrscheinlichkeit, den Index zu schlagen	1 Jahr	2 Jahre	3 Jahre	4 Jahre	5 Jahre	In 4 von 5 Jahren
50%	14.500	7.250	3.625	1.812	906	4.530
40%	11.600	4.640	1.856	742	296	1.480
30%	8.700	2.610	783	235	70	350

Quelle: Eigene Berechnungen, auf ganze Zahlen gerundet

Nimmt man noch die weit größere Zahl der Fonds hinzu, die nur in vier von fünf Jahren besser als ihr Index waren, bleibt eine enorme Anzahl von Zufallsgewinnern übrig.

Die Frage, ob man die zahlreichen erwarteten Zufallsgewinner von den raren tatsächlich talentierten Fondsmanagern auseinanderhalten kann, werden wir später behandeln. Wer glaubt, durch ein noch längerfristiges Studium der Vergangenheitsperformance (etwa über zehn Jahre) könne man solche Zufallsgewinner ausschließen, dem sei die Geschichte des »besten Fondsmanagers der Welt« in Kapitel 6 zum Studium empfohlen.

Nun ist es bewiesen: Affen sind die besten Fondsmanager!

»Finanzanalysten in Nadelstreifanzügen mögen es nicht, wenn man sie mit nacktärschigen Affen vergleicht.« [119]

BURTON MALKIEL, US-AMERIKANISCHER ÖKONOM

Einen Punkt haben wir hoffentlich bisher überdeutlich gemacht: Man muss kein gutes Fondsmanagement annehmen, um das Vorhandensein von langjährig erfolgreichen Fonds zu erklären. Selbst wenn die Fondsmanager es auswürfeln würden, welche Aktien sie kaufen und welche verkaufen: Man bekäme eine Verteilung von guten, durchschnittlichen und schlechten Fonds, die der real beobachteten Verteilung sehr ähneln würde. Die Masse der Fonds würde Wertentwicklungen etwas schlechter als der Vergleichsindex erzielen (da die Fondsgebühren ja von der Performance abgehen). Fonds, die den Index deutlich schlagen bzw. klar von ihm geschlagen werden, wären sehr viel seltener.

Es wäre aber doch interessant zu sehen, wie sich solche würfelnden Fondsmanager in der realen Aktienwelt schlagen würden. Letztlich ist das Konzept eines Fondsmanagers, der seine Investmententscheidungen mit Hilfe eines Würfels bestimmt, nichts anderes als ein Zufallsgenerator. In seinem 1973 erstmals publizierten Bestseller »A Random Walk down Wall Street« [120] hat der Princeton-Professor Burton Malkiel einen außergewöhnlichen Zufallsgenerator vorgeschlagen: Affen, die Pfeile auf Aktienlisten werfen. Seine These: »Ein Affe mit verbundenen Augen, der Dartpfeile auf die Finanzseiten einer Zeitung wirft, kann ein Portfolio zusammenstellen, das genauso gut abschneidet wie ein von Experten sorgfältig zusammengestelltes.« Natürlich war dieses Statement eine offene Provokation für die hochbezahlten Banker und Fondsmanager. Aber es weckte auch das Interesse der Medien.

Das Wall Street Journal hat Malkiels These schon vor vielen Jahren aufgegriffen und seine Redakteure mit Dartpfeilen Aktien auswählen lassen (Affen ins Redaktionsbüro zu holen, war wohl nicht sehr praktikabel). Gleichzeitig bat es Experten, alternativ ein Aktienportfolio vorzuschlagen. Das Ergebnis schien Malkiel zu widerlegen: In 61 % der Fälle schnitt das

Portfolio der Experten besser ab als das der Pfeile werfenden Redakteure. [121] Wie man später allerdings herausfand, lag das einfach nur daran, dass die jeweils gewählten Aktien veröffentlicht wurden und viele Leser einfach in die Aktien der Experten investierten. So stiegen deren Aktien stärker.[29]

Im Jahr 2013 wurde das Affenexperiment ungleich wissenschaftlicher (allerdings wieder nicht mit echten Affen, sondern diesmal mit Zufallsgeneratoren) wiederholt. [122] Ergebnis: Der Erfolg der Affen geht sogar über die von Malkiel postulierte Ebenbürtigkeit mit den Experten hinaus. In der untersuchten Periode von 1968 bis 2011 hätten die Affen-Aktien eindeutig die von den Fondsmanagern gewählten Aktien geschlagen.[30]

---

[29] Der Effekt des Kaufens von Aktien in Kenntnis eines kurz bevorstehenden größeren Kaufs durch jemand anderen wird englisch »Front Running« genannt. Er spielt eine wesentliche Rolle bei dem um sich greifenden schädlichen Hochfrequenzhandel und mit hoher Wahrscheinlichkeit auch beim Eigenhandel der Banken. Nach einer in der »Zeit« zitierten Studie der amerikanischen Börsenaufsicht SEC [218] führt dieses Front Running der Hochfrequenzhändler auch zu höheren Kosten für Privatanleger und die Fonds, in die sie anlegen.

[30] Sie schlagen sogar die herkömmlichen marktkapitalisierten Indizes, aber das hat mit der stärkeren Gewichtung kleinerer Aktienunternehmen in den Affenportfolios zu tun und ist nicht Gegenstand dieses Buches.

6. Investieren in aktiv gemanagte Fonds: Ein Spiel für Verlierer!

»Nach Abzug der Kosten muss die Rendite des durchschnittlichen aktiv gemanagten Dollars geringer sein als die Rendite des durchschnittlichen passiv verwalteten Dollars! Dies gilt für jede Zeitperiode.«

WILLIAM F. SHARPE [40]

Auch Nobelpreisträger beschäftigen sich manchmal mit simplen Grundrechenarten. Kurz nachdem ihm der Nobelpreis für Wirtschaftswissenschaften 1990 (zusammen mit seinen Kollegen Merton H. Miller und Harry M. Markowitz) verliehen wurde, war es bei William F. Sharpe so weit: Genervt durch die ständigen Behauptungen der Fondsindustrie, gute Fonds könnten ihre Benchmark leicht schlagen, publizierte er 1991 den Artikel »The Arithmetic of active management« (Die Arithmetik des aktiven Managements) [40], aus dem obiges Zitat stammt. Die oben zitierte Aussage ist ziemlich heftig für die Anhänger des aktiven Managements: Es ist nicht möglich, es ist nicht wahrscheinlich, nein: **Es ist mathematisch unausweichlich, dass aktives gemanagtes Geld im Schnitt in jeder Zeitperiode schlechtere Renditen als passiv gemanagtes liefern muss**.

Prof. Sharpe weist in seinem Artikel ausdrücklich darauf hin, dass keine höhere Mathematik erforderlich ist, um diese Aussage zu treffen, sondern lediglich die Grundrechenarten. Die einzige Annahme, die er für diese weitreichende Aussage machen muss, ist in der Tat keine Annahme, sondern ein Fakt: Die Kosten und Gebühren des aktiven Anlagemanagements sind höher als die des passiven Indexinvestments.

Nun könnte man einwenden, dass die Begriffe »aktives Management«, bzw. »aktives gemanagtes Geld« ja nicht identisch mit »aktiv gemanagten Fonds« sind. Das stimmt. Nicht nur Fondsmanager legen Gelder aktiv an. Auch andere Marktteilnehmer tun das, zum Beispiel Pensionskassen oder Privatanleger. Es ist zwar nicht sehr plausibel, aber theoretisch denkbar, dass die aktiven Fondsmanager auf Kosten der anderen aktiven Marktteilnehmer gewinnen und trotzdem die eingangs von Prof. Sharpe aufgestellte mathematische Notwendigkeit der insgesamt schlechteren Performance des aktiven Geldmanagements (im Vergleich zum passiven) erhalten bleibt. Theoretisch denkbar, okay – aber wie sieht es in der Praxis aus? Zur Beantwortung dieser Frage betrachten wir im folgenden Abschnitt zuerst die Erfolgsbilanz der aktiven Fonds als Ganzes. Anschließend schauen wir auf die wissenschaftlichen Erkenntnisse und Studien zur Kernfrage, ob die langjährig besten Fonds der Vergangenheit auch die besten Fonds bleiben.

Die Spur der Verlierer: Der Track Record der aktiv gemanagten Fonds

> »2014 dürfte das ultimative Jahr für Stock-Picker werden.«
> UWE ZÖLLNER, FONDSMANAGER BEI FRANKLIN TEMPLETON [123]

Wie haben nun die aktiv gemanagten Fonds in den letzten Jahren abgeschnitten? Schauen wir es uns einmal an. Morningstar [46] hat Daten dazu Anfang 2015 veröffentlicht. Tabelle 10 zeigt die Morningstar-Daten der Jahre 2010 bis 2014 in der Kategorie »Aktien Standardwerte weltweit blend«.

Tabelle 10: Performance der aktiv gemanagten Fonds in der Morningstar-Kategorie »Aktien Standardwerte weltweit blend« im Vergleich zum MSCI World [45]

Performance	1/2015	2014	2013	2012	2011	2010	Ø 3 Jahre	Ø 5 Jahre	Max. Verlust	Volatilität
Ø Aktive Fonds	5,46	13,53	16,70	12,43	-8,18	16,72	14,31	11,14	-5,31	7,98
MSCI World	5,29	19,50	21,20	14,05	-2,38	19,53	18,64	15,45	-2,75	6,63

Quelle: Morningstar, Performance in EUR und in %, 3 und 5 Jahre: p. a., Maximalverlust und Volatilität 3 Jahre

Um den Bezug zum obigen Zitat herzustellen: 2014 hat sich in der Tat zum ultimativen Jahr für die Stock-Picker (also die aktiven Fondsmanager) entwickelt! Allerdings komplett anders als vom Urheber des Zitats gedacht: Das Jahr wurde zum *ultimativen Desaster* für die Fondsmanager. Nur 11,8 % der weltweit investierenden Aktienfondsmanager waren besser als ihre Benchmark. Knapp 6 % verlor der durchschnittliche weltweit anlegende Aktienfonds auf den MSCI World.[31]

Schlimmer: Mit Ausnahme der relativ irrelevanten Ein-Monats-Periode Januar 2015 ist der Durchschnitt der aktiv gemanagten Fonds in jedem einzelnen der fünf betrachteten Jahre deutlich schlechter als die Benchmark. Der Rückstand der Fonds auf den Index ist gewaltig: Im Schnitt haben die aktiven Fonds sage und schreibe 4,31 % *pro Jahr* auf ihre Benchmark verloren! Das ist nicht mehr allein mit den hohen Gebühren zu erklären. Die hochbezahlten Fondsmanager haben es fertiggebracht, durch eine schlechte Aktienauswahl, schlechtes Timing bzw. hohe Handelskosten innerhalb der Fonds noch weiter hinter ihre Benchmark zurückzufallen. Wie viel Verlust haben sie zusätzlich zu ihren veröffentlichten laufenden Kosten verursacht? Auch das lässt sich sehr genau berechnen. Laut Morningstar lagen die durchschnittlichen laufenden Kosten für Aktienfonds zwischen 2011 und 2014 konstant bei 1,85 %. [42]

Also haben die Fondsmanager durch ihr »professionelles Management« zusätzlich jährliche Verluste von satten 2,46 % pro Jahr produziert! Welch ein ungeheures Versagen des gesamten Konzepts verbirgt sich in diesen

---

[31] Der Zitat-Urheber Fondsmanager Uwe Zöllner hat es 2014 übrigens geschafft, durch gezieltes »Stock-Picking« mit seinen beiden Fonds »Franklin European Growth« und »Franklin European Dividend« seine Benchmarks um satte 9,39 bzw. 5,21 % zu unterbieten… [219], [220]

Zahlen! Diese deprimierend schlechten Werte sind ja äußerst repräsentativ. Die untersuchte Morningstar-Kategorie umfasst über 1.500 Fonds (Stand: April 2016) und ist vermutlich die vom Anlagevolumen und der Zahl der Fonds wichtigste Aktienfondskategorie überhaupt.

Die Finanztest-Redaktion und viele andere Fondstipp-Geber aber wischen solche Daten einfach mit dem Hinweis darauf weg, dass sie nur die wenige »Perlen« unter den aktiven Fonds herausfiltern. Deshalb interessiert sie der Durchschnitt nicht. Dumm nur: Wenn die »Perlen« sich als Zufallsgewinner herausstellen, haben sie genau die gleiche Perspektive wie jeder Durchschnittsfonds – nämlich vom Index abgehängt zu werden. Deshalb wird die Zahl der Fonds, die von ihrer Benchmark geschlagen werden, umso größer, je längere Zeiträume man betrachtet (vgl. Tabelle 12, Seite 118).

Die Gretchenfrage: Gutes Fondsmanagement oder Zufall?

Im Kapitel über die Rolle des Zufalls haben wir gesehen, dass auch mehrjährig überdurchschnittliche Fonds reine Zufallsgewinner sein können und dass wir eine beträchtliche Anzahl von Zufallsgewinnern erwarten können. Wir haben aber nicht bewiesen, dass sie auch tatsächlich Zufallsgewinner sind. Wie können wir die Frage beantworten, ob ein Fonds in der Vergangenheit durch ein Topmanagement oder durch Zufall an die Spitze der Ratings bzw. der Finanztest-Fondsempfehlungen kam? Nun – im Nachhinein ist das ganz einfach: Man muss beobachten, wie die topbewerteten Fonds sich *nach dem Zeitpunkt der Empfehlung* weiter entwickelt haben: Zufallsgewinner sollten nach dem Zufallsprinzip wieder in der Masse der Fonds verschwinden, die von ihrer Benchmark geschlagen werden. Gute Fondsmanagement-Leistungen dagegen sollten Bestand haben. Ich werde diese Methode bei meinen Tests in Kapitel 7 anwenden. Es gibt noch andere, kompliziertere Methoden. Viele wissenschaftliche Studien z. B. simulieren eine Zufallsverteilung von Fondsergebnissen und vergleichen sie anschließend mit der real existierenden Verteilung der Wertentwicklungen. Egal welche Methode man wählt, wichtig sind die Ergebnisse. Deshalb nun: Die Ergebnisse der Wissenschaft.

6. Investieren in aktiv gemanagte Fonds: Ein Spiel für Verlierer!

Was sagt die Wissenschaft?

Es gibt eine Fülle von wissenschaftlichen Studien, die die Fragestellung untersuchen, ob gute Fondsresultate in der Vergangenheit Vorhersagekraft für die Zukunft haben.

Ich will nicht verschweigen, dass etliche Studien sogar eine gewisse Dauerhaftigkeit der Wertentwicklung von Fonds finden. Allerdings ist diese Dauerhaftigkeit laut den meisten Studien

- nur von kurzfristiger Natur,
- hauptsächlich bei den Fonds mit der allerschlechtesten Wertentwicklung zu beobachten (Looser bleiben Looser),
- – sofern sie bei den besten Fonds überhaupt gefunden wird – auf die obersten 20 %, 10 % oder sogar nur 3 % der Fonds beschränkt
- und sie wird meist durch deren Kosten wieder zunichte gemacht.

Was die Studien auch zeigen: Die Märkte werden immer effizienter. Das bedeutet einerseits, dass die Fondsmanager es immer schwerer haben, den Index zu schlagen. Andererseits, dass Strategien des Investierens in die besten Fonds, die in den 1970er und Anfang der 1980er Jahre noch funktioniert haben, spätestens seit Ende der 1980er Jahre aufgehört haben zu funktionieren.[32]

Alle Studien betonen das durch den Zufall verursachte enorme »Rauschen« in den Daten der Fondsperformance. Damit zusammen hängt auch eine ganz wichtige Erkenntnis, bei der Einigkeit unter den Wissenschaftlern herrscht: Es ist praktisch unmöglich, die wenigen vorhandenen Fondsmanager, die den Index aufgrund ihres Könnens schlagen, von ihren Kollegen zu unterscheiden, die einfach nur Glück hatten.

---

[32] Das hängt mit der immer besseren Zugänglichkeit von Informationen zusammen. Im Zeitalter enorm leistungsfähiger Computer und des Internets ist es extrem schwierig für Fondsmanager, irgendeinen Informationsvorsprung zu behalten. Am besten hat das Peter l. Bernstein [221] auf den Punkt gebracht: »Many smart people fail to get rich because people not so smart soon follow in their footsteps and smother the advantage their strategy was designed to create.« Vgl. dazu auch das Interview mit William F. Sharpe in Kapitel 6.

Übersicht wichtiger Studien

In diesem Abschnitt wollen wir einen kurzen Überblick über wichtige Studien zum Thema geben (siehe Tabelle 11). Alle in diesem Buch erwähnten Studien sind frei zugänglich im Internet unter der in der jeweiligen Literaturstelle angegebenen Webadresse. Sie sind ausnahmslos in englischer Sprache verfasst.

Tabelle 11: Wichtige Studien zur Dauerhaftigkeit der Wertentwicklung von Fonds

Autor*	Jahr	Orginal-Titel	Wichtiges Ergebnis**
M. C. Jensen [124]	1968	The performance of mutual funds in the period 1945–1964	»kaum etwas weist darauf hin, dass irgendein individueller Fonds in der Lage war besser abzuschneiden, als es dem Zufall nach zu erwarten war«
Roy D. Henriksson [125]	1984	Market Timing and Mutual Fund Performance: An Empirical Investigation	»Die empirischen Ergebnisse unterstützen nicht die Hypothese, dass die Fondsmanager in der Lage sind ... erfolgreich zu timen«
B. Malkiel [126]	1995	Returns from Investing in Equity Mutual Funds 1971 to 1991	»Die Fonds haben nicht nur nach Abzug ihrer Verwaltungskosten sondern sogar vor Abzug der Kosten schlechter als Benchmark-Portfolios abgeschnitten«
James L. Davis [127]	2001	Mutual fund performance and manager style	»Sogar die Fonds mit der besten Performance behalten ihre überlegene Leistung nicht für längere Zeiträume bei. Basierend auf den Performancedaten von U.S.-Aktienfonds der letzten drei Jahrzehnte lieferte das aktive Fondsmanagement keinen verlässlichen Gegenwert (für seine Kosten).«
Rob Bauer [128]	2006	New Zealand Mutual Funds: Measuring Performance and Persistence in Performance	»Hinweise auf dauerhaft überdurchschnittliche Fonds sind nicht vorhanden.«
K. Cuthbertson [129]	2008	UK mutual fund performance: Skill or luck?	»Wir finden ... Konsistenz der Wertentwicklung bei Verlierern aber nicht bei Gewinner-Fonds.«

L. Barras [130]	2010	False Discoveries in Mutual Fund Performance: Measuring Luck in Estimated Alphas		»Der Anteil von »geschickten« Fondsmanagern hat in den letzten 20 Jahren schnell abgenommen, während der Anteil von Fondsmanagern ohne Können beträchtlich zugenommen hat.«
A. Reynolds [131]	2014	Do ratings have predictive value?		»(Fonds)-Ratings bieten wenig in Bezug auf ihre Vorhersagekraft. Niemand weiß, was die Zukunft bringt.«
D. Blake [132]	2015	New Evidence on Mutual Fund Performance		»Unsere Ergebnisse liefern überzeugende Beweise, dass die überwiegende Mehrzahl der Fondsmanager in unserem Datensatz nicht nur Pech hatte, sondern wirklich kein Können. Obwohl eine kleine Gruppe von »Star«-Fondsmanagern scheinbar ausreichendes Können besitzt um eine überlegene Rendite vor Kosten zu generieren, extrahieren sie die gesamte Mehrrendite über die Kosten und es bleibt nichts für die Investoren.«

*Bei mehreren Autoren nur Erstautor angegeben, **Übersetzt aus dem Englischen von Michael Ritzau

Die kurz zusammengefassten Ergebnisse der Studien sprechen für sich. Wie man sieht, kommen viele Studien der letzten fünf Jahrzehnte zu sehr ähnlichen Ergebnissen. Wenn irgendeine zeitliche Tendenz in den Studienresultaten zu erkennen ist, dann die, dass es für das aktive Fondsmanagement immer schwieriger wird, gegen den Index zu bestehen (wie in der drittletzten Studie der Tabelle thematisiert). Leider sind die wichtigen Erkenntnisse dieser Studien in der breiteren Öffentlichkeit nahezu unbekannt, sonst hätten sie schon viele Kleinanleger vor teuren Fehlern bewahrt.

Was ist zu den Autoren zu sagen? Einige der Verfasser gehören zur weltweiten Elite der Wirtschaftswissenschaftler, die oft Professuren an amerikanischen Eliteuniversitäten innehaben bzw. in ihrer aktiven Zeit innehatten. Zu den Autoren von herausragendem Ruf gehört z. B. **Michael C. Jensen**, emeritierter Professor der Harvard Business School, der bei Nobelpreisträger Merton Miller promovierte. In der in der Tabelle zitierten Arbeit benutzt er zum ersten Mal sein »Jensens Alpha« genanntes Maß, um die zusätzliche Rendite von Fonds zu bestimmen, die über die theoretisch erwartete Rendite hinausgeht. Dieses Maß findet noch heute überall

Anwendung in der Analyse von Wertpapieren und Fonds. Oder **Burton G. Malkiel**, den wir schon als Autor des Bestsellers »A Random Walk Down Wall Street« (vgl. Seite 103 ff.) kennen. Er ist emeritierter Professor für Wirtschaftswissenschaften der Elite-Universität Princeton und ein führender Vertreter der Effizienzmarkt-Hypothese.

Die Zahl der wissenschaftlichen Studien, die Evidenz für das Scheitern aktiven Managements bei Fonds finden, ist so enorm, dass ich im Rahmen dieses Buches nicht annähernd auf alle eingehen kann. Im Folgenden konzentriere ich mich auf nur wenige ausgewählte Studien. Außerdem befrage ich die beiden Nobelpreisträger Eugene F. Fama und William F. Sharpe, die auch von ihren eigenen Forschungsergebnissen zum Thema aktives Fondsmanagement berichten. Und schließlich behandle ich noch die Frage, ob der Fondsmanager des »besten Fonds der Welt«, der 15 Jahre hintereinander seine Benchmark geschlagen hat, Können besaß oder nur außergewöhnlich viel Glück hatte.

Die wohl meistbeachteste Studie zum Thema überhaupt

Die Studie »On persistence in mutual fund performance« (Zur Dauerhaftigkeit der Wertentwicklungen von Investmentfonds) von Mark M. Carhart [133] wurde von über 10.500 anderen wissenschaftlichen Veröffentlichungen zitiert. Sie ist damit wohl die meistzitierte Studie überhaupt, die sich mit unserem Thema beschäftigt. Carhart weist darin nach, dass einige frühere Studien, die das Geschick guter Fondsmanager als Begründung für die Wertentwicklung bei Fonds interpretiert hatten, falsch lagen: Er analysiert selbst ca. 1.900 Aktienfonds über den sehr langen Zeitraum von 1962 bis 1993 und kommt zu den folgenden Schlüssen:

- Die Vorhersagbarkeit von Fondsergebnissen beruht nicht auf den Fähigkeiten der Fondsmanager. Stattdessen werden die zukünftigen Ergebnisse ganz überwiegend durch die Gebühren und Handelskosten der Fonds sowie durch »gängige Einflussfaktoren« bei Aktien erklärt.[33]

---

[33] Mit »gängigen Einflussfaktoren« bei Aktien sind der »Momentum-Effekt«, der »Value-Effekt« und der »Size-Effekt« gemeint. Ich gehe hier nicht weiter darauf ein, da es den Rahmen des Buches sprengen würde. Carhart entwickelt in dieser Veröffentlichung das

- Nur die stark unterdurchschnittliche Wertentwicklung der schlechtesten Fonds kann man so nicht vollständig erklären.
- Laufende Kosten, Ausgabeaufschläge und Handelskosten sind negativ mit der Wertentwicklung der Fonds korreliert: Je höher diese Kosten, desto schlechter entwickelt sich der Fonds.
- Kurzfristige Persistenz in der Wertentwicklung über ein Jahr ist vorhanden,
- diese verschwindet ab dem zweiten Jahr völlig.
- Die obersten 10 % der Fonds mit der besten Wertentwicklung sind gut genug, um ihre Kosten wieder reinzuholen.[34]
- Zusammenfassend schreibt Carhart: »Die Resultate unterstützen nicht die These, dass geschickte oder kenntnisreiche Fondsmanager existieren« (»The results do not support the existence of skilled or informed mutual fund portfolio managers«).

Keine Vorhersagekraft der Wertentwicklung auch bei Rentenfonds

Christopher Blake, Edwin Elton und Martin Gruber, Professoren an zwei New Yorker Universitäten, untersuchen in ihrer Studie von 1993 »*The Performance of Bond Mutual Funds*« (Die Wertentwicklung von Rentenfonds, [134]) ebendas: die Wertenwicklung von Rentenfonds und auch den Aspekt der Vorhersagekraft derselben. Die Studie ist besonders deshalb wichtig, weil sich fast alle anderen Studien mit Aktienfonds beschäftigen. Die drei Wissenschaftler untersuchten alle in den USA 1991 existierenden Rentenfonds zurück bis ins Jahr 1977. Dieser große Datensatz hat einen erheblichen Survivorship Bias (vgl. Seite 57 ff.). Deshalb untersuchten sie außerdem einen kleineren Datensatz, bei dem sie sicher waren, das kein solcher Bias die Ergebnisse verfälscht, über zehn Jahre von Januar 1979 bis Dezember 1988. Ihre Ergebnisse in Kurzform:

---

nach ihm benannte »Vier-Faktor-Modell«, eine Erweiterung des von Fama und French entwickelten »Drei-Faktor-Modells«. Für die allermeisten Leser führt das sicher zu weit. Interessierte Leser können aber Wikipedia [222], [223] als Startpunkt für weitere Recherchen nutzen.

[34] Die Effizienz der Märkte ist seitdem weiter gestiegen: Fama und French finden in ihrer Studie von 2009 heraus, dass nur noch die obersten 3 % das schaffen. Vgl. das Interview mit Eugene F. Fama in Kapitel 6.

Großer Datensatz:

- In allen vier untersuchten Rentenfondskategorien waren die überlebenden Fonds im Schnitt schlechter als der Index.
- Sie fielen im Schnitt in jeder Kategorie so viel hinter den Index zurück, wie es ihre laufenden Kosten erwarten ließen.
- Fonds, die 1 % höhere Gebühren hatten, waren auch ca. 1 % schlechter in der Wertentwicklung und umgekehrt. Mit anderen Worten: Die laufenden Kosten hatten eine hohe Vorhersagekraft.

Kleiner Datensatz:

- Es konnten keinerlei Schlüsse aus der Vergangenheitsperformance gezogen werden.
- Wenn man die besten 10 % der Fonds der ersten fünf Jahre über die nächsten fünf Jahre ansah, so waren die Ergebnisse der vormals besten Fonds statistisch nicht unterscheidbar vom Durchschnitt.
- Dasselbe Ergebnis trat auf, wenn man die besten Fonds der ersten drei Jahre gruppierte – sie schnitten nachfolgend nicht besser als der Durchschnitt ab.

Die Studie der britischen Finanzaufsicht

Die britische Finanzaufsicht »Financial Services Authority« FSA (das britische Pendant der deutschen »Bundesanstalt für Finanzdienstleistungsaufsicht« BaFin) untersuchte im August 2000 die Dauerhaftigkeit in der Wertentwicklung bei aktiv gemanagten Investmentfonds.[35] [135] Die Studie analysiert im ersten Teil die vorhandene Literatur und untersucht anschließend selbst die Dauerhaftigkeit der Wertentwicklung bei britischen Fonds. Die wichtigsten Ergebnisse:

- Aus der Literaturrecherche schließt die FSA, dass die Dauerhaftigkeit in der Wertentwicklung, sofern sie gefunden wird, klein und auf Fonds mit schlechter Wertentwicklung konzentriert ist.

---

[35] Die britische Finanzaufsicht FSA wurde 2013 in zwei Behörden aufgespalten. Die Studie ist jedoch nach wie vor unter dem angegebenen alten FSA-Link abrufbar.

Die FSA-Studie untersucht anschließend die wichtigsten britischen Aktienfondssektoren von 1981 bis 1998 mit den folgenden Ergebnissen:
- Von 1981 bis 1987 wurde eine schwache Persistenz der Wertentwicklung festgestellt.
- Danach ist keinerlei Konsistenz der Wertentwicklung mehr zu finden. Von 1987 bis zum Ende der Studiendaten 1998 gibt es bei den untersuchten Fonds keinen Zusammenhang zwischen Vergangenheits- und anschließender Wertentwicklung. Ein typisches Beispielergebnis zeigt Abbildung 9.

Abbildung 9: Wertentwicklung der von der FSA untersuchten britischen Fonds 1991 bis 1998

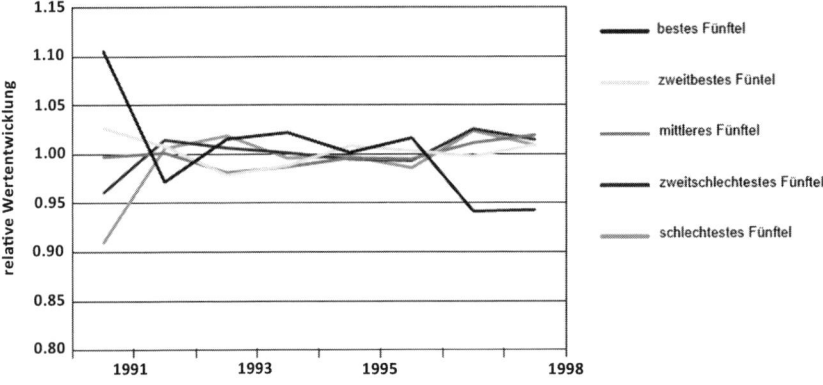

Quelle: FSA-Studie (Originalabbildung mit deutschen Beschriftungen versehen)

Die Abbildung zeigt ein typisches Ergebnis für die Jahre ab 1987. Man sieht, dass das beste Fünftel der Fonds 1991 eine durchschnittliche Wertentwicklung von etwas über 110 % (1,10) hatte, während das schlechteste Fünftel der Fonds im Schnitt nur ca. 91 % (0,91) als relative Wertentwicklung aufwies. Man sieht aber auch, dass nur ein Jahr später das schlechteste Fünftel des Vorjahrs sogar besser war als das Beste. Es geht ganz klar aus der Abbildung hervor, dass die besten Fonds von 1991 ihren Performance-Vorsprung sofort einbüßten und dass danach nur noch der Zufall bestimmte, welche Gruppe von Fonds gerade vorne lag. Die Tatsache, dass die FSA schon seit 1987 überhaupt keine auch noch so kurzfristige Dauerhaftigkeit bei den früheren Spitzenfonds gefunden hat, zeigt, warum die Finanztest-Umtauschstrategie (vgl. Kapitel 7) so zweifelhaft ist.

Zusammenfassend kommt die Studie zum dem klaren Ergebnis, dass Anleger keinen Nutzen aus Informationen zur Wertentwicklung von Fonds ziehen können: »Anleger können ihre Chance, einen Fonds mit zukünftig guter Wertentwicklung zu finden, nicht erhöhen, indem sie einen wählen, der sich in der Vergangenheit gut entwickelt hat.«

Die Inkonsistenz der Fondsperformance mit gnadenloser Konsistenz an Licht gezerrt: Die S&P-Beständigkeitsberichte

S&P Dow Jones Indices bringt regelmäßig seine »Persistence Scorecard« (»Beständigkeitsbericht«) genannte Untersuchung der Dauerhaftigkeit der Wertentwicklung von aktiv gemanagten US-amerikanischen Fonds heraus. Das ist eine ausgezeichnete Quelle, weil sie

- regelmäßig zweimal pro Jahr aktualisiert wird,
- die wichtigsten Ergebnisse zu Beginn immer übersichtlich zusammenfasst
- und im Gegensatz zu vielen wissenschaftlichen Veröffentlichungen in verständlicher Form geschrieben ist.[36]

Interessierte Leser können die aktuellen und historischen Beständigkeitsberichte auf der Website von S&P Dow Jones Indices (https://us.spindices.com) mit einer Suche nach »persistence scorecard« jederzeit selbst abrufen. Die Ergebnisse legen Bericht für Bericht mit gnadenloser Beständigkeit die Unbeständigkeit der Fondsperformance von aktiv gemanagten Aktien- und Rentenfonds in den USA offen.

Die wichtigsten Ergebnisse des aktuellen Berichts vom Januar 2016 [136]:

- Von den 678 Aktienfonds, die im September 2013 im oberen Viertel der besten US-Fonds waren, blieben gerade mal 28,9 % bzw. 4,3 % ein bzw. zwei Jahre später dort oben.

---

[36] Den Untersuchungen zugrunde liegt die »University of Chicago's Center for Research in Security Prices (CRSP)«-Fondsdatenbank, die – ganz wichtig – ohne Survivorship Bias auch die Daten der aufgelösten und zusammengelegten Fonds enthält.

6. Investieren in aktiv gemanagte Fonds: Ein Spiel für Verlierer! 117

Über vier bzw. fünf Jahre sieht es ganz düster aus:

- Von den 703 Aktienfonds, die im September 2011 im oberen Viertel der besten US-Fonds waren, blieben gerade mal 1,9 % bzw. 0,9 % nach vier bzw. fünf Jahren dort oben.

Es ist für die Fonds wahrscheinlicher, aus dem besten Viertel ins schlechteste Viertel abzusteigen, als umgekehrt:

- Nur 18,1 % der Fonds stiegen vom schlechtesten Viertel ins beste Viertel auf, 26,7 % stiegen umgekehrt vom besten Viertel ins schlechteste Viertel ab.

Soweit nur die wichtigsten Daten zu den Aktienfonds.

Bei den Rentenfonds sieht es nicht besser aus:

- Von den 232 Rentenfonds, die im September 2011 im oberen Viertel der besten US-Fonds waren, blieben ein bis vier Jahre später gerade mal 34,5 %, 9,9 %, 8,2 % bzw. 2,6 % dort oben.

S&P Dow Jones Indices veröffentlicht regelmäßig auch noch die »S&P Indices Versus Active Funds (SPIVA) Scorecard« (Berichtsbogen Indizes im Vergleich mit aktiven Fonds), der ebenfalls für Fondsanleger hochinteressant ist. Dieser umfasst nicht nur amerikanische, sondern auch europäische Aktienfonds aller wichtigen Aktienkategorien. Er zeigt unter anderem, wie ständig immer mehr Fonds von ihren Benchmarks überholt werden, je länger der betrachtete Zeitraum ist. Ein klarer Hinweis darauf, dass die überholten Fonds nur eine Zeitlang vom Glück begünstigt waren und nicht durch das Können ihrer Manager vorne lagen. Tabelle 12 zeigt die Daten von Mitte 2015 für europäische Aktienfonds.

Die Daten dieser einen Tabelle zeigen, wie umfassend die aktiven Manager in allen wichtigen Aktienfondskategorien scheitern. Mit einer einzigen marginalen Ausnahme werden immer mehr aktive Fonds vor ihrer Benchmark überholt, je länger der betrachtete Zeitraum ist. Nach zehn Jahren werden in den verschiedenen Aktienkategorien zwischen 83,3 und 98,4 % der Fonds von ihrer Benchmark geschlagen.

Tabelle 12: Anteil europäischer Aktienfonds (nach Anlageregion sortiert), die von ihrer Benchmark übertroffen werden

Fondskategorie	Vergleichsindex	Nach einem Jahr	Nach 3 Jahren	Nach 5 Jahren	Nach 10 Jahren
Aktien Europa	S&P Europe 350	55,03	70,59	82,79	87,31
Aktien Eurozone	S&P Eurozone BMI	59,01	84,62	87,46	91,95
Aktien Frankreich	S&P France BMI	63,44	80,88	86,42	86,32
Aktien Deutschland	S&P Germany BMI	63,83	65,91	73,63	83,33
Aktien Global	S&P Global 1200	82,48	87,92	97,09	97,96
Aktien Schwellenländer	S&P/IF CI	83,39	85,91	92,50	97,47
Aktien U.S.A.	S&P 500	83,56	90,61	96,84	98,38

Quelle: S&P Dow Jones Indices [72], in %

Die »S&P Dow Jones Indices«-Beständigkeitsberichte sind jahrein, jahraus ein Offenbarungseid für die Nutzlosigkeit der aktiven Fondsmanager. Sie zeigen ganz klar:

> »In die topbewerteten aktiv gemanagten Fonds zu investieren, ist eine Wette. Und es ist in der Regel eine teure Wette, wegen der hohen Gebühren, die anfallen.« (WILLIAM F. SHARPE IM INTERVIEW MIT DEM AUTOR).

Die teure Wette geht nicht auf, da die hochbezahlten Fondsmanager mit dem schweren Rucksack hoher Kosten langfristig gegen den Index keine Chance haben.[37] Eigentlich sollte jeder neue S&P-Bericht ein weiterer Sargnagel für das aktive Fondsmanagement sein. Aber einer breiteren Öffentlichkeit in Deutschland sind diese Daten nahezu unbekannt, und so gelingt es der Marketingindustrie der Fondsgesellschaften immer noch, die Verbreitung der Wahrheit über ihr epochales Scheitern massiv zu behindern und das Wachstum der Indexfonds zu verzögern. Aufhalten können sie den Prozess wohl nicht. 2013 ist erstmals ein Indexfonds zum größten Fonds der Welt aufgestiegen. [137]

---

[37] Fondsmanager gehören zu den Spitzenverdienern und erhielten 2016 im Schnitt über 133.000 Euro, »Spitzenfondsmanager« haben teilweise ein Millionengehalt. [224] Verdient haben sie sich diese Gehälter allerdings angesichts der Statistiken nicht.

Umtausch-Strategien

Finanztest empfiehlt ihren Lesern ein mindestens jährliches Ersetzen der bei ihr unter vier Punkten gefallenen Fonds, und auch Feri macht seine Aussagen zur Überlegenheit seiner mit A und B bewerteten Fonds auf der Basis des jährlichen Umtauschs in die jeweils bestbewerteten Fonds. Nun ist zwar richtig, dass viele Studien eine Prognosekraft der Wertentwicklung über etwa ein Jahr finden. Allerdings gilt das im Bereich guter Wertentwicklungen – je nach Studie – nur für die Fonds mit der allerbesten Wertentwicklung. Bei Michael Carhart sind es 10 %. Bei Eugene F. Fama sind gerade mal 3 % der besten Fonds gut genug, um ihre Kosten wieder reinholen (siehe nächster Abschnitt).[38] Finanztest bewertet aber volle 35 % der Fonds mit vier oder fünf Punkten. Für eine derart große Zahl von Fonds funktioniert die jährliche (oder halbjährliche) Umtauschstrategie auf keinen Fall.

Und nicht einmal alle Studien finden solche kurzfristigen Effekte. Princeton-Professor Burton Malkiel hat in seiner Studie von 1995 »Returns from Investing in Equity Mutual Funds 1971 to 1991« (Aktienfonds-Renditen von 1971 bis 1991, [126]) mehrere Umtauschstrategien untersucht: Er betrachtete dabei US-Aktienfonds und untersuchte drei verschiedene Strategien. Allen drei gemeinsam war das jährliche Umschichten in die besten Fonds der Vergangenheit. Bei Strategie Nr. 1 wurden immer in die besten 10, 20, 30 und 40 Fonds des letzten Jahres investiert. Bei Strategie Nr. 2 und Nr. 3 waren es die besten 10, 20, 30 und 40 Fonds über die letzten zwei bzw. fünf Jahre. Seine Ergebnisse gleichen sich für alle drei Strategien:

- Die Methode, jährlich in die überdurchschnittlichen Fonds des Vorjahres oder der letzten zwei Jahre zu investieren, funktionierte noch 1971 bis 1981. Von 1981 bis 1986 ist sie gleich gut wie der Index. Ab 1987 verliert sie gegen den Index.

---

[38] Carhart hat 1992 aufgezeigt, [225] dass langfristige Dauerhaftigkeiten bei den Wertentwicklungen von Fonds fast vollständig durch deren Kosten erklärt werden.

- Die Methode, jährlich in die überdurchschnittlichen Fonds der letzten fünf Jahre zu investieren, zeigt exakt das gleiche Muster. Während sie vor 1981 noch funktionierte, ist sie 1981 bis 1986 durchschnittlich. Ab 1987 verliert die Strategie deutlich gegen den Index. Diese Methode ist recht nah an der Finanztest-Umtauschempfehlung, allerdings wesentlich selektiver, da hier nur ca. 2 bis 20 % der besten Fonds, die im jeweiligen Jahr existierten, ausgewählt wurden.

Interview mit Nobelpreisträger Eugene F. Fama, 19. März 2016

Eugene F. Fama, Nobelpreisträger für Wirtschaftswissenschaften 2013 (er erhielt den Preis zusammen mit Robert Shiller) kennt sich aus mit Fonds. Im Jahr 2009 veröffentlichte er zusammen mit seinem Kollegen Kenneth R. French die Studie »Luck Versus Skill in the Cross Section of Mutual Fund Returns« [138] (Glück im Vergleich zu Können im Querschnitt der Fonds-Renditen). Die extrem breit angelegte Studie untersucht die Wertentwicklung von über 3.100 amerikanische Aktienfonds über den langen Zeitraum von Januar 1984 bis September 2006. Da diese Studie genau unser Thema zum Titel hat, habe ich sie zum Anlass genommen, Herrn Fama zu interviewen:

Professor Fama, in Ihrer Studie »Glück im Vergleich zu Können im Querschnitt der Fondserträge« untersuchen Sie und Ihr Co-Autor Kenneth French die Performance von mehr als 3.000 aktiv gemanagten US-Investmentfonds über mehr als 22 Jahre. Ist es fair zu sagen, dass Sie sich sehr angestrengt haben, Fondsmanager zu finden, die den Markt nach Kosten schlagen, aber keine gefunden haben?

Eugene F. Fama: Die besten 3 % haben gerade genug spezielles Wissen, um ihre Kosten zu decken. Aber die Botschaft unserer Studie ist, dass es unter solchen »Gewinnern« viele gibt, die nur Glück haben. Und 97 % haben nicht genug spezielles Wissen, um ihre Kosten zu decken.

Sie behaupten nicht, dass es keine Fondsmanager mit Können gibt, sondern vielmehr, dass man sie von den glücklichen Zufallsgewinnern nicht trennen kann. Können Sie etwas über das Verhältnis von Könnern zu Zufallsgewinnern bei den Fondsmanagern sagen?

6. Investieren in aktiv gemanagte Fonds: Ein Spiel für Verlierer! 121

E. F. F.: Wenn man Kosten mit einbezieht, gibt es Hinweise auf gutes und schlechtes Fondsmanagement in den beiden extremen Enden der Verteilung der Wertentwicklungen. Aber da Sie nicht Glück von Geschick trennen können, wissen wir nicht, wie das Verhältnis ist.

In Ihrer Studie untersuchen Sie Fonds, die in den US-Aktienmarkt investieren. Wie übertragbar sind Ihre Ergebnisse auf Rentenfonds oder internationale Aktienfonds?

E. F. F.: Ohne die Beweise in der Hand möchte ich nicht spekulieren. Es ist jedoch eine Tatsache und keine Hypothese, dass aktives Management (vor Kosten) ein Nullsummenspiel ist: Die Guten (bzw. Glücklichen) essen die Schlechten (bzw. die, die Pech haben).

Die überwiegende Mehrheit der Leute versucht, durch irgendeine Form von risikoadjustierter Analyse der Vergangenheitsperformance qualifizierte Fondsmanager zu identifizieren. Glauben Sie, dass solche Ansätze funktionieren?

E. F. F.: Nein. Diese Leute berücksichtigen nicht, dass bei einer großen Anzahl von Fonds eine breite Streuung von Ergebnissen allein aufgrund des Zufalls zu erwarten ist. Außerdem konzentrieren sie sich in der Regel auf kurze Zeiträume, wie zehn oder sogar nur fünf Jahre, und für solch kurze Zeiträume ist es nahezu unmöglich, Glück von Können zu trennen.

Ist es möglich, durch Optimieren des Zeitraums der risikoadjustierten Performance-Analyse, z.B. ein, drei, fünf oder zehn Jahre, oder durch eine Kombination von Zeiträumen (z.B. ein, drei und fünf Jahre) die Chance zu erhöhen, einen Gewinnerfonds zu finden? [Die Frage bezieht sich auf die Änderung der Finanztest-Methodik 2010, die als angebliche Verbesserung kurze Zeiträume von ein und drei Jahren hinzunimmt, M. R.]

E. F. F.: Nein. Das Optimum ist immer, alle verfügbaren Daten zu nutzen.

Einige Fondsrater bewerten nicht nur aktiv gemanagte Fonds, sondern auch breit diversifizierte ETFs oder sogar ihre zugrundeliegenden Indizes auf der Grundlage ihrer risikoadjustierten Wertentwicklung der Vergangenheit. Glauben Sie, das macht irgendeinen Sinn?

E. F. F.: Ein ETF ist nur ein Investmentfonds, der an einer Börse gehandelt wird. ETFs zu bewerten ist nicht sinnvoller, als Investmentfonds zu bewerten. Die empirische Evidenz sagt, dass die laufenden Kosten die zukünftige Performance am besten vorhersagen: Vermeide Fonds, die viel handeln und hohe Managementgebühren haben.

Zusätzlich zu den quantitativen Fondsratings gibt es auch Ratings, die qualitative Faktoren einbeziehen. Einige Anbieter von Fondsratings behaupten, dass solche Ratings mehr Aussagekraft haben. Glauben Sie, man kann zukünftige Gewinner identifizieren durch Analyse qualitativer Aspekte wie dem Fondsmanagement-Team oder dem Anlageprozess?

E. F. F.: Nein. Ich müsste die Beweise sehen. Beweise die zeigen, dass so was die Vorhersagekraft der laufenden Kosten (Gebühren und Handelskosten) schlägt.

Den Aussagen von Prof. Fama ist nicht viel hinzuzufügen. Die Forschungsergebnisse der besten Köpfe der Wirtschaftswissenschaften zeigen das Scheitern der aktiven Fondsmanager. Sicher – Prof. Fama, der Erfinder der Markteffizienzhypothese, gehört einer bestimmen Richtung innerhalb der Wirtschaftswissenschaftler an. Es gibt andere Richtungen und selbst die führenden Wirtschaftswissenschaftler sind nicht immer einer Meinung. Aber der Punkt ist doch folgender: Eugene F. Fama und sein Kollege Kenneth French sind Wissenschaftler. Sie haben mit wissenschaftlichen Methoden ergebnisoffen eine umfassende Studie zu Fonds durchgeführt. Ihre Ergebnisse repräsentieren keine Meinung. Ihre Ergebnisse sind harte Fakten. Ihre Ergebnisse sind ein weiterer Sargnagel für das aktive Fondsmanagement und für die Strategien, die versuchen, durch Investieren in die »besten« Fonds den Markt zu schlagen. Wenn die besten 3 % der Fondsmanager gerade mal ihre Kosten reinbringen, dann ist jede Strategie, die diesen 3 % nachjagt, sinnlos: Solche Strategien wäre bestenfalls nutzlos. Sobald irgendwelche von Fama nicht berücksichtigten Kosten (etwa Ausgabeaufschläge) entstünden, wären sie einem einfachen kostengünstigen Indexfondsinvestment unterlegen.

Soweit die Ergebnisse von Eugene F. Fama. Ich habe in diesem Buch einen weiteren Nobelpreisträger häufig zitiert und seine am Anfang dieses

Kapitels 6 angesprochene Veröffentlichung »Die Arithmetik des aktiven Managements« zum Anlass genommen, auch ihn zu seinen Ansichten über aktiv gemanagte Fonds zu befragen.

Interview mit Nobelpreisträger William F. Sharpe, 2. März 2016

Herr Sharpe, in Ihrem Artikel »Die Arithmetik des aktiven Managements« beweisen Sie, dass aktiv gemanagtes Geld nach Abzug der Kosten im Schnitt immer eine geringere Rendite haben muss als der Durchschnitt der passiv gemanagten Gelder. Privatanlegern in Deutschland und überall auf der Welt wird aber erzählt, dass sie ein passives Indexinvestment schlagen können, indem sie nur die »besten« aktiv gemanagten Fonds auswählen. Also die, die in der Vergangenheit hinsichtlich Wertentwicklung und Wertschwankungen am besten waren. Glauben Sie, dass so etwas möglich ist?

William F. Sharpe: Die generelle Antwort auf Ihre Frage ist: Wenn es eine Prozedur oder eine Strategie gibt, die besser ist als der Markt, und wenn auch jemand anderes diese Prozedur anwenden kann, dann werden die Leute anfangen, ihr Geld mit dieser Strategie zu investieren. Das wird den Preis der Wertpapiere, die Bestandteil dieser Strategie sind, nach oben treiben, während Wertpapiere, die nicht Teil der Strategie sind, billiger werden. Deshalb wird die Strategie oder Prozedur aufhören zu funktionieren. Nehmen wir z. B. an, jemand veröffentlicht einen Artikel, der zeigt, dass bei Aktien Substanzwerte eine bessere Wertentwicklung zeigen als Wachstumswerte. Irgendwann werden die Leute anfangen, ihre Portfolios mehr auf Substanzwerte auszurichten. Eine Zeitlang werden dann vielleicht Substanzwerte steigen und Wachstumswerte fallen. Aber diese Strategie, Substanzwerte zu kaufen, trägt den Keim der eigenen Niederlage in sich. Oder – allgemeiner ausgedrückt: Jede Methode, die den Markt in der Vergangenheit geschlagen hat, wird irgendwann aufhören zu funktionieren.

Aber was ist mit aktiv gemanagten Fonds? Die generelle Anlagestrategie des Fonds ist zwar im Fondsprospekt beschrieben, aber was der Fondsmanager aktuell kauft oder verkauft, weiß niemand im Voraus. Theoretisch könnte der Fondsmanager doch bestimmte Wertpapiere billig einkaufen, bevor jemand weiß, welche er kauft.

W. F. S.: Es ist richtig: Zu jeder Zeitperiode wird ein bestimmter Anteil der aktiven Fondsmanager den Markt schlagen, sogar nach Abzug der Kosten. Aber wenn sie fortgesetzt besser als der Markt sein wollen, müssen diese Fondsmanager eine so geheime Strategie haben, dass kaum einer sie kennt. Andernfalls trägt ihre Strategie immer den Keim der eigenen Niederlage in sich, die Leute werden sie nachahmen und die Preise der Wertpapiere, in die diese Strategie investiert, werden nach oben getrieben. Wenn Sie sich in der Statistik der dauerhaften Gewinner umschauen, werden Sie einen Fondsmanager finden, der den Markt 15 Jahre in Folge geschlagen hat, nur um dann fast seine gesamte Outperformance innerhalb weniger Jahre zu vernichten [Prof. Sharpe bezieht sich auf Bill Miller, M. R.; vgl. das nächste Unterkapitel]. Sogar Warren Buffet, der den Markt für eine ganze Weile geschlagen hat, hatte einige schlechte Jahre. In die topbewerteten aktiv gemanagten Fonds zu investieren, ist eine Wette. Und es ist in der Regel eine teure Wette, wegen der hohen Gebühren, die anfallen.

Was halten Sie von einer Methode, die die Monate mit positiven Renditen von denen mit negativen Renditen trennt (sagen wir über fünf Jahre oder so), dann die jährlichen Renditen der guten und schlechten Monate berechnet und schließlich die beiden Renditen ins Verhältnis setzt? [Das ist die Methode von Finanztest, M. R.] Glauben Sie, dass diese Methode ein guter Indikator für die zukünftige Wertentwicklung eines Fonds ist?

W. F. S.: Es gibt ein Sprichwort: Wenn man die Daten lange genug foltert, werden sie irgendetwas gestehen! Menschen haben so viel Zeit damit verbracht, so viel Energie und Rechenleistung eingesetzt, um Muster in historischen Daten zu finden, Sektoren, die Outperformance gezeigt haben, oder seltsame Kombinationen von Strategien, die besser waren als der Index. Aber das, was sie gefunden haben, hat typischerweise aufgehört zu funktionieren, als es gefunden worden war.

Man nennt das Data Mining, ein problematisches Vorgehen: Wenn man »Out-of-Sample«-Daten benutzt, verschwinden die im ursprünglichen Datensatz beobachteten Effekte oft oder verkehren sich sogar ins Gegenteil.

W. F. S.: Es gibt nur eine Art von Regelmäßigkeit, die möglicherweise auftritt: Menschen, die bereit sind, nach einem ausgeprägten Fall des Marktes mehr riskante Wertpapiere zu kaufen, erzielen auf lange Sicht möglicherweise bessere Renditen, weil sie bereit sind, ihr Risiko zu erhöhen, wenn dies am schwersten ist. Das bedeutet, sie bekommen nicht etwas für gar nichts.

Sie kennen die Methode, mit der Investmentfonds verkauft werden: Da sind auf der einen Seite die Ratingunternehmen, die »unabhängig« von den Fondsgesellschaften sind. Sie verteilen diese netten kleinen Sternchen auf die Fonds, basierend auf Wertentwicklungen und Schwankungen in der Vergangenheit. Einige von ihnen behaupten, so zukünftige Gewinner identifizieren zu können. Andere geben offen zu, dass ihre Ratings keine Aussagekraft für die zukünftige Performance der bewerteten Fonds haben. Unabhängig davon, was die Ratingunternehmen sagen, ihre Bewertungen werden üblicherweise als Marketinginstrument von den Fondsgesellschaften genutzt, um ihre am besten bewerteten Fonds zu verkaufen. Was ist Ihre Meinung zu diesem System?

W. F. S.: Wenn Sie die große Anzahl von Fonds bedenken, die Fondsgesellschaften in der Regel verwalten, werden Sie immer einige finden, die ein Fünf-Sterne-Rating haben. Das Ganze erinnert mich an die Menschen, die in den Vereinigten Staaten früher vor den Pferderennbahnen standen und ihre Prognosen, welches Pferd gewinnen wird, verkauften. Sie argumentierten etwa folgendermaßen: Mein Vorhersageservice, der von einer unabhängigen Wirtschaftsprüfungsgesellschaft geprüft ist, hat die Gewinner in acht der letzten zehn Wochen richtig vorhergesagt! Das Ganze funktionierte so: Diese Leute legten bei der Wirtschaftsprüfungsgesellschaft 20 unterschiedliche Prognosen täglich unter 20 verschiedenen Servicenamen ab. Anschließend wählten sie die Prognose aus, die – durch Zufall – die meisten Gewinner vorhergesagt hatte. Das ist ziemlich genau das, was einige große Fondsgesellschaften tun: Sie haben eine Menge Investmentfonds, und zu jeder Zeit werden einige von ihnen Fünf-Sterne-Ratings haben. Aber die Frage ist: Hat dies Vorhersagekraft? Das Einzige, was mit einiger Zuverlässigkeit vorhersagt, welche Investmentfonds in der Zukunft am besten abschneiden werden, sind ihre laufenden Kosten!

Was ich für besonders kritikwürdig halte, ist, dass selbst die größte Verbraucherorganisation in Deutschland, die Stiftung Warentest, da mitmacht und – Monat für Monat – Hitlisten veröffentlicht mit den »besten« aktiv gemanagten Fonds, basierend auf der Vergangenheitsperformance. Ich denke, dass sie sich von dieser Praxis ganz verabschieden sollte.

W. F. S.: Man kann verstehen, dass Organisationen dies tun, deren Geschäftsmodell es ist, Vorhersagen und Ratings zu verkaufen, aber ich finde es sehr deprimierend, dass eine von der Regierung finanzierte Verbraucherorganisation das auch tut.

Sie ist nur zu etwa 10 % vom Staat finanziert. Sie erzielt den größten Teil ihrer Einnahmen aus dem Verkauf ihrer Veröffentlichungen.

W. F. S.: Es ist schwer für normale Menschen zu erkennen, in welchem Ausmaß Investmentfonds und Toaster unterschiedlich sind. Und dass es einen sehr, sehr starken Druck gibt, der ihre Renditen im Vergleich zum Risiko angleicht: Viele wirklich intelligente Menschen, die ständig versuchen, etwas zu finden, das den Markt schlagen könnte. Und das macht Fonds zu einer sehr speziellen Ware.

Und dazu kommt, dass unser Gehirn den Zufall nicht als Erklärung für Erfolg akzeptieren will.

W. F. S.: Ja, da haben Sie recht.

Ich denke, auch William F. Sharpes Antworten sprechen für sich und bedürfen keines weiteren Kommentars. Er erwähnt im Interview einen Fondsmanager, der 15 Jahre hintereinander den Markt geschlagen hat. Diesen Fondsmanager, der die längste »Siegesserie« aller Fonds hingelegt hat, wollen wir im folgenden Abschnitt betrachten. Kann so etwas noch Zufall sein?

Der beste Fondsmanager aller Zeiten – Zufall oder Können?

Der US-Aktienfonds »Legg Mason Capital Management Value Trust Fund (LMVTX)« ist in Deutschland so gut wie unbekannt. Er wurde nie in Deutschland verkauft. In den USA dagegen ist er eine Legende: Warum? Es gab Fonds, die spektakulärere Wertentwicklungen aufzuweisen hatten. Es gab und gibt noch größere Fonds. Aber es gab nie vorher oder nachher einen Fonds, der in irgendeiner Anlagekategorie 15 Jahre hintereinander seine Benchmark geschlagen hat. Dieses Kunststück gelang dem Fonds, der von Ende 1990 bis 2005 seinen Referenzindex, den S&P 500, in dem die 500 größten börsennotierten amerikanischen Unternehmen gelistet sind, Jahr für Jahr übertroffen hat. [139] Eine ganz außergewöhnliche Erfolgsserie! Deshalb wurde sein Fondsmanager Bill Miller von Morningstar 1999 zum »Fondsmanager der Dekade« gekürt. Es wurden Bücher über ihn geschrieben (»The Man Who Beats The S&P: Investing With Bill Miller« von Janet Lowe, 2002), und er wurde mit weiteren Preisen und Auszeichnungen überhäuft: Das Money Magazine kürte ihn zum »größten Geldmanager der 1990er Jahre«, das vielgelesene Investmentmagazin Barron's berief ihn in ihr »All-Star Team« der besten Fondsmanager des Jahrhunderts. Offensichtlich ein ganz außergewöhnlicher Könner seines Fachs. Schauen wir uns einmal die besten 15 Jahre seines Fonds an (Abbildung 10).

Wer Ende 1990 10.000 Dollar in den Fonds investierte, konnte sich 15 Jahre später über fast den zehnfachen Betrag freuen: 98.495 Dollar. Das entspricht einer jährlichen Verzinsung von knapp 16,5 %! Die Benchmark S&P 500 der größten börsengelisteten US-Unternehmen (mittlere Linie in Abbildung 10) ließ Bill Miller damit pro Jahr um knapp 5 % hinter sich, den Durchschnitt der Fonds seiner Kategorie (untere Linie in Abbildung 9) sogar um 6,3 % p. a. Der Erfolg sprach sich natürlich herum: Die Medien rissen sich um ihn, und scharenweise investierten die Leute ihr Geld mit Bill Miller. Sie alle hofften, dass der exzeptionelle Fondsmanager noch möglichst lange im Amt bleiben würde, um ihr Geld zu vermehren. Denn für Geld zu arbeiten, hatte der gute Mann nach einigen Jahren ja nicht mehr nötig: Sein Fonds war von 750 Millionen 1990 auf über 20 Milliar-

Abbildung 10: Der beste Fonds der Welt 1990–2005 – Legg Mason Capital Management Value Trust Fund (LMVTX) im Vergleich zum S&P500 und dem Durchschnitt der Fonds derselben Kategorie

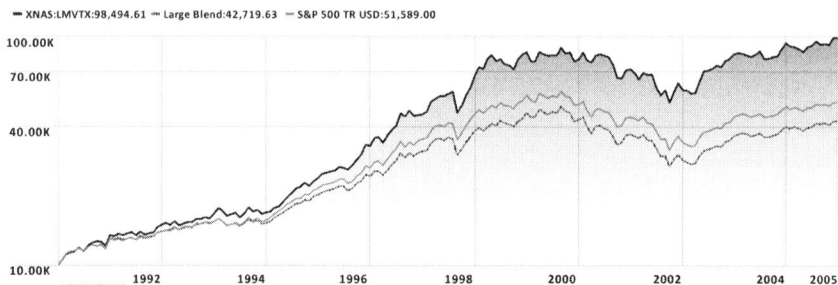

Quelle: Morningstar (zur besseren Lesbarkeit in Graustufen überarbeitet), Wertentwicklung in Tausenden $

Abbildung 11: Der schlechteste Fonds der Welt – Legg Mason Capital Management Value Trust Fund (LMVTX) im Vergleich zum S&P500 und dem Durchschnitt der Fonds derselben Kategorie 1/2006–4/2012

Quelle: Morningstar (zur besseren Lesbarkeit in Graustufen überarbeitet), Wertentwicklung in Tausenden $

den US-Dollar 2006 angeschwollen, und sein Grundgehalt und Erfolgsbonus bewegten sich natürlich in stratosphärischen Höhen. Die Anleger hatten aber in dieser Hinsicht Glück, Bill Miller blieb bei der Stange und lenkte die Geschicke des Fonds noch bis April 2012. Wie ging es weiter mit dem Fonds? Nun, das können wir Abbildung 11 entnehmen.

Ein komplett anderes Bild! In den sieben Jahren und vier Monaten ab Januar 2006, das ist genau die Zeitperiode, die Bill Miller noch Fondsmanager blieb, machte er aus 10.000 Dollar 7.129 Dollar. Das entspricht einem jährlichen Verlust von knapp 4,5 %. Da diese Zeitperiode aber auch den Börsencrash 2008 umfasst, müssen wir selbstverständlich auf die *relative* Performance im Vergleich zur Fonds-Benchmark S&P 500 schauen. Der S&P 500 machte von 1/2006 bis 4/2012 aus 10.000 Dollar 12.794 Dollar, was einer jährlichen Rendite von knapp 3,4 % entspricht. Der Fondsmanager des Jahrzehnts 1990 bis 2000 verlor damit im Durchschnitt auf seine Benchmark fast 8 % – pro Jahr! So war aus dem besten Fonds seiner Kategorie über Nacht einer der allerschlechtesten Fonds seiner Kategorie geworden.

Betrachten wir als Letztes die Wertentwicklung des »Legg Mason Capital Management Value Trust Fund« während der gesamten Zeitperiode, in der Bill Miller ihn managte oder co-managte. Während der durchschnittliche Fondsmanager nur wenige Jahre die Geschicke eines Fonds bestimmt, blieb Bill Miller seinem Fonds ziemlich genau 30 Jahre von April 1982 bis April 2012 treu. Über die gesamten 30 Jahre betrachtet aber ist seine Managementleistung nicht außergewöhnlich. Zumindest im Vergleich zum S&P 500.

In den Jahren 1982 bis 1990 war die Wertentwicklung seines Fonds bereits moderat schlechter als die des S&P 500. Hätte ein Anleger 10.000 Dollar in den »Legg Mason Capital Management Value Trust Fund« bei dessen Start im April 1982 investiert und seine Anteile zeitgleich mit dem Abgang Bill Millers im April 2012 verkauft, hätte er etwas über 266.000 Dollar erhalten. Aus 10.000 Dollar, investiert in der gleichen Zeitperiode im S&P 500, wären knapp 274.700 Dollar geworden. Hätte unser Anleger also 1982 bis 2012 seine 10.000 Dollar in einen S&P-500-Indexfonds mit laufenden Kosten von etwa 0,1 % p. a. investiert, so hätte er 2012 ziemlich genau den gleichen Anlageerfolg von etwa 267.000 Dollar gehabt. Allerdings mit deutlich geringeren Schwankungen, da Bill Millers Fonds wesentlich volatiler als der S&P 500 war. Ausgerechnet im Jahr des Börsencrashs 2008 hat er die größten Verluste auf den sowieso schon massiv gefallenen S&P 500 verursacht. Betrachtet man Bill Millers 30-Jahres-Performance also risikoadjustiert, so war sie deutlich schlechter als die des S&P 500.

War Bill Miller nun ein Könner, oder hatte er nur 15 Jahre lang unverschämt viel Glück? Die Tatsache, dass er seinen gesamten Vorsprung auf den Index wieder einbüßte und in knapp der Hälfte der Jahre vom Index geschlagen wurde, spricht eindeutig für Letzteres. Aber kann man wirklich 15 Jahre hintereinander Glück haben? Manche Leute haben das verneint. Der Physiker und Bestsellerautor Leonard Mlodinow hat diese Frage in seinem Buch »The Drunkard's Walk, How Randomness Rules Our Lives« [140] untersucht und eine Wahrscheinlichkeit von etwa 75 % berechnet.[39]

Auch hierzu können wir wieder William F. Sharpe zitieren. Sein Interview in der Zeitschrift Investment Advisor von 2004 [141] hat den Titel: *»By the time we can say someone is skilled they will be dead«*. Das drückt genau das Problem aus: Um gute Fondsmanager von solchen zu trennen, die nur Glück hatten, müsste man jahrzehntelange Datensätze betrachten. Das ist aber nicht möglich, weil die Fondsmanager vorher sterben bzw. ausgewechselt werden. Bill Miller selbst hat sympathischerweise auf dem Höhepunkt seines Ruhmes 2005 in einem Interview mit dem Wall Street Journal [142] eingeräumt, dass seine Serie zu 95 bis 100 % Glück war. Hut ab! Den meisten Fondsmanagern wäre solch eine Serie sicher mehr zu Kopf gestiegen.

Und die Anleger? Wie ist es ihnen mit Bill Millers Fonds ergangen? Es ist ja völlig klar, dass die allermeisten von ihnen den Fonds nicht über die gesamten 30 Jahre seiner Ägide gehalten haben. Das wird schon aus den unterschiedlichen investierten Geldern 1990 (750 Mio. Dollar) und 2006 (>20 Mrd. Dollar) deutlich. Daraus folgt aber unmittelbar: Es gibt einen Unterschied zwischen der durchschnittlichen Rendite des Fonds und der durchschnittlichen Rendite der Anleger des Fonds. Klar – Anleger, die nur von Ende 1990 bis 2005 in Bill Millers Fonds investiert waren, haben mit phantastischen Renditen ein Vermögen gemacht. Und Anleger, die von 2006 bis 2012 mit dabei waren, haben deutliche Verluste gemacht. Aber

---

[39] Es reicht eben nicht, die Wahrscheinlichkeit zu berechnen, dass ein Aktienfondsmanager zwischen 1991 und 2005 15 Jahre lang den Index schlägt. Man muss alle Investorengruppen und 15-Jahres-Perioden in der Geschichte der modernen amerikanischen Wertpapiermärkte einbeziehen. Es hätte ja auch z. B. ein Rentenfondsmanager von 1932 bis 1946 diese Serie hinlegen können.

welche Rendite hat nun der durchschnittliche Anleger mit Bill Millers Fonds erzielt?

Wir werden diese sehr wichtige Frage nach dem Unterschied zwischen der Rendite eines Fonds und den Renditen der Anleger des Fonds auch noch verallgemeinert in einem eigenen Kapitel behandeln (in Kapitel 9). An dieser Stelle wollen wir die Frage nach den Renditen der Anleger konkret für Bill Millers Fonds beantworten. Es gibt in der Tat eine Quelle von Anfang 2009, die genau dies für den Zeitraum Anfang 1983 bis Ende 2008 untersucht. [143] Die Ergebnisse der Untersuchung zeigt Abbildung 12.

Abbildung 12: Renditen Legg Mason Capital Management Value Trust Fund (LMVTX)

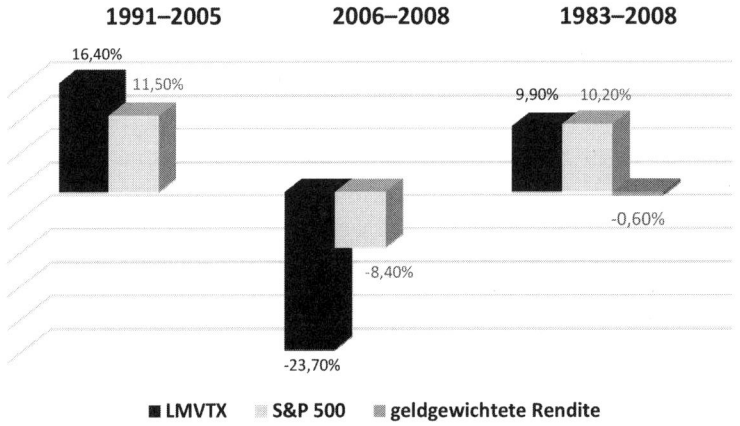

Quelle: Morningstar, [143]

Im linken und mittleren Teil sind die durchschnittlichen Renditen von Bill Millers Fonds LMVTX im Vergleich zum S&P 500 aufgeführt; links für die guten Jahre 1991 bis 2005, mittig die besonders schlechten Jahre 2006 bis 2008. Im rechten Teil sehen wir zunächst wieder die durchschnittlichen Renditen über den gesamten Zeitraum 1983 bis 2008. Sie ähneln stark denen, die die wir für den Zeitraum 1982 bis 2012 ermittelt haben, mit einer leicht schlechteren Performance von Bill Millers Fonds im Vergleich zu Benchmark S&P 500. Die eigentlich interessante Zahl ist aber ganz rechts in der Graphik als »geldgewichtete Rendite« angegeben.[40] Das ist exakt die Zahl, die uns interessiert: die Rendite des durchschnittlichen im Fonds investierten Geldes. Sie beträgt unglaubliche minus 0,6 % pro Jahr! Mit anderen Worten: **Die Leute, die ihr Geld in den einzigen Fonds angelegt haben, der je den S&P 500 über 15 Jahre hintereinander geschlagen hat, haben eine jährliche Durchschnittsrendite von minus 0,6 % eingefahren!**

Das bedeutet, sehr viele Anleger haben den Fonds erst nach vielen Jahren der Outperformance gekauft und in den Jahren heftiger Verluste gehalten. Ein absolut typisches Verhalten. Nach einer längeren Periode der überdurchschnittlichen Wertentwicklung sind die Fonds in den Ranglisten und Ratings oben und werden von den Anlegern gekauft. Da solche Fonds in der Masse Zufallsgewinner sind, liefern sie anschließend meist die typische Performance eines aktiven Fonds ab: Sie werden von ihrer Benchmark mehr oder weniger klar abgehängt. Im schlimmsten Fall probieren die Fondsmanager dann, mit riskanten Wetten die Verluste wieder auszugleichen und zurück zu ihrer alten Star-Performance zu kehren. Das scheitert oft und hinterlässt manchmal einen Scherbenhaufen. Die Anleger hingegen sind zwar von der Wertentwicklung ihres Topfonds enttäuscht, möchten aber innerlich ihren Fehler nicht zugeben und »sitzen das Problem aus«.

Dies hat seine Gründe in der Anlegerpsychologie. Bei einem schwankenden Investment wie einer Aktie oder einem Fonds spielt der Einstiegskurs eine enorm wichtige psychologische Rolle für die Anleger. [144] Sie möchten sich die Verluste nicht durch einen Verkauf bewusst machen und damit einen Fehler eingestehen. Vielmehr beschließen sie, mit dem Verkauf zu warten, bis der Fonds wieder den Einstandskurs erreicht. Die weitaus bessere Alternative, den teuren Zufallsgewinner zu verkaufen und alternativ in einen kostengünstigen Indexfonds zu investieren, ist psychologisch viel schwerer zu verkraften, da dadurch der Fehler eingestanden und der Verlust realisiert werden muss.

---

[40] Vgl. das letzte Unterkapitel in Kapitel 9, wo ich diese Form der Renditemessung erkläre.

7. Der große Test der Finanztest-Fondsempfehlungen

»Wer einen Fehler gemacht hat und ihn nicht korrigiert, begeht einen zweiten.«

KONFUZIUS

Die Methodik der Finanztest: Ein bis fünf Jahre in den Rückspiegel schauen

In diesem Kapitel wollen wir die Methodik beschreiben, die Finanztest für die Bewertung von allen Fonds, egal ob Aktien-, Renten- oder Mischfonds, verwendet. Die Zeitschrift hat im Laufe der Zeit ihre Vorgehensweise immer mal wieder etwas geändert, allerdings nur graduell, nicht grundlegend. Hier ist der Stand von Anfang 2016 beschrieben. [14] Es handelt sich um ein reines »Fondsranking« [145], d. h., Finanztest verwendet nur die Wertentwicklungen und Schwankungen aus der Vergangenheit und keine subjektiven qualitativen Kriterien wie »Qualität des Fondsmanagements«. Laufende Kosten spielen unverständlicherweise überhaupt keine Rolle, entgegen allen Erkenntnissen der Wissenschaft.

Finanztest untersucht jeden Monat alle in Deutschland zum Vertrieb zugelassenen Publikumsfonds. Die Redaktion berücksichtigt dabei nur Fonds mit mindestens fünf Jahren Historie und minimal 50 Millionen Euro Fondsvolumen. Außerdem müssen die Fonds steuerlich transparent sein. Es wird die Vergangenheitsperformance über die letzten fünf Jahre bewertet. Diese wird dann mit einem Index (genauer gesagt mit einem marktbreiten Indexfonds) derselben Anlagekategorie verglichen. Die Bewertung der Fonds ergibt sich aus dem Verhältnis von »Chance« zu »Risiko«, wobei die Finanztest statt dieser Begriffe in jüngerer Zeit die etwas blumigen Wortkreationen »Glücksrendite« und »Pechrendite« verwendet. [146] Für die Glücksrendite werden über fünf Jahre nur die Monate mit positiver Wertentwicklung betrachtet, bei der Pechrendite nur die mit Verlusten. Die Fonds werden in ihren Kategorien nach diesem Verhältnis sortiert und in fünf Klassen eingeteilt (Tabelle 13):

Tabelle 13: Die Finanztest-Fondsbewertung

Glücksrendite/Pechrendite	Finanztest-Punkte	Finanztest-Bewertung
beste 10% der Fonds	●●●●●	stark überdurchschnittlich
nächste 25% der Fonds	●●●●○	überdurchschnittlich
nächste 30% der Fonds	●●●○○	durchschnittlich
nächste 25% der Fonds	●●○○○	unterdurchschnittlich
schlechteste 10% der Fonds	●○○○○	stark unterdurchschnittlich

Finanztest gibt keinerlei Erklärung, warum sie glaubt, dass dieses System funktioniert, oder Daten, die nachweisen, dass dieses System funktioniert. Wie wir schon wissen, fällt das System in der Einschätzung der beiden befragten Nobelpreisträger durch. Nun wollen wir aber konkret analysieren, wie sich die Topfonds der Finanztest geschlagen haben. Zuvor müssen wir jedoch noch ein anderes Problem ansprechen, das bei den Fondstipps der Finanztest auftritt.

7. Der große Test der Finanztest-Fondsempfehlungen

Wie Finanztest Topfonds durch Vergleich von Äpfeln und Birnen erschafft

Der erste grundlegende Fehler der Finanztest bei ihren Fondsempfehlungen liegt darin, dass sie nicht immer die geeignete Benchmark verwendet. So etwas führt aber dazu, dass man »Äpfel mit Birnen« vergleicht. So benutzt Finanztest im Gegensatz zu Morningstar [147] z. B. grundsätzlich nur den MSCI World als Benchmark für alle weltweit investierenden Aktienfonds. Dieser Index umfasst ausschließlich Aktien großer und mittelgroßer Unternehmen aus 23 industrialisierten Ländern. Er enthält weder Aktien aus Schwellenländern noch Aktien kleinerer Unternehmen. Ebenso ist er nicht auf eine spezielle Strategie, etwa auf Wachstums- oder Substanzaktien, ausgerichtet und umfasst alle Branchen.

Die Finanztest-Topfonds der Anlagekategorie »Aktienfonds Welt« haben aber oft ein deutlich anderes Anlageuniversum als der MSCI World. Viele können z. B. auch in Aktien aus Schwellenländern oder Aktien kleinerer Unternehmen investieren bzw. verfolgen spezielle Strategien wie die des Investierens in Wachstumswerte. Es ist jedoch völlig normal, dass bestimmte Gruppen von Aktien über mehrere Jahre deutlich besser oder schlechter abschneiden als der MSCI World. Mischt z. B. ein weltweit investierender Aktienfonds laut Fondsprospekt im Schnitt 10 % Aktien aus Schwellenländern bei, so wird er in Phasen, in denen die Schwellenländermärkte besonders gut laufen, eine überdurchschnittliche Wertentwicklung gegenüber dem MSCI World aufweisen. Dies hat überhaupt nichts mit einer Leistung des Fondsmanagements zu tun, sondern ausschließlich mit der Outperformance eines bestimmten Marktsegments während einer bestimmten Zeitperiode.

So hat z. B. in den Jahren 2001 bis 2007 der MSCI Emerging Markets (der globale Standardindex der Schwellenländeraktien) den MSCI World in jedem einzelnen Jahr geschlagen (in den Jahren danach war es meist umgekehrt). Finanztest interpretiert in solchen Jahren die gute Performance von auch in Schwellenländern anlegenden Fonds der Kategorie »Aktienfonds Welt« als Leistung des Fondsmanagements, nach dem Motto, die Strategie des Fondsmanagements, auch in Schwellenländer zu investieren, habe sich ausgezahlt. Das ist aber falsch, in Wirklichkeit hat sie nur den falschen Referenzindex verwendet. In unserem Beispiel müsste man die Wertentwicklung des Fonds mit der Wertentwicklung einer Benchmark aus 90 % MSCI World / 10 % MSCI Emerging Markets vergleichen.

Was aber noch schlimmer ist: Finanztest lässt sogar hochriskante Aktienfonds mit engem Branchenfokus in ihre Hitlisten schlüpfen und vergleicht auch deren Ergebnisse wieder mit dem MSCI World. So spülte der Zufall des Rohstoffbooms den »Global Basics«-Fonds der britischen Fondsgesellschaft M&G im März 2012 in die Finanztest-Fondshitlisten. Der Grund: Chinas enormer Hunger nach Rohstoffen, durch ein massives Investitionsprogramm im Zuge der Finanzkrise nochmal angefeuert, ließ Unternehmen der Grundstoffindustrie in der Periode 1/2007 bis 12/2011 (das ist der Zeitraum, der den Finanztest-Empfehlungen des Märzhefts 2012 zugrunde lag) viel besser abschneiden als den Gesamtmarkt (Abbildung 13).

Abbildung 13: Wertentwicklung des M&G Global Basics im Vergleich zum MSCI World 1/2007–12/2011

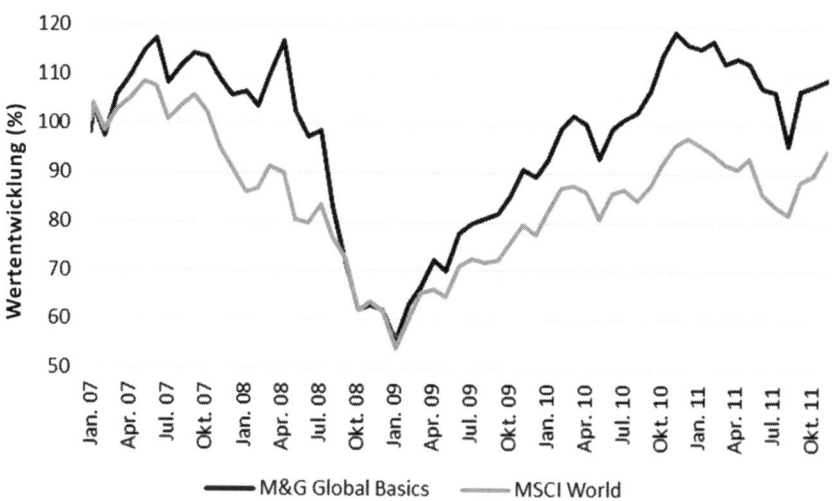

Quelle: Eigene Darstellung nach Kursdaten von Comdirect

Der Fonds investiert zu mindestens 70 % in globale Unternehmen der Grundstoffindustrie (basic industries) [148]. Diese Unternehmen sind im Bereich der Rohstoffgewinnung und -aufbereitung tätig. Finanztest verleitete Anleger mit diesem Fonds also zu einer riskanten Wette auf einen engen Sektor des Marktes. Im Heft 3/2012 wird der Fonds sogar noch speziell als »Bester unter den Besten« gelobt: »Der M&G Global Basics hat höhere Renditechancen als alle anderen empfehlenswerten Fonds«. Diese Aussage ist schlichtweg falsch.

Natürlich kann niemand die Zukunft vorhersehen. Im März 2012 war der Einbruch der Rohstoffmärkte in den folgenden Jahren nicht abzusehen. Aber genau das ist ja der Punkt. Genau deshalb ist es ja höchst bedenklich, die Anleger zu solchen Branchenwetten zu verleiten. Niemand hat eine Kristallkugel. Deswegen scheitern ja die Fondsmanager massenhaft an Ihren Benchmarks. Die dem Rohstoffboom geschuldete Vergangenheitsperformance des M&G Fonds ist »Schall und Rauch«. Sie sagt nichts über die Zukunft. Der Fonds hat keine höheren Renditechancen als andere. Was er hat, ist ein höheres Risiko als breit diversifizierte Fonds! Finanztest sollte mit solchen Gewinnerfonds des Rohstoffzyklus die Anleger nicht weg von einer möglichst breiten Diversifikation locken. Es ist völlig banal in den Rückspiegel zu schauen und zu ermitteln, welche Sektoren (Branchen) des Aktienmarktes über fünf Jahre am besten abgeschnitten haben. Diese Information ist überall im Netz frei zugänglich. Sie ist völlig wertlos. Zwar weist Finanztest im selben Heft richtigerweise darauf hin, dass der M&G Global Basics nicht als alleiniger Aktienfonds eines Anlegers geeignet ist. Aber auch als Teil eines Portfolios bleibt so ein Fonds eine unsinnige Wette.

Privatanleger sollten langfristig investieren und nicht spekulieren, wenn sie Erfolg haben wollen. Das zeigen alle Studien. Die dem Rohstoffboom geschuldete Wertentwicklung des Fonds 2007 bis 2011 als Leistung des Fondsmanagements zu verkaufen zeugt von einer erschreckenden Naivität. Herr Tenhagen sieht das offenbar inzwischen auch so, da er in seiner neuen Rolle als Finanztip-Chefredakteur richtigerweise nur noch Indexfonds empfiehlt. Aber die Finanztest-Redaktion macht unbeirrt weiter mit Ihren Empfehlungen der »besten Fonds«. Anleger, die der Finanztest Empfehlung folgend im März 2013 in den M&G Global Basics investierten, erlebten ihr blaues Wunder: Das hohe investitionsgetriebene Wachstum in China verlangsamte sich anschließend mit dramatischen Auswirkungen auf die Rohstoffpreise und die Grundstoffindustrie: Der Fonds stürzte in Relation zum MSCI World regelrecht ab (Abbildung 14).

Abbildung 14: Wertentwicklung des M&G Global Basics im Vergleich zum MSCI World 1/2012–3/2016

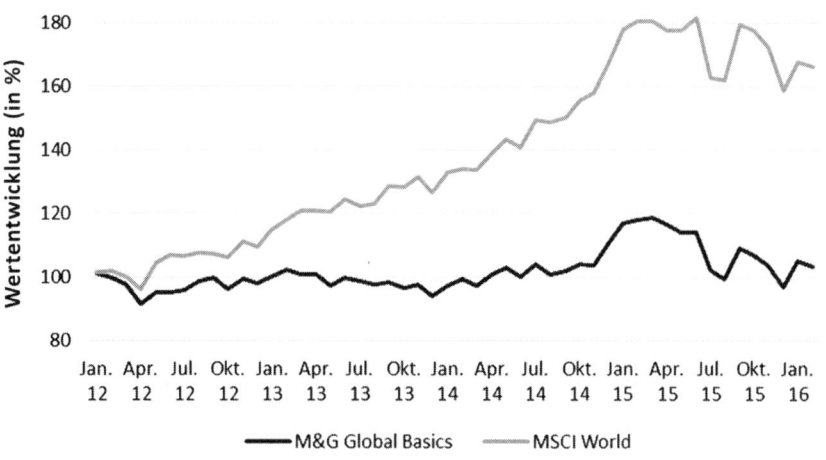

Quelle: Eigene Darstellung nach Kursdaten von Comdirect

Aktien-, Renten-, Mischfonds: Die Besten der Finanztest im Test

> »When you develop your opinions on the basis of weak evidence, you will have difficulty interpreting subsequent information that contradicts these opinions, even if this new information is obviously more accurate.«
>
> NASSIM NICHOLAS TALEB, FINANZMATHEMATIKER UND BESTSELLERAUTOR

Die von mir im vorigen Kapitel angeführten Studien sind alle angloamerikanischen Ursprungs. Es ist zwar klar, dass deutsche Fonds genauso aufgebaut sind wie britische oder amerikanische und dass viele Fonds britischer oder amerikanischer Fondsgesellschaften auch in den Hitlisten der Finanztest stehen. Dennoch will ich jetzt, um jede Diskussion über die Übertragbarkeit der Ergebnisse zu vermeiden, die Finanztest-Fondstipps selbst prüfen.

Hierzu gibt es bisher kaum Untersuchungen. Im Rahmen einer Diplomarbeit [149] wurden die Finanztest-Ratings schon einmal im Zeitraum von 2004 bis 2008 untersucht mit dem Ergebnis, dass knapp 59 % der Investmentfonds mit der besten Finanztest-Bewertung innerhalb von zwei Jahren nicht mehr in der Topkategorie waren. Mit anderen Worten: Die Topfonds der Vergangenheit werden sehr schnell »schlecht«. Nun hat Finanztest seine Methodik seitdem schon wieder »optimiert«. Außerdem wird ja von der Finanztest-Redaktion ein mindestens jährliches Umschichten in die neuen Topfonds empfohlen, um der Abwertung zu entgehen. Deshalb untersuchen wir in den folgenden Abschnitten, wie sich die Finanztest-Fondstipps geschlagen haben:

- in allen Fondskategorien (Aktien, Anleihen, Mischfonds)
- absolut, vor allem aber im Vergleich zur Benchmark
- mit und ohne jährliches Umschichten in die jeweils »besten« Finanztest-Fonds
- in der Finanzmarktkrise

Dazu ermitteln wir, wie sich die Finanztest-Starfonds der Vergangenheit *nach* dem Zeitpunkt der Empfehlung entwickelt haben. Da die Finanztest-Bewertungen auf der Wertentwicklung der Fonds über die letzten fünf, drei und ein Jahr(e) beruhen, ist es logisch festzustellen, wie sich vor ca. fünf Jahren empfohlene Fonds in den nachfolgenden ein, drei und fünf Jahren entwickelt haben.

Wertentwicklung Top-Aktienfonds Welt aus Heft 3/2011 über ein, drei und fünf Jahre

Im März-Heft 2011 präsentiert Finanztest im Bereich global investierende Aktienfonds eine Liste mit den »20 besten aktiv gemanagten Aktienfonds«. Wie haben sich diese Fonds über die nächsten Jahre weiterentwickelt? Die Ergebnisse sind in Tabelle 14 für jeden einzelnen Fonds und den Durchschnitt aller Fonds angegeben. Kurz zusammengefasst lässt sich sagen, die Wertentwicklungen sind eine einzige Enttäuschung:

- Ein einziger der insgesamt 20 Fonds übertrifft über die fünf Jahre nach der Finanztest-Empfehlung die Performance des von der Finanztest verwendeten Vergleichsindex MSCI World.
- Im Schnitt haben die 20 Topfonds in fünf Jahren knapp 14,2 % gegenüber ihrem Vergleichsindex verloren.

Der von Finanztest im Heft 3/2011 als »derzeit bester weltweit anlegender Aktienfonds« besonders hervorgehobene »Warburg Value A«-Fonds hat über fünf Jahre sogar das drittschlechteste Ergebnis aller 20 Fondsempfehlungen eingefahren mit einem relativen Verlust von knapp 30 % im Vergleich zum MSCI World. Die Fonds sind nach Finanztest-Punktzahl absteigend sortiert, die mit der allerbesten Bewertung stehen oben. Auffällig nicht nur beim Warburg Value A: Es gibt keinerlei Zusammenhang zwischen der Wertentwicklung in irgendeiner Zeitperiode und der Position des Fonds in der Tabelle! Wohlgemerkt: alle Performanceberechnungen sind ohne die Berücksichtigung etwaiger Ausgabeaufschläge erfolgt, sonst wären die Resultate noch schlechter.

Auch die Tendenz der Wertentwicklung in Tabelle 14 ist wie erwartet: Je länger der betrachtete Zeitraum, desto weniger hilft der Zufall den Fonds, ihren Vergleichsindex zu schlagen, und desto mehr lassen hohe

7. Der große Test der Finanztest-Fondsempfehlungen   141

laufende Gebühren kombiniert mit den Handelskosten die Fonds hinter den Vergleichsindex zurückfallen[41]: Schaffen es über ein Jahr noch 8 der 20 Fonds, ihren Vergleichsindex zu schlagen, so ist es nach drei bzw. fünf Jahren nur ein einziger. Wobei dieser nur aufgrund seiner stellaren Performance seit ca. September 2015 vor dem Index liegt. Ein Beweis für gutes Fondsmanagement ist dieser kurzfristige Effekt noch lange nicht (vgl. Seite 127 ff.).

Tabelle 14: Relative Wertentwicklung der »besten aktiv gemanagten Aktienfonds Welt«*
aus Finanztest 3/2011 nach ihrer Empfehlung

Fondsname	WKN	Laufende Kosten	Relative Performance**		
			1 Jahr	3 Jahre	5 Jahre
WARBURG VALUE A	A0DN29	2,00 %	-1,21 %	-15,89 %	-29,86 %
UNIGLOBAL	849105	1.49 %	-0,10 %	-6,26 %	-7,07 %
FVS – GLOBAL EQUITY F	989975	1.20 %	1,14 %	-1,72 %	-7,64 %
M&G GLOBAL GROWTH FUND A EUR	797745	1.93 %	0,75 %	-13,70 %	-16,59 %
DWS GLOBAL GROWTH	515244	1.45 %	-0,23 %	-9,48 %	-14,26 %
UNIDYNAMICFONDS: GLOBAL A	988255	1.69 %	1,50 %	-4,73 %	-12,66 %
INVEST GLOBAL	975792	1.34 %	-0,47 %	-6,96 %	-8,69 %
DJE – DIVIDENDE & SUBSTANZ P	164325	1.92 %	-0,05 %	-13,91 %	-20,94 %
BL GLOBAL EQUITIES B	577995	1.25 %	2,68 %	-10,90 %	-8,63 %
CARMIGNAC INVESTISSEMENT A	A0DP5W	2.02 %	-10,80 %	-20,47 %	-28,52 %
SAUREN GLOBAL OPPORTUNITIES A	930921	2.86 %	0,95 %	-24,87 %	-36,20 %
MFS MERIDIAN – GLOBAL EQUITY A1	989632	1.89 %	-1,31 %	-5,43 %	-1,25 %
DWS TOP DIVIDENDE	984811	1.45 %	6,49 %	-4,46 %	-4,18 %
TWEEDY BROWNE INT VALUE	987163	2.01 %	-5,57 %	-19,69 %	-16,36 %
UNI21.JAHRHUNDERT -NET-	975787	2.01 %	-2,73 %	-23,47 %	-16,47 %
COMGEST MONDE C	939942	2.33 %	-2,17 %	-2,04 %	-6,88 %
VALUEINVEST LUX GLOBAL A DIS	A0D838	1.87 %	13,28 %	8,25 %	4,47 %
First Eagle Amundi International Fund	635297	2.20 %	2,33 %	-11,28 %	-13,71 %
C-QUADRAT ARTS Best Momentum	541664	2.88 %	-11,49 %	-23,72 %	-38,89 %
FvS FUNDAMENT	A0HGMH	1.09 %	5,24 %	-4,24 %	-1,51 %
Durchschnitt aller Fonds		1,84 %	-0,09 %	-10,75 %	-14,17 %

Quelle: Comdirect, Stand: 4.3.2016, *Die Fonds sind nach absteigender Finanztest-Bewertung sortiert,
**Benchmark: MSCI World.

---

[41] Durch den Kauf und Verkauf von Wertpapieren entstehen innerhalb der Fonds ganz beträchtliche Handelskosten, die nicht offengelegt werden.

Ebenfalls nicht unerwartet gibt es in Tabelle 14 aber eine Spalte, die einen klaren Zusammenhang zur zukünftigen Wertentwicklung der Fonds aufweist. Der aufmerksame Leser weiß schon, welche. Es ist die Spalte mit den laufenden Kosten! Sortiert man die Fonds in der Tabelle nach laufenden Kosten (Tabelle 15), wird es offensichtlich: Es gibt eine klare Korrelation zwischen hohen laufenden Kosten und schlechter Wertentwicklung. Die beiden teuersten Fonds sind gleichzeitig die mit der schlechtesten Bilanz, im Schnitt sind die zehn teuersten Fonds über fünf Jahre mehr als 22 % schlechter als der MSCI World, die zehn billigsten weniger als 6 %.

Tabelle 15: Zusammenhang zwischen hohen laufenden Kosten und schlechter Performance*

Fondsname	WKN	Laufende Kosten	Relative Performance 1 Jahr	3 Jahre	5 Jahre
FLOSSBACH VON STORCH FUNDAMENT	A0HGMH	1.09 %	5,24 %	-4,24 %	-1,51 %
FLOSSBACH VON STORCH - GLOBAL EQUITY F	989975	1.20 %	1,14 %	-1,72 %	-7,64 %
BL GLOBAL EQUITIES B	577995	1.25 %	2,68 %	-10,90 %	-8,63 %
INVEST GLOBAL	975792	1.34 %	-0,47 %	-6,96 %	-8,69 %
DWS GLOBAL GROWTH	515244	1.45 %	-0,23 %	-9,48 %	-14,26 %
DWS TOP DIVIDENDE	984811	1.45 %	6,49 %	-4,46 %	-4,18 %
UNIGLOBAL	849105	1.49 %	-0,10 %	-6,26 %	-7,07 %
UNIDYNAMICFONDS: GLOBAL A	988255	1.69 %	1,50 %	-4,73 %	-12,66 %
VALUEINVEST LUX GLOBAL A DIS	A0D838	1.87 %	13,28 %	8,25 %	4,47 %
MFS MERIDIAN FUNDS - GLOBAL EQUITY A1	989532	1.89 %	-1,31 %	-5,43 %	-1,25 %
Durchschnitt Fonds mit geringsten Kosten		1,47 %	2,82 %	-4,59 %	-5,89 %
DJE - DIVIDENDE & SUBSTANZ P (EUR)	164325	1.92 %	-0,05 %	-13,91 %	-20,94 %
M&G GLOBAL GROWTH FUND A EUR	797745	1.93 %	0,75 %	-13,70 %	-16,59 %
WARBURG VALUE A	A0DN29	2,00 %	-1,21 %	-15,89 %	-29,86 %
TWEEDY BROWNE INTERNATIONAL VALUE FUND	987163	2.01 %	-5,57 %	-19,69 %	-16,36 %
UNI21.JAHRHUNDERT -NET-	975787	2.01 %	-2,73 %	-23,47 %	-16,47 %
CARMIGNAC INVESTISSEMENT A	A0DP5W	2.02 %	-10,80 %	-20,47 %	-28,52 %
First Eagle Amundi International Fund	635207	2.20 %	2,33 %	-11,28 %	-13,71 %
COMGEST MONDE C	939942	2.33 %	-2,17 %	-2,04 %	-6,88 %
SAUREN GLOBAL OPPORTUNITIES A	930921	2.86 %	0,95 %	-24,87 %	-36,20 %
C-QUADRAT ARTS Best Momentum (EUR) (T)	541664	2.88 %	-11,49 %	-23,72 %	-38,89 %
Durchschnitt Fonds mit höchsten Kosten		2,22 %	-3,00 %	-16,90 %	-22,44 %

*Quelle: Comdirect, Stand: 4.3.2016, *Finanztest-Aktienfondsempfehlungen 3/2011 sortiert nach laufenden Kosten*

Man kann die Stärke der Korrelationen zwischen hohen laufenden Kosten und schlechter Wertentwicklung bei diesen 20 Finanztest-Fonds auch berechnen. Dazu ermittelt man den Korrelationskoeffizienten. Wir haben ihn im Kapitel über Scheinkorrelationen bereits kennengelernt. Bei einem

Korrelationskoeffizienten von mehr als 0,3 spricht man von einer schwachen, bei mehr als 0,7 von einer starken Korrelation. Entsprechend zeigen Werte von <-0,3 bzw. <-0,7 eine schwache bzw. starke negative Korrelation an. [150] Tabelle 16 zeigt die errechneten Korrelationskoeffizienten zwischen den laufenden Kosten der Fonds und ihrer Wertentwicklung über ein, drei und fünf Jahre an.

Tabelle 16: Korrelationskoeffizenten zwischen laufenden Kosten und Wertentwicklung

1 Jahr	3 Jahre	5 Jahre
-0,46	-0,53	-0,71

Der Zusammenhang ist lehrbuchmäßig: Je länger der beobachte Zeitraum, desto mehr bringen hohe laufende Kosten die Fonds ins Hintertreffen. Nun könnte man zu Recht einwenden – gemäß unseren Erläuterungen zum Unterschied zwischen Korrelation und kausalem Zusammenhang (vgl. Seite 94 ff.) – dass dies noch kein Beweis ist. Nämlich kein Beweis dafür, dass die hohen Kosten der Fonds tatsächlich für ihre schlechte Wertentwicklung verantwortlich sind. Ich könnte wieder die Herren Fama oder Sharpe zitieren, will aber stattdessen eine wissenschaftliche Studie von 2010 [151] anführen: »Die Beweislage ist erdrückend: Laufende und einmalige Kosten sind negativ mit der Performance eines Fonds korreliert.« Finanztest hätte es also wissen können, dass solche unverschämt teuren Fonds wie der Dachfonds »Sauren Global Opportunities«, der mal eben knappe 3 % pro Jahr kassiert, keine gute Empfehlung für die Anleger darstellen.

Soweit vorerst zu den Aktienfonds. Wir kommen mit weiteren Untersuchungen noch zweimal auf sie zurück. Nun aber zunächst zu den »Spitzenfonds« in anderen Fondsklassen.

Wertentwicklung Top-Rentenfonds Euro aus Heft 3/2011 über ein, drei und fünf Jahre

Finanztest gibt monatlich Empfehlungen zu einer Fülle verschiedener Fondskategorien heraus, z. B. auch zu Aktienfonds, die in Europa oder Schwellenländer investieren, oder zu in Euro notierten Rentenfonds und zu Mischfonds. Betrachten wir als Nächstes deshalb statt Aktien die anderen Anlagekategorien: Rentenfonds und Mischfonds. Beginnen wir mit den Rentenfonds. Rentenfonds investieren in sogenannte festverzinsliche Wertpapiere, auch Anleihen genannt. Wie bei den Fondsempfehlungen im Aktienbereich macht es auch an dieser Stelle Sinn, auf ca. fünf Jahre zurückliegende Finanztest-Fondsempfehlungen zu blicken und sich deren Wertentwicklung über die fünf Jahre nach der Empfehlung anzuschauen.

Im Heft 3/2011 empfiehlt die Finanztest-Redaktion »die zehn besten aktiv gemanagten Fonds« in der Kategorie Rentenfonds Euro. Die dort genannten Fonds LGT Asset Allocation und Adirenta A wurden seitdem bereits liquidiert oder mit anderen Fonds zusammengelegt (wie wir nun schon wissen, hatten Fonds, die liquidiert oder zusammengelegt wurden, im Schnitt eine besonders schlechte Performance und verschwinden sofort aus den Datenbanken), so dass man noch acht der zehn Fonds analysieren kann. Drei der acht Fonds investieren in Euro-Staatsanleihen kreditwürdiger Staaten (sogenannte »Investment Grade«-Anleihen). Ihre Wertentwicklung wird mit der entsprechenden Morningstar-Benchmark, dem Citibank-Index der Investment-Grade-Staatsanleihen der Eurozone (Citi EMU GBI EUR), verglichen. Die anderen fünf Fonds können zusätzlich auch noch in Investment-Grade-Pfandbriefe und Unternehmensanleihen aus der Eurozone investieren. Für sie benutzen wir wie Morningstar den Gesamtindex der »Investment Grade Euro«-Unternehmens- und Staatsanleihen von Barclays (Barclays Euro Agg Bond TR EUR).

Die Ergebnisse sind in Tabelle 17 zusammengefasst. Das Anlageumfeld war für Anleihen guter Schuldner die letzten fünf Jahre günstig. Absolut gesehen kommen deshalb alle Fonds über drei und fünf Jahre auf positive Renditen. Lediglich über ein Jahr weisen sie im Schnitt eine negative

7. Der große Test der Finanztest-Fondsempfehlungen

Wertentwicklung auf. Das Problem: die relative Performance gegenüber den beiden Vergleichsindizes:

- Jeder einzelne der acht überlebenden Fonds ist in jeder der drei beobachteten Zeitperioden schlechter als sein Vergleichsindex!
- Mit einer einzigen Ausnahme (der Kepler-Fonds hat nach fünf Jahren einen etwas geringeren relativen Verlust als nach drei Jahren) verlieren alle Fonds kontinuierlich an Boden gegenüber ihrer Benchmark. Verlieren die Fonds auf die Benchmark über ein Jahr im Schnitt noch knapp 1,5 %, so sind es nach drei Jahren bereits etwa 8,5 und nach fünf Jahren über 10 %.

Tabelle 17: Wertentwicklung der »besten aktiv gemanagten Rentenfonds*« aus Finanztest 3/2011 nach ihrer Empfehlung

Fondsname	WKN	Laufende Kosten	Performance 1 Jahr	Performance 3 Jahre	Performance 5 Jahre	Relative Performance** 1 Jahr	Relative Performance** 3 Jahre	Relative Performance** 5 Jahre
BNY MELLON EUROLAND BOND FUND	348195	1,14 %	-3,55 %	11,00 %	27,96 %	-4,56 %	-9,27 %	-10,31 %
LBBW RENTEN EURO FLEX (2)	976696	0,89 %	-3,22 %	8,55 %	22,89 %	-4,24 %	-11,27 %	-13,86 %
RT VORSORGE RENTENFONDS A (3)	989542	0,53 %	0,17 %	10,18 %	20,67 %	-0,31 %	-10,12 %	-15,47 %
Klassik Anleihen A (4)	974572	0,60 %	0,18 %	6,57 %	21,40 %	-0,30 %	-13,06 %	-14,96 %
KEPLER Vorsorge Rentenfonds A (5)	921827	0,56 %	0,58 %	8,64 %	29,93 %	0,57 %	-9,05 %	-6,54 %
ESPA BOND EURO-RESERVA A (6)	971084	0.44 %	-0,45 %	11,27 %	25,93 %	-0,92 %	-9,23 %	-11,79 %
BGF EURO BOND FUND A (EUR) (7)	973514	0.97 %	-0,29 %	17,71 %	36,89 %	-0,77 %	-3,98 %	-4,11 %
Volksbank Mündel-Rent A (8)	935569	0.40 %	-1,22 %	12,74 %	32,08 %	-1,08 %	-1,80 %	-3,34 %
Durchschnitt aller Fonds						-1,45 %	-8,47 %	-10,05 %

Quelle: Comdirect, Stand: 7.3.2016, *ohne LGT Asset Allocation, Adirenta A, da liquidiert, **Vergleichsindex für Fonds 1, 2, 4–6: Barclays Euro Agg Bond TR EUR, für Fonds 3, 7, 8: Citi EMU GBI EUR

In Relation zu den durchschnittlichen Gesamtrenditen der Fonds sind die relativen Verluste auf die jeweilige Benchmark als sehr hoch einzuschätzen. Wie man sieht, taugen die empfohlenen Spitzenfonds auch im Rentenbereich nichts. Die Ergebnisse sind noch konsistenter schlecht als bei den Aktienfonds, ohne irgendwelche Ausreißer nach oben. Offensichtlich kommt der Zufall den Fondsmanagern in der stabilen Anlageklasse Renten weniger zur Hilfe. Ob sich das durch jährliches Austauschen gegen »frische« Topfonds ändert, analysieren wir weiter hinten in diesem Kapitel.

Wertentwicklung Top-Mischfonds aus Heft 3/2011 über ein, drei und fünf Jahre

Bleiben noch die Mischfonds, die sowohl in Aktien als auch in Anleihen investieren. Finanztest stellt im Heft 3/2011 die »besten« Mischfonds vor. Insgesamt sind es 42. Diese Mischfonds sind von ihrer Ausrichtung recht verschiedenartig, ihr Aktienanteil reicht von 10 bis 95 %. Vier der Fonds sind inzwischen liquidiert oder zusammengelegt worden und aus den Datenbanken verschwunden. Es bleiben 38 Fonds übrig, für die sich die Frage nach einer geeigneten Benchmark stellt. Finanztest selbst gibt für den Aktienanteil den MSCI World und für den Anleiheanteil den uns schon von den Rentenfonds her bekannten Citibank-Index der Investment-Grade-Staatsanleihen der Eurozone (Citi EMU GBI EUR) an. Das sind zwar nicht für alle vorgestellten Mischfonds die besten Benchmarks, aber der Einfachheit halber verwenden wir sie hier, zumal sich Finanztest an ihren eigenen Vergleichsmaßstäben messen lassen muss.

Analog zum Vorgehen der Finanztest, die oft Indexfonds auf Indizes statt die Indizes selbst als Benchmark benutzt, wählen wir die beiden Indexfonds db x-trackers MSCI World (WKN DBX1MW) für den Aktienanteil und den Lyxor EuroMTS ALL-Maturity Invest Grade (WKN A0B9ED) für den Anleiheanteil der Mischfonds aus. Dies hat wieder den praktischen Vorteil, dass die Wertentwicklung dieser ETFs in den Fondsdatenbanken leicht zugänglich ist. Außerdem sind diese ETFs im Gegensatz zu den ihnen zugrundeliegenden oben beschriebenen Indizes real existierende Anlagealternativen, in die jedermann investieren kann. Je nach Aktienanteil des Mischfonds bilden wir eine Benchmark bestehend aus diesen beiden ETFs.

Beispiel: Die Wertentwicklung der Mischfonds, deren Risiko laut Finanztest einem Aktienanteil von 40 bis 60 % entspricht, wird mit der Wertentwicklung einer Benchmark bestehend aus 50 % des Aktien-ETFs und 50 % des Anleihe-ETFs verglichen. Die Benchmarks für die sechs Finanztest-Mischfondskategorien sind in Tabelle 18 zur besseren Übersichtlichkeit noch einmal aufgeführt.

7. Der große Test der Finanztest-Fondsempfehlungen

Tabelle 18: Zusammengesetzte ETF-Benchmarks für die sechs Mischfonds-Kategorien

Mischfondskategorie	Benchmark*
(1) Sehr defensive Mischfonds	90 % A/10 % B
(2) Defensive Mischfonds	70 % A/30 % B
(3) Ausgewogene Mischfonds	50 % A/50 % B
(4) Offensive Mischfonds	32,5 % A/67,5 % B
(5) Sehr offensive Mischfonds	17,5 % B/82,5 % B
(6) Aktienfokussierte Mischfonds	5 % A/95 % B

A: Lyxor EuroMTS ALL-Maturity Invest Grade (WKN A0B9ED), B: db x-trackers MSCI World Index (WKN DBX1MW)

Die Wertentwicklungen der Finanztest-Mischfondsempfehlungen – absolut und im Vergleich zu ihren Benchmarks – sind in Tabelle 19 zusammengefasst. Tabelle 39 im Anhang zeigt die detaillierten Ergebnisse auf Fondsebene.

Tabelle 19: Wertentwicklungen der »besten Mischfonds*« aus Finanztest 3/2011 über ein, drei und fünf Jahre nach ihrer Empfehlung

	Performance			Relative Performance		
	1 Jahr	3 Jahre	5 Jahre	1 Jahr	3 Jahre	5 Jahre
Durchschnitt aller sehr defensiven Mischfonds	-4,94 %	3,31 %	11,24 %	-4,36 %	-17,61 %	-28,67 %
Vergleichsindex (1)	-0,58 %	20,92 %	39,91 %			
Durchschnitt aller defensiven Mischfonds	-4,80 %	9,27 %	20,03 %	-3,17 %	-16,99 %	-25,25 %
Vergleichsindex (2)	-1,63 %	26,25 %	45,28 %			
Durchschnitt aller ausgewogenen Mischfonds	-8,07 %	15,18 %	28,67 %	-4,81 %	-15,43 %	-23,08 %
Vergleichsindex (3)	-3,26 %	30,61 %	51,75 %			
Durchschnitt aller offensiven Mischfonds	-6,70 %	18,45 %	27,87 %	-2,01 %	-15,97 %	-29,54 %
Vergleichsindex (4)	-4,69 %	34,42 %	57,41 %			
Durchschnitt aller sehr offensiven Mischfonds	-6,92 %	14,19 %	22,38 %	-1,01 %	-23,50 %	-39,89 %
Vergleichsindex (5)	-5,91 %	37,69 %	62,27 %			
Durchschnitt aller aktienfokussierten Mischfon	-14,70 %	4,72 %	6,81 %	-7,77 %	-35,69 %	-59,50 %
Vergleichsindex (6)	-6,93 %	40,41 %	66,31 %			

Quelle: Comdirect, Stand: 7.3.2016

Der untersuchte Zeitraum von März 2011 bis März 2016 war eine Periode, in der sowohl die Aktien als auch die Anleihemärkte meist boomten. Die beiden Benchmark-ETFs liegen über fünf Jahre mit 35,6 % (Anleihe-ETF) bzw. 67,9 % (Aktien-ETF) deutlich im Plus. Zwar liegen absolut betrachtet 35 der 38 Mischfonds nach fünf Jahren ebenfalls im Plus, das Plus ist jedoch massiv geringer als das der Benchmarks. Dies wird in den drei rechten Spalten von Tabelle 19 und Tabelle 39 deutlich, die die relative Performance der Mischfonds gegenüber ihrer jeweiligen Benchmark angeben. Die wichtigsten Ergebnisse:

- Die durchschnittlichen relativen Verluste erreichen unglaubliche Größenordnungen. Die Finanztest-Top-Mischfonds fügen sich nahtlos in die katastrophale Leistungsbilanz der ganzen Anlageklasse Mischfonds ein (vgl. Seite 54 ff.). Auf Fünfjahressicht betragen die durchschnittlichen relativen Verluste zwischen 4,6 und 11,9 % **pro Jahr**!
- Alle sechs Mischfondskategorien sind in jeder Zeitperiode schlechter als die Benchmarks.
- Nur sechs Einzelfonds sind kurzfristig in der Einjahresperiode besser als ihr Vergleichsmaßstab. Über drei oder fünf Jahre verlieren diese ebenso wie alle anderen Fonds allerdings deutlich.
- Alle Einzelfonds sind nach drei bzw. fünf Jahren schlechter als ihre Benchmark.
- Mit nur einer Ausnahme verlieren alle Einzelfonds kontinuierlich gegenüber ihrer Benchmark, d. h., sie fallen immer weiter gegenüber dieser zurück.
- Drei Fonds schaffen es sogar, über fünf Jahre enorme absolute Verluste von 10,7 bis 44,0 % einzufahren in einer Zeit, in der die Benchmarks massiv im Plus lagen.
- Durch eine einfache Kombination aus den zwei für die Benchmarks verwendeten ETFs hätte jeder Anleger exakt die im Vergleich stellare Performance der Benchmarks erzielen können.

Das Schlimme dabei: den meisten Mischfondsanlegern fiel es vermutlich gar nicht auf, wie grottenschlecht ihre Fonds ihr Geld verwaltet haben, da sie ja absolut betrachtet aufgrund der Boom-Phase sowohl bei Anleihen als auch bei Aktien meist gestiegen sind.[42] Erneut sieht man, wie miserabel es mit den Fondsempfehlungen der Finanztest nach dem Zeitpunkt ihrer Empfehlung weiterging.

---

[42] So ist der größte deutsche Publikumsfonds mit über 24 Milliarden Euro ein Mischfonds, der nun schon sieben Jahre hintereinander deutlich auf den Index verloren hat (vgl. Seite 176 ff.).

7. Der große Test der Finanztest-Fondsempfehlungen 149

Wir haben nun untersucht, wie sich die Finanztest-Fondsempfehlungen in allen Anlagekategorien (Aktienfonds, Anleihefonds, Mischfonds) entwickelt haben. Wir haben gesehen, dass die Ergebnisse in allen drei Anlagekategorien schlecht oder sogar katastrophal waren. Zwei weitere Untersuchungen wollen wir noch durchführen.

Die erste, um immer wieder verbreiteten Mythen über angebliche Stärken des aktiven Managements während fallender Märkte auf den Grund zu gehen. Dazu werden wir noch weiter in die Vergangenheit zurückgehen, um zu sehen, ob die Fonds im Crashjahr 2008 besser abgeschnitten haben. Zweitens wollen wir untersuchen, wie das von Finanztest empfohlene regelmäßige Austauschen »schlecht gewordener« Fonds sich ausgewirkt hätte.

Fondsmanager besser in der Krise? Jährliche Wertentwicklung der Top-Aktienfonds Welt aus Heft 12/2007 in der Finanzkrise und danach

Die von uns bisher untersuchten Jahre 2011 bis 2015 waren frei von irgendwelchen Börsencrashs. Dies zeigt Tabelle 20, die die jährliche Wertentwicklung des MSCI World auf Eurobasis auflistet. Im Jahr 2011 gab es zwar einen kleinen Verlust. Aber das war nichts im Vergleich zu dem Crashjahr 2008, dem Höhepunkt der Finanzmarktkrise, mit einem Verlust von knapp 38 %.

Tabelle 20: Jährliche Wertentwicklungen des MSCI World

Jahr	2005	2006	2007	2008	2009	2010	2011	2012	2013	2014	2015
MSCI WORLD	26,17	7,40	-1,66	-37,64	25,94	19,53	-2,38	14,05	21,20	19,50	10,42

Quelle: MSCI [152], in %, auf Eurobasis

Nun wird als Argument für aktives Fondsmanagement immer wieder hervorgebracht, dass Fondsmanager in der Krise besonders wertvoll seien. [153] [154] Sie müssten ja nicht wie Indexfonds den Abschwung voll mitnehmen, sondern könnten durch Strategien wie das Halten von Cash bzw. durch das Investieren in wenig konjunkturabhängige Sektoren wie z. B.

Aktien von Lebensmittelherstellern und Pharmaunternehmen die Verluste begrenzen.

Genau aus diesem Grund wollen wir nun weiter in die Vergangenheit zurückschauen. Diesmal wählen wir die Morningstar-Datenbank statt der Comdirect-Fondsdaten. Das hat zwei Vorteile:

- Man kann die Wertentwicklung in ganzen Kalenderjahren untersuchen. Wir interessieren uns schließlich für das Krisenjahr 2008.
- Unsere Ergebnisse lassen sich so jahrelang nachvollziehen, da sich die jährlichen Wertentwicklungen von abgeschlossenen Jahren nicht mehr verändern.

Misst man hingegen die Wertentwicklung über die letzten ein, drei und fünf Jahre, wie wir das bisher getan haben, so muss man immer das Datum angeben, an dem diese Werte ermittelt wurden, und die Ergebnisse ändern sich täglich.

Die Morningstar-Fondsdatenbank [4] ist leicht zugänglich und hat Fondsdaten, die acht Jahre zurückreichen. Die Morningstar-Fondsdatenbank hatte glücklicherweise zum Zeitpunkt dieser Untersuchung genau bis zum Jahr 2008 öffentlich zugängliche Daten.[43] Somit können wir nun untersuchen, ob die Finanztest-»Top-Aktienfonds Welt« aus dem Dezember 2007 die Krise besser überstanden haben als der MSCI World. Im Dezember 2007 empfiehlt Finanztest nicht weniger als 50 Fonds als die »besten Aktienfonds Welt«. Um unsere Tabelle im Anhang nicht völlig ausufern zu lassen, untersuchen wir davon nur die 35 laut Finanztest »stark überdurchschnittlichen« Fonds und vernachlässigen die 15 nur »überdurchschnittlichen« Fonds.

Knapp 23 % der 35 Fonds, nämlich acht, sind schon wieder geschlossen oder verschmolzen (Stand: Februar 2016) und damit aus der Morningstar-Datenbank komplett verschwunden. Wir müssen also wohl oder übel mit den stark geschönten Daten (Stichwort Survivorship Bias) nur der überlebenden 26 Fonds arbeiten. Diese schauen wir uns über die acht Jahre von Anfang Januar 2008 bis Ende Dezember 2015 an. Von besonderem Interesse ist natürlich das Krisenjahr 2008: Werden die hochbezahlten

---

[43] Immer ca. im März wird das älteste Jahr aus der Datenbank entfernt, so dass für spätere Untersuchungen in diesem Buch nur das Jahr 2009 als ältestes Jahr zugänglich war.

7. Der Große Test der Finanztest-Fondsempfehlungen

Fondsmanager wenigstens im Crash die Benchmark schlagen? Das wäre ja einiges wert, denn »Wissenschaftler haben herausgefunden, dass wir Gewinne und Verluste ganz unterschiedlich bewerten. Verluste empfinden wir nämlich zweieinhalb Mal stärker als Gewinne in gleicher Höhe«. [155]
Wenn die aktiven Fondsmanager bei steigenden Märkten weniger machen als Indexfonds, aber uns in der Krise teilweise vor Verlusten bewahren, so wäre das – zumindest psychologisch gesehen – schon eine Menge wert und ein Argument für aktives Fondsmanagement im Allgemeinen und die Finanztest-Fondstipps im Speziellen. Um nicht Äpfel mit Birnen vergleichen, verwenden wir für die Ermittlung der relativen Wertentwicklung statt pauschal den MSCI World die von Morningstar für die jeweiligen Fonds angegebenen Benchmarks. Tabelle 21 zeigt die relativen Wertentwicklungen des Durchschnitts der 26 überlebenden Aktienfondsempfehlungen 2008 bis 2015. Im Anhang (Tabelle 40) finden Sie die ausführlichen Ergebnisse mit allen Fonds und den verwendeten Benchmarks.

Tabelle 21: Durchschnittliche Wertentwicklung der überlebenden 26 »stark überdurchschnittlichen Aktienfonds« aus Finanztest Dez./2007

	Laufende Kosten	Relative Performance gegenüber den Morningstar-Benchmarks							
		2008	2009	2010	2011	2012	2013	2014	2015
Durchschnitt aller Fonds	1,88%	-4,17	3,90	-1,37	-8,51	-2,74	-3,10	-7,73	-0,49

Quelle: Morningstar

Schaut man sich die relative Wertentwicklung in den einzelnen Jahren an, sieht man:

- Mit Ausnahme des Jahres 2009 verlieren die Fonds in sieben von acht Jahren gegen ihre Benchmarks.
- Im Crashjahr 2008 fahren sie mit -4,17% den dritthöchsten relativen Verlust ein!
- In 2011, dem zweitschlechtesten Aktienjahr nach 2008, addieren sie sage und schreibe 8,51% zu den Verlusten der Benchmarks.

So viel zur Fähigkeit der aktiven Fondsmanager, uns in Krisen vor Verlusten zu bewahren. Die Fondsmanager haben:

- Weder die Finanzkrise 2008 im Voraus kommen sehen,
- noch – als die Krise da war – die Ausmaße erkannt.

Andernfalls hätten sie leicht durch die oben geschilderte Strategien (Halten von Cash, Investieren in defensive, wenig konjunktursensitive Branchen) ihre Verluste zumindest stark begrenzen und damit ihre Benchmarks schlagen können. Stattdessen haben sie in ihrer Weisheit in der Krise zusätzliche Verluste generiert.

**Alte (Zufalls-)Gewinner durch neue ersetzen?
Die Umtauschstrategie der Finanztest im Test**

Wir haben in den vergangenen Kapiteln untersucht, wie sich die Finanztest-Fondsempfehlungen in allen Anlagekategorien (Aktienfonds, Anleihefonds, Mischfonds) in den letzten ein, drei und fünf Jahren geschlagen haben. Wir haben gesehen, dass die Ergebnisse in allen untersuchten Anlagekategorien und Zeitperioden schlecht bis katastrophal waren. Von den 66 untersuchten Aktien-, Renten- und Mischfonds schaffte es gerade mal ein einziger, seinen Vergleichsmaßstab über fünf Jahre zu schlagen. Im Schnitt wurden die »besten« Fonds der Finanztest vom Index klar abgehängt. Und zwar umso mehr, je länger der betrachtete Zeitraum war. Wir haben auch gezeigt, dass die Finanztest-Aktienfondstipps während des Aktienmarktcrashs 2008 noch tiefer als der Gesamtmarkt gefallen sind.

Dieses schlechte Abschneiden hat System und ist kein Zufall. Die Finanztest-Fondsexperten haben natürlich schon selbst gemerkt, dass ihre Fondsempfehlungen sich häufig sehr schlecht im Vergleich zum Index weiterentwickeln. Deshalb haben sie sich die Erklärung zurechtgelegt, dass aktiv gemanagte Fonds manchmal »schlecht« werden. Sie weisen daher regelmäßig darauf hin, dass man ihre Topfonds (natürlich mit Hilfe der jeweils aktuellen Fondshitlisten der Finanztest) mindestens jährlich überprüfen und ggf. »schlecht« gewordene ehemalige Gewinner gegen »frische« Topfonds austauschen soll. So entsteht ein munteres Bäumchen-wechsel-dich-Spiel: Von den in Finanztest 3/2011 empfohlenen 20 Fonds in der Aktienkategorie Welt sind gerade mal noch neun auf der Empfehlungsliste ein Jahr später, und nur zwei finden sich auf allen Empfehlungslisten 2011 bis 2013.

Als Nächstes wollen wir deshalb untersuchen, wie Anleger gefahren wären, die dieser Empfehlung gefolgt wären und durch jährliches Austauschen ihr Geld ständig in die jeweils aktuellen Topfonds umgeschichtet hätten.[44] Beginnen wir wieder mit den »besten Aktienfonds Welt«. Welche Resultate hätte man mit der Finanztest-Umtauschstrategie erzielt? Dazu betrachten wir die relative Wertentwicklung (im Vergleich zur Benchmark MSCI World) eines Umschichtportfolios, das Anfang Januar 2011 zunächst zu gleichen Teilen aus den laut Finanztest »20 besten Aktienfonds Welt« bestand. Jeweils jährlich wurde es in unserer Untersuchung kostenfrei so umgeschichtet, dass die aus den Hitlisten gefallenen »schlecht gewordenen« Fonds durch die aktuellen Topfonds ausgetauscht wurden. Die Ergebnisse einer solchen Strategie sind in Tabelle 22 übersichtlich zusammengefasst, während Tabelle 41 mit den detaillierten Ergebnissen für alle Fonds im Anhang zu finden ist.

Tabelle 22: Wertentwicklung* eines Portfolios, das über fünf Jahre durch jährliches Umschichten immer in die »besten Aktienfonds« investiert war

	2011	2012	2013	2014	2015
Relative Wertentwicklung* p. a. Umschichtportfolio	-4,36 %	-2,97 %	-6,60 %	-4,70 %	0,44 %
Kumulierter Verlust* 2011–15 Umschichtportfolio		17,04 % (-3,41 % p.a.)			

Quelle: Morningstar, *Im Vergleich zur Benchmark MSCI World

Die Tabelle zeigt ganz klar: Die Umtauschstrategie hat überhaupt nicht funktioniert! Das ständig umgeschichtete Portfolio verliert über die fünf Jahre über 17 % auf den Vergleichsindex. Das entspricht einem jährlichen Verlust von mehr als 3,4 %. Nur in einer der fünf Jahresperioden ist die Wertentwicklung des Portfolios geringfügig besser als die der Benchmark MSCI World. Ein niederschmetterndes Ergebnis, zumal wenn man be-

---

[44] Da Finanztest inzwischen ihre Mischfondstipps nur noch online und nicht mehr in den Heften veröffentlicht, können wir die Umtauschstrategie nur für die Aktien- und Rentenfonds testen.

rücksichtigt, dass die Umschichtungsstrategie einen ganz erheblichen Aufwand erfordert.

Ein Anleger, der einfach sein Geld Anfang 2011 in einen »MSCI World«-Indexfonds gesteckt hätte, wäre mit minimalem Aufwand wesentlich besser gefahren. Dies zeigt Tabelle 23, die die Wertentwicklung von vier solcher Indexfonds (ETFs) verschiedener Anbieter in der gleichen Fünfjahresperiode zeigt.

Tabelle 23: Relative Wertentwicklung von »MSCI World«-Indexfonds (ETFs) im Vergleich zum MSCI World 1/2011–12/2015

ETF-Name	WKN	Laufende Kosten	Relative Performance gegenüber MSCI World					
			2011	2012	2013	2014	2015	2011–15
iShares Core MSCI World ETF	A0RPWH	0,20 %	-0,9 %	-1,6 %	0,7 %	0,9 %	0,4 %	-0,5 %
ComStage MSCI World ETF	ETF110	0,20 %	0,3 %	-2,7 %	0,6 %	0,5 %	0,5 %	-0,8 %
db x-trackers MSCI World Index ETF	DBX1MW	0,45 %	-0,8 %	-1,4 %	0,3 %	0,5 %	0,3 %	-1,1 %
Lyxor MSCI World ETF	LYX0AG	0,30 %	-0,9 %	-1,5 %	0,6 %	0,5 %	0,7 %	-0,6 %
Finanztest Umschichtportfolio		1,83 %	-4,4 %	-3,0 %	-6,6 %	-4,7 %	0,4 %	-17,1 %

Quelle: Morningstar

Unser Indexanleger hätte nur 0,5 bis 1,1 % auf die Benchmark verloren und damit eine um ca. 16 % höhere Rendite eingefahren als der Anleger, der jährlich kostenlos in die aktuellen Finanztest-Topfonds umgeschichtet hätte. Die Korrelation von Wertentwicklung und den – von Finanztest ignorierten, in der Realität aber entscheidenden – laufenden Kosten ist nahezu perfekt: Der Hauptteil des schlechten Abschneidens der Umtauschstrategie ist durch die sehr hohen laufenden Kosten der empfohlenen Fonds erklärbar.[45]

Austauschen der Zufallsgewinner bei Rentenfonds

Betrachten wir nun, wie das jährliche Umschichten in die Finanztest-Topfonds bei Rentenfonds funktioniert hätte. Als Startpunkt wählen wir wieder die Empfehlungen aus Finanztest 1/2011. Wir betrachten wieder nur die relative Wertentwicklung im Vergleich zum jeweils korrekten Ver-

---

[45] Interessant auch zu sehen, dass Indexfonds sogar besser abschneiden als nach ihren laufenden Kosten zu erwarten. Dafür ist die Praxis der Verleihung der in den ETFs vorhandenen Wertpapiere verantwortlich. [226]

7. Der grosse Test der Finanztest-Fondsempfehlungen

gleichsmaßstab. Dazu vergleichen wir die Fonds immer mit ihrer Morningstar-Benchmark. Wenn ein Rentenfonds beispielsweise nur in Staatsanleihen guter Schuldner aus der Eurozone investiert, vergleichen wir seine Wertentwicklung mit der des Citibank-Index für Investment-Grade-Staatsanleihen aus der Eurozone (Citi EMU GBI EUR). Besteht das Anlageuniversum des Fonds neben Staats- auch aus Unternehmensanleihen und Pfandbriefen bester Bonität, werden seine Ergebnisse am »Barclays Capital Euro Aggregate Bond Index« (Barclays Euro Agg Bond) gemessen, der auch solche Anleihen einschließt. Die Ergebnisse sind in Tabelle 24 zusammengefasst, während Tabelle 42 im Anhang die detaillierten Ergebnisse mit Einzelfonds und jeweils verwendeten Benchmarks zusammenstellt. Dort sind auch die inzwischen aufgelösten bzw. zusammengelegten Fonds angegeben.

Tabelle 24: Relative Wertentwicklung eines Portfolios, das über fünf Jahre durch jährliches Umschichten immer nur in die laut Finanztest »besten« Rentenfonds Euro investiert ist.

	2011	2012	2013	2014	2015
Relative Performance gegenüber Benchmark*	0,5 %	-1,4 %	-1,5 %	-1,2 %	-1,3 %
Kumulierter Verlust gegenüber der Benchmark*		-4,8 % (-0,96 % p. a.)			

Quelle: Morningstar

Über fünf Jahre resultiert für das Renten-Umschichtportfolio ein Verlust von knapp 5 %, also knapp 1 % pro Jahr. Dies ist zwar ein geringerer Verlust als bei dem Aktien- Umschichtportfolio, allerdings war das ja auch so zu erwarten: Erstens waren ja auch die absoluten Wertentwicklungen der Rentenfonds deutlich geringer als die der Aktienfonds. Und zweitens sind auch ihre laufenden Kosten geringer.

Hinzu kommt noch ein weiterer Faktor: Von 2011 bis 2015 sind nicht weniger als sechs der empfohlenen 34 Fonds liquidiert oder zusammengelegt worden. Diese Fonds können wir jedoch nicht in unsere Untersuchung einbeziehen, da ihre Daten gelöscht sind. Gleichzeitig ist klar, dass diese Fonds mit hoher Wahrscheinlichkeit gerade die schlechtesten Wertentwicklungen hatten.

Die Wertentwicklung eines realen Umschichtportfolios wäre also mit an Sicherheit grenzender Wahrscheinlichkeit noch einiges schlechter als die von uns berechnete. Wie bei den Aktienfonds wäre man besser gefahren, wenn man Anfang 2011 sein Geld einfach in einen Renten-Indexfonds gesteckt hätte. Dies zeigt Tabelle 25, die die relative Wertentwicklung von drei Indexfonds verschiedener Anbieter in der gleichen Fünfjahresperiode (bzw. Vierjahresperiode 2012 bis 2015, bei dem erst 2012 aufgelegten ETF) abbildet.

Tabelle 25: Relative Wertentwicklung von drei Renten-Indexfonds (ETFs) unterschiedlicher Anbieter mit verwendeter Benchmark 1/2011–12/2015

ETF-Name	WKN	Laufende Kosten	3 Monate	Relative Performance gegenüber Benchmark					Morningstar-Benchmark
				2012	2013	2014	2015	2011–15	
Amundi Govt Bond EuroMTS Broad Inv Grade ETF	A0YBRZ	0,14 %	-0,90 %	0,19 %	-0,24 %	0,11 %	-0,19 %	-1,03 %	Citi EMU GBI EUR
ComStage iBoxx € Liquid Sov Diversified Overall ETF	ETF500	0,12 %	0,65 %	2,10 %	0,92 %	1,48 %	0,45 %	5,60 %*	Citi EMU GBI EUR
SPDR Barclays Euro Aggregate Bond ETF	A1JJTM	0,17 %	–	0,23 %	-0,29 %	-0,07 %	-0,21 %	-0,34 %**	Barclays Euro Agg Bond
Finanztest-Umtauschstrategie		0,79 %	0,50 %	-1,40 %	-1,50 %	-1,20 %	-1,30 %	-4,80 %	

Quelle: Morningstar, *Der ETF investiert nur in die liquidesten der Investment-Grade-Staatsanleihen aller Laufzeiten der Eurozone, was wohl die Erklärung für die erstaunliche Wertentwicklung im Vergleich zur Morningstar-Benchmark ist. **2012–2015

Auch hier sieht man wieder die Prognosekraft der von Finanztest bei aktiven Fonds so konsistent ignorierten laufenden Kosten: Mit ihnen kann man – genau wie bei den Aktienfonds – den Hauptteil der schlechten Performance des Renten-Umtauschportfolios erklären (es gibt ja noch die Handelskosten des Fonds, die nicht bekannt sind).

Wir haben nun beispielhaft das Versagen der Umtauschstrategie demonstriert. Wir hatten ja schon in Kapitel 6 Studienergebnisse angeführt, die solche Umtauschstrategien bei amerikanischen Fonds zumindest seit Ende der 1980er Jahre für schlecht befunden haben.

Damit sind unsere Untersuchungen der Finanztest-Empfehlungen von aktiv gemanagten Fonds abgeschlossen. Die Ergebnisse sprechen für sich. Nimmt man die Fülle der in die gleiche Richtung gehenden wissenschaftlichen Studien zur mangelnden Dauerhaftigkeit und Prognosekraft der Wertentwicklungen von Fonds hinzu, ergibt sich eine erdrückende »Beweislage« gegen die Weiterführung dieser Empfehlungen. Dass die Stiftung Warentest trotzdem bis heute an ihnen festhält, finde ich wie Prof. Sharpe deprimierend. Ich hoffe sehr, die Finanztest-Redaktion kann sich zu einem radikalen Schnitt durchringen und stoppt diese Empfehlungen. Jeder Tag früher, den die Stiftung Warentest sich entschließt, diese Leiche aus ihrem Keller zu entfernen, ist ein Gewinn für die Verbraucher und Fondsanleger in Deutschland.

Finanztest-Bewertungen von Indizes und Indexfonds

Bei aller Kritik – ich gebe gerne zu, dass auch Finanztest richtigerweise auf den Indexfonds-Zug aufgesprungen ist und parallel zu ihren aktiv gemanagten Topfonds zunehmend mehr börsengehandelte Indexfonds empfiehlt. Ihre ETF-»Pantoffelportfolios« sind der richtige Weg.

Was mich aber stört: Selbst bei den Indexfonds kann die Redaktion die Finger nicht davon lassen, sie nach Vergangenheitsperformance des zugrundeliegenden Index zu bewerten. Nun ist es zwar so, dass man viele ETFs durchaus kritisieren und schlecht bewerten kann (vgl. Seite 202 f.). Die von Finanztest empfohlenen breit diversifizierten ETFs gehören jedoch zu den vernünftigen ETFs. Qualitätskriterien bei solchen ETFs sind aber nicht die Vergangenheitsperformance des Index, sondern hauptsächlich der sogenannte »Tracking Error« und der mit der Liquidität des ETF zusammenhängende Unterschied zwischen An- und Verkaufspreis, neudeutsch »Spread« genannt.[46] [156]

Der Tracking Error zeigt an, wie stark der ETF von seinem zugrundeliegenden Index abweicht. In ihn fließen natürlich die laufenden Kosten ein, die auch bei ETFs sehr wichtig sind. Diese beiden Qualitätskriterien für ETFs sind allgemein anerkannt. Auf diese sollte sich die Finanztest-Redaktion konzentrieren. Ich zitiere nochmals Eugene F. Fama:

---

[46] Es gibt noch weitere ETF-Merkmale, die man im Zusammenhang mit ihrer »Qualität« analysieren kann. Etwa das »Gegenparteirisiko« und dessen Besicherung bei sogenannten »synthetischen« ETFs. Dieses Buch ist aber kein Buch über ETFs, deshalb gehe ich nicht weiter darauf ein.

»Ein ETF ist nur ein Investmentfonds, der an einer Börse gehandelt wird. ETFs zu bewerten ist nicht sinnvoller, als Investmentfonds zu bewerten. Die empirische Evidenz sagt, dass die laufenden Kosten die zukünftige Performance am besten vorhersagen.«

Leider stülpt Finanztest stattdessen einfach das System, das sie bei den aktiv gemanagten Fonds benutzt, über die Indexfonds. Damit impliziert die Finanztest-Redaktion, dass ein Index, der in der Vergangenheit eine bessere Wertentwicklung als ein anderer aufwies, ein besserer Index ist. Nach dieser Logik werden auch die diese Indizes nachbildenden ETFs bewertet. In Heft 1/2011 werden ETFs auf 16 Aktienindizes sowie ETFs auf 7 Rentenindizes quantitativ bewertet.

Wie breit diversifiziert der nachgebildete Index ist, hat Finanztest dabei nicht in ihre Bewertung mit einfließen lassen. So kommt es, dass enge, recht volatile Indizes wie der nur aus 30 Aktien bestehende deutsche Dax mit 62,8 Punkten eine wesentlich bessere Bewertung aufweist, als der mit über 1.600 Aktien aus 23 Ländern viel breiter diversifizierte MSCI World (50 Punkte). Einfach weil der Dax in den fünf Jahren zuvor auf Eurobasis besser gelaufen ist als der MSCI World.

Die Finanztest-Bewertungen der ETFs unterscheiden sich stark. Sie reichen von 28,2 bis 62,8 Punkten. »Schlechte« Indizes sind laut Finanztest z. B. der Dow Jones Global Titans 50 mit nur 37,6 Punkten oder – noch schlimmer – der Euro Stoxx mit ganzen 28,2 Punkten.

Kann man aus der Finanztest-ETF-Index-Bewertung irgendwas für die Zukunft ableiten? Dazu müssen wir untersuchen, wie in den folgenden fünf Jahren die »guten« und »schlechten« ETFs bzw. Indizes abgeschnitten haben und ob es irgendeinen Zusammenhang zwischen der ETF-Bewertung und ihrer nachfolgenden Performance gibt. Die Ergebnisse sind in Tabelle 26 zusammengefasst. Tabelle 43 im Anhang zeigt die Details für alle 36 bewerteten ETFs.

Wer sich die Mühe macht, Tabelle 43 zu studieren, kann beim besten Willen keine Zusammenhänge zwischen der Finanztest-Bewertung der den ETFs zugrundeliegenden Indizes und ihrer Wertentwicklung über ein, drei oder fünf Jahre erkennen. So zeigt der iShares Dow Jones Global

Titans 50 ETF mit einer der schlechtesten Finanztest-Bewertungen von 37,6 Punkten die beste Wertentwicklung über fünf Jahre 2011 bis 2015. Umgekehrt hat der ETF mit der schlechtesten Wertentwicklung über alle Zeiträume, der db x-trackers MSCI Emerging Markets, eine Finanztest-Bewertung von 50 Punkten. In Tabelle 26 sind die Effekte über die Korrelationskoeffizienten quantifiziert. Hierbei wird nach Anlageklasse getrennt (Anleihen- bzw. Aktien-ETFs).[47]

Tabelle 26: Korrelationskoeffizienten zwischen Finanztest-ETF-Bewertung und Wertentwicklung über ein, drei und fünf Jahre

	Performance			
	1 Jahr	3 Jahre	5 Jahre	
Indexfonds Aktien	0,12	0,05	0,09	Finanztest-
Indexfonds Renten	0,14	0,04	0,13	bewertung

Zur Erinnerung: Erst ab einem Korrelationskoeffizienten von 0,3 oder größer kann man von einer schwachen Korrelation sprechen. [150] Die Finanztest-ETF- bzw. Indexbewertungen von 1/2011 zeigen weder bei den Aktien- noch bei den Renten-ETFs irgendwelche Zusammenhänge zu den Wertentwicklungen der ETFs 2011 bis 2015. Das Finanztest-Bewertungssystem von Indizes und ETFs ist Unsinn. Die Indizes spielen je nach Börsenphase ein munteres Bäumchen-wechsel-dich-Spiel: Mal liegen die Schwellenländer-Indizes vorn, dann die der industrialisierten Länder.

Inzwischen hat Finanztest ihr System der ETF-Bewertung wieder leicht modifiziert. Die Bewertung erfolgt nicht mehr relativ zu einem mit 50 Punkten normierten Index, sondern auf einer Punkteskala von eins bis fünf. Finanztest bewertet ETFs meist mit drei bis fünf Punkten. Übersetzt heißt das: Sie bewertet ETFs auf einer Skala von durchschnittlich (drei Punkte) bis stark überdurchschnittlich (fünf Punkte). Entscheidend: Messlatte für die Bewertung ist nach wie vor die Vergangenheitsperformance. Indexfonds, die das Pech hatten, einen Index nachzubilden, der in den letzten Jahren nicht so gut lief, werden als durchschnittlich abgestraft.

---

[47] Eine weitere Aufschlüsselung nach den verschiedenen Aktienregionen wäre wegen der Finanztest-Normierung nach Anlageregionen wünschenswert, ist aber aufgrund der zu geringen Anzahl von ETFs in den einzelnen Regionen kaum sinnvoll.

In den letzten Jahren (Stand: 2/2016) betraf das z. B. ETFs auf europäische Aktienindizes wie den Stoxx 600 oder globale Schwellenländer-ETFs, die den MSCI Emerging Marktes nachbilden. Als stark überdurchschnittlich wurden hingegen ETFs auf den MSCI World bewertet.

Damit ermuntert Finanztest auch zu einer Art prozyklischem Investieren, das mit gewissen Gefahren verbunden ist. Wie ist das zu verstehen? Nehmen wir als Beispiel die als stark überdurchschnittlich bewerteten ETFs auf den MSCI World. Zwar ist dieser Index breit über viele Branchen und Länder diversifiziert. Auch die Zahl der enthaltenen Einzelwerte ist mit über 1.600 sehr hoch. Dennoch birgt dieser Index durchaus ein gewisses »Klumpen-Risiko«. Welches? Nun, das wird aus Abbildung 15 [157] deutlich.

Abbildung 15: Gewichtung einzelner Aktienmärkte im MSCI World

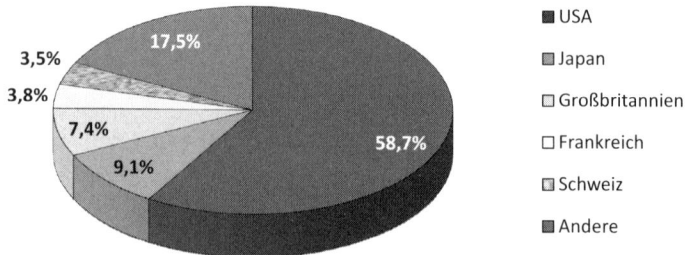

Quelle: Eigene Darstellung auf Grundlage von MSCI, Stand: 31.12.2015

Das Problem hängt mit der hohen Bewertung der den MSCI World dominierenden Aktienmärkte zusammen. Dies sind neben den USA z. B. auch Japan und die Schweiz. Diese drei Märkte machen zusammen 71,3 % des MSCI World aus (Stand: 31.12.2015). Gleichzeitig sind es die dritt-, viert- und fünftteuersten Aktienmärkte der Welt. Zugrunde gelegt ist hier das nach Nobelpreisträger Robert J. Shiller benannte Bewertungsmaß »Shiller-KGV«, das Shiller-»Kurs-Gewinn-Verhältnis«[48]. [158]

---

[48] Man findet auch die Bezeichnungen »zyklisch adjustiertes Kurs-Gewinn-Verhältnis« bzw. CAPE (*Cyclically Adjusted Price Earnings Ratio*). Robert Shiller erhielt 2013 zusammen mit Eugene F. Fama den Nobelpreis für Wirtschaftswissenschaften.

7. Der große Test der Finanztest-Fondsempfehlungen

Wie hoch ist denn das Shiller-»Kurs-Gewinn-Verhältnis« für die drei Märkte, die den MSCI World dominieren? Per 31.12.2015 betrug es 26,2 (Japan), 24,6 (USA) und 22,5 (Schweiz). [159] Das sind historisch sehr hohe Werte. Solche hohen Werte haben in der Vergangenheit in diesen und vielen anderen Aktienmärkten eine klare Korrelation mit schlechten Wertentwicklungen über die folgenden 10 bis 15 Jahre aufgewiesen. Tabelle 27 zeigt die Zusammenhänge.

Tabelle 27: Historischer Zusammenhang zwischen Shiller-KGV und nachfolgender Rendite über 15 Jahre

	Shiller Kurs-Gewinn-Verhältnis				
	8–12	12–16	16–20	20–24	24–28
USA	10,2 %	6,8 %	5,4 %	2,0 %	**3,0 %**
Japan	-	6,8 %	7,2 %	5,7 %	**3,6 %**
Schweiz	14,3 %	11,9 %	9,6 %	**6,7 %**	5,1 %

Quelle: Star Capital [160], Inflationsbereinigte Renditen, Datenbasis: USA 1881–2013 (S&P 500), Japan und Schweiz: 1979–2013

In der Tabelle fett sind die historischen Renditen, die den momentanen (Stand: Ende 2015) Shiller-KGVs der drei Aktienmärkte entsprechen: Der US-Index S&P 500 z. B. fällt mit seinem Shiller-KGV von 26,2 per 31.12.2015 in die Kategorie 24–28. Bei einem so hohen Wert betrug seine Rendite historisch über die nachfolgenden 15 Jahre nur 3 %. Die Finanztest-Redaktion lotst die Anleger mit ihrem unwissenschaftlichen ETF-Bewertungssystem damit potenziell prozyklisch in Märkte, die nicht nur aufgrund von harten Wirtschaftsdaten und sprudelnden Gewinnen der Unternehmen, sondern auch durch eine massive Bewertungsexpansion besonders stark gestiegen sind. Die Finanztest-Leser, die vermutlich einfach einen »stark überdurchschnittlichen« Fünf-Punkte-ETF einem »durchschnittlichen« Drei-Punkte-ETF vorziehen, sind sich dieser Gefahr aller Wahrscheinlichkeit nach überhaupt nicht bewusst.

Warum hält Finanztest an ihren Fondsempfehlungen nach Vergangenheitsperformance fest?

Warum Finanztest weiter an ihren Empfehlungen aktiv gemanagter Fonds nach Vergangenheitsperformance festhält, darüber kann man natürlich nur spekulieren. Interessant ist jedenfalls in diesem Zusammenhang, dass der langjährige Finanztest-Chefredakteur Hermann-Josef Tenhagen ab 2014 in seinem neuen Job als Finanztip-Chefredakteur von Empfehlungen aktiv gemanagter Fonds komplett abgerückt ist und nur noch zu Indexfonds rät. [161] Herr Tenhagen hat also den Absprung geschafft, die Finanztest-Redaktion leider nicht. Unbeirrt veröffentlicht sie weiter Monat für Monat die »raren Perlen«, die sie angeblich aus dem Meer der aktiven Fonds gefischt hat. Realisiert sie nicht, dass ihre ganze Methodik nicht fundiert ist? Realisiert sie nicht, wie isoliert sie damit unter den Verbraucherschützern ist? Das ist kaum vorstellbar. Die Fülle der Evidenz ist einfach zu erdrückend, als dass man annehmen könnte, sie bliebe den Finanztest-Redakteuren verborgen.

Mit ihrem nun schon über so viele Jahre fortgesetzten kontinuierlichen Testvorhaben »Fonds im Dauertest« hat sie sich in eine Sackgasse manövriert, und man kann verstehen, dass ein Eingeständnis eines Fehlers sehr schwierig wäre. Aber es wäre ein ehrlicher Schnitt. Niemand ist frei von Fehlern. Es ist besser, spät zur Einsicht zu gelangen und einen Fehler zuzugeben, als nie.

Die Strategie der Finanztest-Redaktion scheint jedoch nur ein sehr gradueller Rückzug zu sein: Statt die Empfehlungen von aktiv gemanagten Fonds nach Vergangenheitsperformance einzustellen, wird nur eine geringere Anzahl als früher empfohlen und der Fokus mehr in Richtung Indexfonds gelegt. Es kann doch nicht sein, dass sie das womöglich nur tut, weil sie keinen Fehler zugeben will. Bisher ist sie vor radikalen Schritten zurückgeschreckt. Im Februar 2010 hatte sie das Problem eigentlich schon zugegeben [162]:

> »Die Überraschung bestand weniger in den Kursstürzen an den Börsen. Jeder, der einen Aktienfonds kauft, weiß, dass ihm das passieren kann. Das Problem

war eher, dass selbst bisher zuverlässig gute Fondsmanager plötzlich ganz und gar kein glückliches Händchen mehr bewiesen.

Wie konnte es sein, dass bis dahin ausgezeichnete Fonds wie der Fidelity European Aggressive oder der Lingohr Systematik LBB Invest plötzlich jäh abstürzten und noch viel, viel tiefer sanken als der Markt?«

Welche Konsequenzen zog sie? Weiter heißt es:

»Vorhersehen lässt sich so ein Verhalten kaum. Wir wollen unsere Leser dem Gutdünken von Fondsmanagern aber auch nicht ausgeliefert wissen. Deshalb haben wir die Konsequenzen gezogen und unseren Fondstest angepasst.«

Genau hier hatte Finanztest die Chance, den völligen Rückzug aus dem Empfehlungsbusiness aktiver Fonds anzukündigen! Stattdessen:

»Von nun an wird die aktuelle Leistung eines Fondsmanagers stärker in die Finanztest-Bewertung einfließen, die wir Monat für Monat ermitteln. ... Wir bleiben auch beim Bewertungszeitraum von fünf Jahren, doch wir gewichten nun stärker, was in den vergangenen drei Jahren und im gerade abgelaufenen Jahr passiert ist.«

Das ist nicht die Lösung! Das ist gar nichts! Im Klartext heißt das, Finanztest hält auch nach 2/2010 komplett an ihren Bewertungen von Vergangenheitswertentwicklungen fest. Der Bewertungszeitraum wird nur modifiziert, er beträgt statt fünf Jahre nun ein, drei und fünf Jahre. Das verbessert die ganze Methodik kein einziges Stück: Frage an Eugene F. Fama und Kenneth French (im Fama/French Forum vom 24.3.2015 [163]):

»Was kann man aus der Vergangenheitsperformance über ein, drei oder fünf Jahre lernen über die Fähigkeiten eines (Fonds-)Managers oder die zukünftige Entwicklung eines Investments?«

Antwort:

»Normalerweise so gut wie nichts!«

Damit hat Finanztest 2010 – militärisch ausgedrückt – eine Chance zum Generalrückzug auf haltbare Positionen verpasst. Immerhin schreibt Finanztest im Februar 2010 weiter über Rentenfonds:

> »Was Rentenfonds angeht: Die meisten Manager haben zwar nicht das Blaue vom Himmel gelogen, dennoch überzeugt uns ihre Leistung nicht. Sie verdienen viel Geld und schaffen es trotzdem oft nicht, für die Anleger mehr herauszuholen, als der Markt ohnehin abwirft. Hier lautet der Tipp: börsengehandelte Indexfonds.«

Absolut richtige Empfehlung! Konsequent wäre es doch nun gewesen, nur noch Renten-ETFs zu empfehlen. Aber das macht Finanztest nicht! Nach wie vor werden aktiv gemanagte Rentenfonds von ihr empfohlen und in den Tabellen abgedruckt. Wir haben weiter oben gesehen, wie schlecht sich ihre Rentenfondstipps aus den Jahren 2011 bis 2014 entwickelt haben, die sie trotz des obigen Eingeständnisses weiterhin gegeben hat. Und immer noch empfiehlt sie diese Zufallsgewinner: Im Heft 5/2016 z. B. werden in der Anlagekategorie »Rentenfonds Welt« nicht weniger als zehn aktiv gemanagte Rentenfonds (alle mit fünf Punkten bewertet) empfohlen, denen gerade mal ein Indexfonds (mit vier Punkten bewertet) gegenübersteht. Und die Kosten dieser Fonds spielen bei der Bewertung nach wie vor keinerlei Rolle! Nein, ich zitiere hier nicht noch mal Prof. Sharpe. Sie, lieber Leser, wissen ja nun selbst, dass die Kosten der einzige Parameter mit Vorhersagekraft bei Fonds sind.

Es ist ganz klar, was Finanztest im Sinne der Verbraucher tun sollte: die gesamten Fondsempfehlungen aktiv gemanagter Fonds einstampfen und fortan nur noch ihre »Pantoffelportfolios« [164] mit Indexfonds empfehlen! Je früher sie sich dazu durchringen kann, desto besser für alle!

8. Taugt das Feri-Rating mehr als die Finanztest-Fondsempfehlungen?

Wir werden im Rahmen dieses Buches das Morningstar- bzw. Lipper-Rating nicht weiter untersuchen, da Morningstar und Lipper ja zugeben, dass Ratings keine Vorhersagekraft haben. Aber eine Überprüfung der Feri-Fondsratings bin ich noch schuldig. Wir erinnern uns: Neben der Finanztest behauptet auch FeriEuroRating, dass ihre Fondsratings durch Blick in den Rückspiegel die Zukunft vorhersagen: »Fonds Ratings liefern somit nur dann echten Mehrwert, wenn sie Prognosegüte haben. Nicht jedes Rating kann dies für sich in Anspruch nehmen. Für das Feri Fondsrating ... kann dies klar und eindeutig nachgewiesen werden.« [30] Dieses Statement ist weit weniger offensiv, als es klingt. Wir haben ja schon in Kapitel 2 darauf hingewiesen, mit welch auffälliger Sorgfalt Feri seine Worte wählt: Nirgends findet sich die Aussage, dass die von Feri mit der Bestnote bewerteten Fonds besser als der Index sind! Immer werden nur Aussagen zur relativen Wertentwicklung der Fonds untereinander gemacht.

Die Überprüfung der Feri-Statements fällt schwerer als bei Finanztest. Erstens, weil nicht weniger als 1.553 Fonds (Stand: 31.1.2016) bei Feri als Topfonds der Kategorien A und B bewertet werden. Zweitens, weil die alten Feri-Fondsratings im Gegensatz zu den alten Finanztest-Empfehlungen nicht mehr online abrufbar sind. Schauen wir uns zunächst mal kurz die Feri-Ratingmethodik an.

Die Ratingmethodik von Feri

Das Feri-Fondsrating wird nach anfänglicher Hinzunahme qualitativer Kriterien ab einem Fondsalter von 60 Monaten zu einer rein quantitativen Bewertung der risikoadjustierten Vergangenheitsperformance – genau wie alle anderen kommerziellen Fondsratings und die Fondshitlisten der Finanztest. Feri gewichtet zu 70 % die Wertentwicklung und zu 30 % das Risiko. Die Feri-Ratings beruhen dabei auf der Fünfjahres-Performance.
Hm.
Und natürlich ignoriert Feri völlig die laufenden Kosten der Fonds. Gar nicht gut! Wir sehen also, dass die Feri-Methodik schon vom Ansatz her keinen Sinn macht. Deswegen verzichte ich auch darauf, noch näher auf die wortreiche Beschreibung einzugehen, die Feri den Details seines Ratings zuteil werden lässt. [165] Ich will dennoch konkret demonstrieren, dass die besten Fonds des Feri-Ratings von ihren Benchmarks abgehängt werden, und zwar auf drei Arten: durch Literaturstudium, durch Vergleich von aktuellen Lipper- und Feri-Ratings und durch Vergleich von historischen Finanztest- und Feri-Ratings.

Literaturstudium: Ich habe zwei deutschsprachige Untersuchungen gefunden, die sich mit dem Feri-Fondsrating befassen:[49] Juliette Heer hat das Feri-Rating 2003 zusammen mit den Fondsratings von Morningstar und Lipper in ihrer Studie »Fondsratings und Fondsrankings bei Selektion von Aktienfonds in der Schweiz« untersucht. [166] Ihre Ergebnisse:

- Sie findet eine hohe Korrelation zwischen den Methoden von Morningstar, Lipper und Feri.
- Ihr zusammenfassendes Urteil über alle Ratings ist ziemlich vernichtend und entspricht zu 100 % einer der Kernaussagen dieses Buches: »Die Resultate führen zum Schluss, dass Fondsrankings respektive Ratings nicht als Grundlage für Investitionsentscheidungen bei Aktienfonds geeignet sind ... Aufgrund dieser Ergebnisse muss davon ausgegangen werden, dass die

---

[49] Feri ist überwiegend im deutschsprachigen Raum aktiv, deshalb gibt es keine Untersuchungen aus dem angloamerikanischen Raum wie bei Morningstar.

Bedeutung von Fondsbewertungen in erster Linie in ihrer Verwendung als Marketinginstrument für die Fondsgesellschaften liegt.«

Robert Bölke hat in seiner Masterarbeit 2006 das Feri-Rating und andere Fondsratings untersucht. [167] Er nutzt dabei Angaben von Feri selbst aus dem Jahr 2005 und wählt drei »besonders repräsentative« Fondssektoren aus. Es sind die Aktienfondskategorien Europa, Nordamerika und Welt. Es werden die Wertentwicklungen der von Feri mit A, B bzw. C bewerteten Fonds im Vergleich zur jeweiligen Benchmark betrachtet. Dabei wird jeweils eine jährliche Umtauschstrategie angewendet, so dass z. B. beim Portfolio der von Feri mit A bewerteten »Topfonds« immer jährlich die abgewerteten Fonds durch »frische Topfonds« ersetzt werden. Also exakt analog der von mir getesteten Umtauschstrategie bei den Finanztest-Aktien- und Rentenfonds. Die Ergebnisse:

- Er bestätigt den relativen Vorsprung in der Wertentwicklung von A- und B-Fonds gegenüber C-Fonds, aber:
- Sowohl mit A als auch mit B bewertete Fonds werden von den entsprechenden Vergleichsindizes in allen drei Kategorien über sieben Jahre geschlagen.
- Sein abschließendes Urteil: »Überrenditen zum Index sind aber aufgrund des Feri-Ratings nicht möglich. Ein passives Index Investment schlägt auf lange Sicht die von Feri mit A bewerteten Investment Fonds.«

Feri- und Lipper-Ratings sind oft fast identisch

Feri gibt an, sein Fondsrating habe Vorhersagekraft, Lipper nimmt das für seine Fondsratings nicht in Anspruch. Aber unterscheiden sich die Ratings der beiden Anbieter für einen bestimmten Fonds überhaupt? Da Topfonds bei Feri und Lipper massenhaft auftreten, würde ein Vergleich aller von Feri topbewerteten Fonds den Rahmen dieses Buches sprengen. Selbst in großen Anlagekategorien wie Rentenfonds global oder Aktienfonds Welt gibt es bei Feri noch mehr als 150 Fonds mit A- und B-Rating. Wir greifen uns deshalb für unseren Vergleich stichprobenartig zwei kleine Anlagekategorien mit je ca. 10 Fonds heraus, eine im Bereich Aktien und eine im

Bereich Renten: In der Anlagekategorie Aktien wählen wir die Fonds, die im pazifischen Raum inklusive Japan investieren. Und in der Fondskategorie Renten wählen wir in Euro notierte Hochzinsanleihen von Unternehmen. Zusammen gibt es 20 Fonds in den beiden Kategorien, die bei Feri ein A- oder B-Rating haben (Stand: 9.3.2016). Wir vergleichen die Feri-Ratings dieser 20 Fonds mit den »Lipper Leaders«-Ratings für Gesamtertrag vom gleichen Tag. Sowohl das Feri- als auch das Lipper-Rating sind in fünf Stufen unterteilt und damit sehr gut vergleichbar: Ein A- bzw. B-Rating bei Feri entspricht also fünf bzw. vier Punkten bei Lipper. Die Ergebnisse sind in Tabelle 28 zusammengefasst.

Wie man der Tabelle entnehmen kann, sind die Ratings bei 17 der 20 Fonds absolut äquivalent. Nur in drei Fällen unterscheiden sich die Bewertungen um eine Kategorie. Das heißt im Klartext: Die Feri- und Lipper-Ratings sind kaum unterscheidbar. Besonders deutlich wird das, wenn man die Ratings in einen Score umrechnet. Zusammen gibt es für die 20 Fonds 84 Punkte bei Lipper und 87 bei Feri.[50]

Dies sind aktuelle Feri-Ratings. Wir wissen also noch nicht, wie die zukünftige Wertentwicklung dieser top-gerateten Fonds sein wird im Vergleich zur Benchmark. Schauen wir uns als Letztes einmal an, wie früher von Feri mit A/B bewertete Fonds nachfolgend abgeschnitten haben im Vergleich zu ihrer Benchmark. Dazu brauchen wir gar keine neue Analyse zu machen, denn wir haben 22 Feri-Topfonds schon in Kapitel 7 untersucht.

---

[50] Für den Score setzen wir einfach die Buchstaben des Feri-Ratings mit Zahlen gleich: A=5, B=4 Punkte usw. und summieren auf. Die mögliche Bandbreite des Scores wäre also 20 bis 100 Punkte. Besonders interessant: Das Lipper-Rating für Gesamtertrag ist ein reines Performance-Rating ohne irgendwelche Risikobetrachtungen. Die extrem ausgeprägte Parallele zum Feri-Rating zeigt, dass Letzteres offenbar noch mehr von der reinen Performance dominiert wird, als es Feri angibt (Feri gibt 70% Performance- und 30% Risikogewichtung an).

8. Taugt das Feri-Rating mehr als die Finanztest-Fondsempfehlungen?

Tabelle 28: Vergleich von Feri- und Lipper-Fondsratings (Stand: 9.3.2016)

Kategorie/Fondsname	ISIN	Rating Feri	Lipper*
Aktien Asien Pazifik inklusive Japan			
ABAKUS Asia Growth Fund	LU0245042808	B	4
BAWAG PSK JaPan-Asien Stock	AT0000746557	B	4
BGF Pacific Equity A2 USD	LU0035112944	B	4
Fidelity Funds - Pacific A-USD	LU0049112450	A	5
JPMorgan Pacific Equity A Dis USD	LU0052474979	A	5
KBC Equity Pacific Cap	BE0945957133	B	4
Lemanik Asian Opportunity Cap I EUR	LU0162046501	A	5
Matthews Asia Dividend A Acc USD	LU0491817952	A	5
Robeco Asia-Pacific Equities D EUR	LU0084617165	A	5
UniAsia	LU0037079034	B	4
ComStage MSCI Pacific ETF	LU0392495023	B	4
Renten EURO Corp. High Yield			
Candriam Bonds Euro High Yield C Cap	LU0012119607	A	5
Deutsche Invest I Euro High Yield Corp	LU0616839766	A	4
F&C European High Yield Bond A EUR	LU0153358402	B	3
HSBC GIF Euro High Yield Bond AC	LU0165128348	B	4
JPM Europe High Yield Bond A Inc	LU0091079839	B	3
Lazard European HighYield	DE0005319016	B(ur)	4
Nordea 1 - Eur. High Yield Bond BP	LU0141799501	B	4
Robeco European High Yield Bonds DH	LU0226953981	B	4
Zantke Euro High Yield AMI P(a)	DE000A0YAX56	B	4
Score (min: 20, max: 100)		87	84

*Lipper-Rating für Gesamtertrag

Feri und Finanztest empfehlen dieselben Fonds – mit denselben schlechten Ergebnissen!

Feri hinterlässt – wie gesagt – auf seiner Website keine Spuren seiner alten Ratings. Zum Glück hinterlässt Feri aber eine solche Spur über seine jährlichen »Feri Fonds Guides«. Ich bestellte mir also einen alten Fonds-Guide von 2009 und wollte mich gerade an die Arbeit machen, da fiel mir auf, dass der Datenstand dieses Fonds Guides Juni 2008 ist. [30] Da ich schon die Finanztest-Fondsempfehlungen vom Dezember 2007 getestet hatte, brauchte ich nur noch die zeitlich naheliegenden Feri-Ratings und die (schon für schlecht befundenen) Finanztest-Fondsempfehlungen zu vergleichen.

Von den bis heute 26 überlebenden »besten Aktienfonds« aus dem Finanztest-Dezemberheft 2007 erhielten von Feri 14 Fonds im Juni 2008 ein A-Rating und 8 ein B-Rating (4 Finanztest-Fonds sind nicht im Feri-Rating vorhanden). Das heißt, alle Finanztest-Fondsemfehlungen sind in den beiden besten der fünf Ratingkategorien von Feri. Die Mehrzahl ist sogar mir A geratet. Kein einziger der Finanztest-Topfonds – die nachfolgend so umfassend von der Benchmark geschlagen wurden (vgl. Seite 149 ff.) – hat ein durchschnittliches oder unterdurchschnittliches Feri-Rating! Nimmt man die vier nicht von Feri bewerteten Finanztest-Topfonds aus der Statistik, so kommt man zu den in Tabelle 29 angegebenen relativen Wertentwicklungen der Finanztest-Topfonds mit Feri-Topratings.

Tabelle 29: Relative Wertentwicklung der 26 Finanztest-Topfonds Dez. 2007 und Feri-Topfonds Juni 2008 [30]

	Relative Performance gegenüber den Morningstar Benchmarks							
	2008	2009	2010	2011	2012	2013	2014	2015
Durchschnitt aller Fonds	-4,17	3,90	-1,37	-8,51	-2,74	-3,10	-7,73	-0,49
Durchschnitt aller Fonds mit Feri A/B Rating	-4,43	4,47	0,38	-8,54	-2,83	-4,04	-7,06	-0,71

Wie wir sehen, gibt es kaum Veränderungen: Die Feri-Topfonds werden eindeutig von ihren Morningstar-Benchmarks abgehängt.

Ich denke, damit haben wir genügend Beweise gesammelt, um das Feri-Rating zu den Akten zu legen. Ich habe zwar gewisse Zweifel, dass Feri-A- und B-Fonds überhaupt, wie behauptet, immer die Feri-Fonds C, D und E schlagen. Aber es lohnt gar nicht, weitere Zeit mit der Untersuchung dieser Frage zu verschwenden. Denn eins ist klar:

Feri-Topfonds werden von ihren Benchmarks im Schnitt ebenso geschlagen wie die topbewerteten Fonds von Morningstar, Lipper und der Finanztest.

9. Die Resultate der Fondslüge: Die größten deutschen Publikumsfonds
Wie verwalten sie unser Geld?

Wir haben gesehen, dass die Fonds, in die unser Geld fließt, nach falschen Kriterien ausgewählt werden. Manche Fonds, die so massenhaft nach Vergangenheitsperformance empfohlen und vermarktet werden, erreichen eine enorme Größe von etlichen Milliarden Euro. Ihre Wertentwicklung hat einen wesentlichen Einfluss auf das finanzielle Wohlergehen deutscher Anleger. Deshalb werden wir uns in diesem Kapitel einmal anschauen, wie sich die größten Publikumsfonds in Deutschland in den letzten Jahren geschlagen haben. Wir berücksichtigen dabei die wichtigsten Anlagekategorien, also Aktien-, Renten- und Mischfonds. In diesen Fondskategorien stecken über 82 % aller von Privatanlegern in Deutschland in Fonds angelegten Gelder. [48] Die anderen Fondskategorien (Immobilienfonds, Garantiefonds, Geldmarktfonds usw.) lassen wir außen vor. Einerseits, weil es verschiedene Probleme gibt, die Wertentwicklung dieser Fonds zu beurteilen,[51] andererseits, weil sie zusammen nur 18 % des Anlagevolumens repräsentieren. Natürlich gibt es auch bei den größten Fonds eine Verteilung der Wertentwicklungen. Manche sind besser gelaufen als andere. Wir betrachten zuerst vier Fonds individuell:

---

[51] So sind z. B. Immobilienfonds nicht mit Immobilien-ETFs vergleichbar, da sie im Gegensatz zu diesen direkt in Immobilien investieren. Bei Garantiefonds gibt es ganz unterschiedliche Arten der Garantie, wie Höchststand-Garantie oder Kapitalgarantie zur Endfälligkeit, die die Vergleichbarkeit erschweren.

- den DWS Vermögensbildungsfonds I, weil sein langjähriger Manager der wohl immer noch bekannteste Fondsmanager Deutschlands ist,
- den Carmignac Patrimoine, weil er der mit Abstand größte Publikumsfonds in Deutschland ist,
- den Uniglobal/Uniglobal Vorsorge und den UniEuroRenta, weil sie die Bestandteile nicht nur des meistverkauften Riester-Fondssparplans, sondern sogar des meistverkauften Riesterprodukts überhaupt sind.

Abschließend betrachten wir die Wertentwicklung aller zwölf größten Fonds in den drei wichtigsten Anlagekategorien.

Hoffentlich merkt's keiner: Der drittgrößte deutsche Aktienfonds verliert die letzten sieben Jahre 3,8 % pro Jahr auf den Index

Der **DWS Vermögensbildungsfonds I** (WKN 847652) gehört zu den bekanntesten deutschen Fonds. Mit einem Anlagevolumen von 6,359 Milliarden Euro ([168], Stand: 16.2.2016) ist er mit knappem Rückstand der drittgrößte in Deutschland vertriebene Aktienfonds. Warum? Betrachtet man die Wertentwicklung des Fonds, der weltweit in Aktien investiert, seit 2009 (so weit reichte die Morningstar-Datenbank zum Zeitpunkt unserer Untersuchung zurück), findet man keinerlei Erklärung für die Größe des Fonds. Laut Morningstar hat der Fonds in den Jahren 2009 bis 2015 nicht nur seine Benchmark, den MSCI World, um satte 3,79 % pro Jahr unterboten. Schlimmer noch, er ist sogar deutlich schlechter als der Durchschnitt der Fonds in seiner Kategorie. Der »Blinde unter den Einäugigen« sozusagen. Gegenüber der Durchschnittsfonds-Kategorie hat er 2,48 % pro Jahr eingebüßt.[52]

Tabelle 30 zeigt, dass der Fonds seit 2009 in sechs von acht Jahren sowohl dem MSCI World als auch dem Durchschnitt seiner Kategorie teilweise drastisch hinterherläuft: -26,5 % und -17,4 % sind 2009 bis 2015

---

[52] Der Verlust von 3,79 % auf den MSCI World entspricht exakt dem tatsächlich vom Fonds erzielten Anlage-»Erfolg«. Der Verlust auf die Kategorie ist in der Realität geringer aufgrund des Survivorship Bias der Datenbank (vgl. Seite 57 ff).

9. Die Resultate der Fondslüge: Die größten deutschen Publikumsfonds

die kumulierten Verluste auf Benchmark und Fondskategorie-Durchschnitt.

Tabelle 30: Wertentwicklung (in %) des DWS Vermögensbildungsfonds I

	2009	2010	2011	2012	2013	2014	2015	2016 31. Jan	2009–2015
Wertentwicklung	23,12	8,81	-11,04	11,10	16,76	19,93	11,55	-9,12	54,60
+/- Kategorie	-5,47	-7,90	-3,21	-1,18	-0,78	4,75	2,72	-2,33	-17,38
+/- Benchmark	-2,82	-10,72	-8,66	-2,95	-4,44	0,43	1,13	-3,51	-26,50

Quelle Morningstar, Stand: 31.1.2016

Offensichtlich ein grottenschlechter Underperformer. Warum um alles in der Welt investieren dann so viele Leute ihr Geld in diesen Fonds? Dafür gibt es vermutlich zwei Erklärungen:

- Es handelt sich um einen ehemaligen »Topfonds«, der massenhaft empfohlen und auf Provisionsbasis verkauft wurde.
- Die meisten Anleger merken wohl gar nicht, was für eine schlechte **relative** Wertentwicklung der Fonds seit 2009 hatte, da die Börsen weltweit zwischen 2009 und 2015 meist kräftig gestiegen sind und absolut gesehen der Fonds deshalb deutlich im Plus ist.

Relativ zur Benchmark ist der Fonds aber seit 2009 eine riesige Geldvernichtungsmaschine.

Die Geschichte

1999 bis 2008: Der DWS Vermögensbildungsfonds I ist eine Lizenz zum Gelddrucken! Zwischen 1999 und 2008 gelang es dem seit 1994 im Amt befindlichen Fondsmanager Klaus Kaldermorgen, den MSCI World in acht von zehn Jahren zu schlagen. Herr Kaldermorgen, der vermutlich immer noch bekannteste Fondsmanager Deutschlands, hat in seinem besten Jahr 1999 mit Technologie-, Telekom- und Internetaktien (TTI-Aktien) eine Wertentwicklung von ca. 90 % »hingelegt« und seine Benchmark, den MSCI World, der im Vergleich bescheidene 37 % gewann, geradezu pulverisiert. Das alleine wäre aber nicht besonders erwähnenswert. Damals gab es Dutzende solcher Fonds, die mit TTI-Aktien stellare Wertentwicklungen hinlegten. Viele von ihnen waren aber reine TTI-Fonds, die nur in diese drei Sektoren investieren konnten. Diese wenig diversifizierten Branchenfonds hatten deshalb keine Chance, dem Platzen der Bewertungsblase bei diesen Aktien ab März 2003 zu entgehen. Herr Kaldermorgen schon. Es stand ihm frei, auch langweilige, relativ niedrig bewertete Nicht-Technologie-Aktien zu kaufen. Diese waren nämlich viel tiefer bewertet in Relation zu ihren Gewinnen. Dass die Bewertung vieler TTI-Aktien irrational war, stand Anfang 2000 kurz vor dem Platzen der Blase zwar außer Frage. Aber daraus als Investor oder Fondsmanager Kapital zu schlagen, war trotzdem nicht trivial.

Die Blase hätte ja auch schon viel früher platzen können, tat es aber nicht. Der damalige Chef der amerikanischen Notenbank Alan Greenspan hatte z. B. schon Ende 1996 in einer Rede mit Blick auf die Börsen den Ausdruck »irrational exuberance«, zu Deutsch etwa »irrationaler Überschwang« gesprochen[169],[53] aber der TTI-Börsenboom beschleunigte sich von 1997 bis 2000 sogar noch. Viele bekannte Investoren – unter ihnen Warren Buffet – verpassten den TTI-Boom, weil ihnen die stratosphärischen Bewertungen in diesen Sektoren zu irrational waren. Obwohl sie die Argumente auf ihrer Seite hatten, durchlebten sie ganz schlechte Jahre der Underperformance.[54]

Die erfolgreichsten Investoren und Fondsmanager waren die, die den Boom bis zu seinem Ende mitmachten und weder zu früh noch zu spät, sondern ungefähr zum richtigen Zeitpunkt umsattelten, nämlich raus aus den TTI-Aktien gingen und wieder vermehrt in konservative Substanzaktien investierten. Genau das hat Herr Kaldermorgen im Gegensatz zu vielen seiner Kollegen ungefähr hinbekommen. Auch in den folgenden Jahren bis 2008 war er meist besser als der Index, wenngleich nie mehr auch nur annähernd so ausgeprägt wie 1999. Die große Frage ist natürlich, ob seine Gewinnserie durch Glück oder Können zustande kam. 2008 hät-

---

[53] »Irrational exuberance« ist auch der Titel eines Bestseller von Nobelpreisträger Robert J. Shiller, der exakt zum Zeitpunkt des Platzens der Technologieblase im März 2003 veröffentlicht wurde. Der Titel nimmt jedoch Bezug auf die Rede von Greenspan.

[54] Es gibt dazu ein sehr bekanntes Zitat von John Maynard Keynes, dem berühmten britischen Ökonomen: »The market can remain irrational longer than you can remain solvent.«

te man diese Frage nicht beantworten können. Weder Prof. Sharpe noch Prof. Fama oder andere führende Wirtschaftswissenschaftler schließen ja aus, dass es Fondsmanager mit Können gibt.

Es ging aber weiter mit dem Fonds. Und wir wissen schon wie. Viele behaupten, die Wertentwicklung eines Fonds werde hauptsächlich von seinem Fondsmanager bestimmt. Der nachfolgende Absturz erfolgte aber mit demselben Fondsmanager! Herr Kaldermorgen blieb noch bis Anfang 2013 im Amt. So kann man wohl die Frage nach Glück oder Können für Herrn Kaldermorgen spätestens seit 2013 beantworten.

Wer 1999 bis 2008 in diesen Fonds investiert hat, ist enorm gut damit gefahren. Wer anschließend dabei war, hat aber enorm viel weniger Geld verdient, als wenn er einfach einen Indexfonds auf den MSCI World gehalten hätte. Manche Leute werden argumentieren, das sei nicht so schlimm, da ja ein absoluter Gewinn herauskam. Rein anlegerpsychologisch ist da was dran, da man ja absolute Verluste viel schwerer erträgt als relative Verluste auf den Index. Objektiv betrachtet ist das jedoch nicht korrekt. Es kann immer nur die relative Entwicklung zur Benchmark zählen. Wer in den guten Aktienmarktjahren nicht voll profitiert, leidet in den Krisenjahren umso mehr. Dass die Märkte 2009 bis 2015 fast immer nur nach oben liefen, ist reiner Zufall. Und auch im schlechten Aktienjahr 2011 war der Fonds deutlich schlechter als der Index.

Die Geldvernichtungsmaschine DWS Vermögensbildungsfonds I: Die Bilanz 1/2009– 12/2015: Der Fonds hatte in den letzten sieben Jahren ein durchschnittliches Anlagevolumen von ca. 5 Milliarden Euro. [170] Basierend darauf kann man die relative Geldvernichtung berechnen:

- Die DWS nahm Anfang 2009 bis Ende 2015 in etwa 500 Millionen an Gebühren allein durch die laufenden Kosten von 1,45 % p. a. ein und lieferte dafür einen jährlichen Verlust von 3,79 % auf den Index.

Der älteste mir bekannte Wert für das Anlagevermögen ist vom 19.11. 2010: 5,105 Milliarden Euro.[55] Gehen wir konservativ davon aus, dass

---

[55] Man kann solche Werte mit der »Wayback Machine« recherchieren, [227] mit deren Hilfe man alte Versionen von Websites abrufen kann. Unter www.moneyspecial.de gibt es eine

zum 1.1.2009 genau vier Milliarden investiert waren, kann man den Verlust der Anleger näherungsweise berechnen:

- Hätte der Fonds statt seiner Performance von 54,6 % die der Benchmark (81,1 %) gehabt, so wären mehr als eine Milliarde an zusätzlichen Gewinnen angefallen! Das ist der ungefähre Schaden, den das aktive Fondsmanagement in dieser Zeitperiode angerichtet hat.

Übrigens ist beim DWS Vermögensbildungsfonds I seit dem Fondsmanagerwechsel 2013 eine klare Tendenz in Richtung verkappter Indexfonds zu beobachten. Alle drei Messgrößen für aktives Management (»Active Share«, »Tracking Error« und Bestimmtheitsmaß, vgl. Seite 40) sind seit dem Abgang von Klaus Kaldermorgen drastisch gesunken. Der Fonds hatte unter seinem neuen Fondsmanager Andre Köttner[56] 2015 nur noch einen Tracking Error von 2,86 % [171] – ein sehr niedriger Wert, typisch für einen heimlichen Indexfonds.

Der größte Publikumsfonds in Deutschland: Schon seit 2009 eine gigantische Geldvernichtungsmaschine

Der Mischfonds Carmignac Patrimoine (WKN A0DPW0) wird in Deutschland seit vielen Jahren vertrieben. Er ist mit über 24,7 Milliarden Euro (Stand: 30.3.2016) in Deutschland seit Jahren der größte Publikumsfonds überhaupt. Warum? Die Begründung gleicht der schon beim DWS Vermögensbildungsfonds I gegebenen: Es ist ein Fonds, der eine längere Zeit seine Benchmark deutlich geschlagen hat, nur um anschließend langjährig dramatisch schlechter als eben diese Benchmark abzuschneiden. In den Jahren 2007/2008, also kurz vor und während der Finanzkrise, hat der Fonds eine stattliche Outperformance erwirtschaftet. Der Fonds war deshalb natürlich auch in den von uns untersuchten Hitlisten der Finanztest (Kategorie Mischfonds). Fakt ist aber auch: Der

---

Liste mit den größten deutschen Fonds. Diese wurde am 22.11.2010 zum ersten Mal von der Wayback Machine archiviert. [228]

[56] Der vormals mit dem Uniglobal einen Fonds managte, der noch mehr hart an der Grenze zum verkappten Indexfonds gemanagt wird (vgl. nächstes Unterkapitel).

9. Die Resultate der Fondslüge: Die größten deutschen Publikumsfonds 177

Fonds wurde in jedem einzelnen Jahr von 2009 bis 2015 von seiner Morningstar-Benchmark geschlagen. 2016 schickt sich an, das achte Jahr in dieser unrühmlichen Reihe zu werden. Tabelle 31 zeigt, wie schlecht das Fondsmanagement seit geraumer Zeit das ihm anvertraute Geld anlegt.

Tabelle 31: Wertentwicklung (in %) des Carmignac Patrimoine

	2009	2010	2011	2012	2013	2014	2015	2016 31. Mrz	2009–2015	2009–2015 (p. a.)
Wertentwicklung	17,59	6,93	1,24	10,7	1,94	13,07	1,54	-2.20	61.30	8.76
+/- Benchmark	-1,04	-4,35	-1,03	-7,80	-6,94	-6,37	-4,91	-1,55	-29,55	-4,22

Quelle: Morningstar, Stand: 31.3.2016, Kategorie (Morningstar): Mischfonds EUR ausgewogen – Global, Benchmark: Morningstar-Benchmark (50% Barclays Euro Aggregate /50% FTSE World)

Die Tatsache, dass der Fonds nun schon über sieben Jahre hintereinander im Schnitt über 4,2% pro Jahr hinter seiner Benchmark zurückbleibt, ist ein klarer Hinweis, dass es sich um einen typischen Zufallsgewinner der Vergangenheit handelt, der in der Periode von Mitte 2007 bis Anfang 2009 und in den Zeiträumen davor einfach nur Glück hatte.[57] Der Carmignac Patrimoine fügt sich mit dieser Bilanz der letzten sieben Jahre nahtlos in die Desaster-Kategorie der Mischfonds ein, die sich ja unter den aktiv gemanagten Fonds die »silberne Zitrone« verdient haben (vgl. Seite 54 ff.).

Die Geschichten gleichen sich: Erst der DWS Vermögensbildungsfonds I und nun der Carmignac Patrimoine. Keine zufällig ausgewählten Fonds, sondern absolute Schwergewichte bei den Publikumsfonds. Fonds, in die gutgläubige Privatanleger – den falschen Ratschlägen von Finanztest, Bankenberatern und Fondsratern folgend – viele Milliarden Euro investiert haben. Das Schlimmste dabei immer: Viele Anleger merken gar nicht, wie schlecht diese Fonds ihr Geld verwalten – zumindest solange die Wertentwicklung der Fonds insgesamt positiv ist. Sonst wären diese Fonds nicht immer noch so unglaublich riesig.

Wir wollen den Schaden wiederum möglichst genau abschätzen, den der größte deutsche Publikumsfonds anrichtet: Wie viel Anlegergeld hat

---

[57] Mir liegen nur Daten bis zum Jahr 2006 vor (2006 bis 2008 nur graphisch). Ich weiß nicht quantitativ, wie die Performance vor dieser Zeit war. Es ist klar – angesichts der Größe des Fonds –, dass er vor 2006 vermutlich ebenfalls eine Zeitlang eine überdurchschnittliche Wertentwicklung hatte.

das Fondsmanagement des Carmignac Patrimoine in den letzten Jahren durch hohe Gebühren und schlechtes Fondsmanagement verbrannt?[58] Das kann man zumindest für die letzten fünf Jahre ziemlich genau näherungsweise berechnen: Wir kennen die prozentualen jährlichen Wertentwicklungen des Fonds. Mit Hilfe der Wayback Machine können wir auch das von Anfang 2011 bis heute durchschnittlich im Carmignac Patrimoine investierte Geld sehr gut abschätzen. [170] Es handelt sich um einen Betrag von etwa 26,5 Milliarden Euro.

Für unsere Berechnungen für die fünf vollen Jahre von 2011 bis 2015 gehen wir sicherheitshalber nur von einer durchschnittlichen Größe des Fonds von 25 Milliarden Euro in dieser Zeitspanne aus. Damit sollten wir auf der sicheren Seite sein. Wir nehmen nun einfach an, dass immer zu Beginn jedes Jahres 25 Milliarden Euro im Fonds investiert waren. Damit können wir die jährlichen Wertsteigerungen in Euro ausrechnen. Nun müssen wir diese Werte nur noch mit einer investierbaren Indexfondslösung vergleichen. Dazu nehmen wir wieder die beiden ETFs, die wir schon bei der Analyse der Finanztest-Mischfondstipps verwendet haben (vgl. Seite 146 ff.).[59] Da der Carmignac Patrimoine ein ausgewogener Mischfonds ist, mischen wir die beiden ETFs 50 %/50 % und berechnen zunächst die Wertentwicklungen der ETF-Mischung in Prozent und danach – mit ebenfalls 25 Milliarden Anlagegeldern zu Beginn jedes Jahres – die Wertentwicklungen in Euro. Dann müssen wir nur noch die Differenz der Wertentwicklungen zwischen Carmignac Patrimoine und der ETF-Mischung bilden. Wer die Ergebnisse in Tabelle 32 betrachtet, »fällt vom Glauben ab«!

---

58 Sicher – absolut betrachtet ist der Fonds in dieser Zeitperiode gestiegen. Aber ich definiere Geldverbrennung immer als Verlust gegenüber der Benchmark. In Zeiten steigender Märkte bedeutet das einen geringeren Gewinn, in schlechten Marktphasen einen größeren Verlust.

59 Den db x-trackers MSCI World (WKN DBX1MW) für die Aktien und den Lyxor EuroMTS ALL-Maturity Invest Grade (WKN A0DPW0) für die Anleihen.

Tabelle 32: Die Geldvernichtungsmaschine Carmignac Patrimoine

	WKN	Wertentwicklungen in Mrd. Euro					
		2011	2012	2013	2014	2015	2011–15
Carmignac Patrimoine	A0DPW0	-0.190	1.355	0.883	2.203	0.180	4.430
ETFs 50/50*	DBX1MW/A0DPW0	-0.241	2.920	2.920	4.136	1.530	11.274
Differenz		0.051	-1.565	-2.046	-1.934	-1.350	-6.844

Lyxor EuroMTS ALL-Maturity Invest Grade ETF und db x-trackers MSCI World Index ETF

Über fünf Jahre sind den Anlegern des Fonds annäherungsweise knapp sieben Milliarden Euro an Rendite entgangen! Sicher – der Fonds ist absolut betrachtet gestiegen. Aber die enormen Verluste auf eine völlig äquivalente Mischung von zwei kostengünstigen Indexfonds sind so enorm, dass man den größten deutschen Publikumsfonds nur als größte Geldvernichtungsmaschine unter den in Deutschland für Privatanleger zugelassenen Fonds bezeichnen kann. Diesen Titel verteidigt der Fonds schon mindestens fünf, mit hoher Wahrscheinlichkeit schon sieben Jahre! Für das Fondsmanagement ist der Fonds natürlich das genaue Gegenteil: eine nahezu unbegrenzte Lizenz zum Gelddrucken. Im selben Zeitraum der letzten fünf Jahre hat das Fondsmanagement für seine »Leistung« mal eben etwa 2,1 Milliarden Euro nur über die jährlichen laufenden Kosten von 1,68 % einkassiert!

Uniglobal: Gebühren-Abzocke nach Genossenschaftsart – 100 % Gebühren für 2 % Abweichung vom Index

Das Flaggschiff der genossenschaftlichen Fondsgesellschaft Union Investment im Bereich Aktien ist der Uniglobal (WKN 849105). Die genossenschaftlichen Bankberater haben ihn als Aktienkomponente des meistverkauften Riester-Fondssparplans »UniProfiRente« 1,8 Millionen Mal auf Provisionsbasis verkauft, deshalb war er Mitte 2015 auf über zwölf Milliarden Euro angewachsen. Da entschied Union Investment, dass die Größe des Fonds »den Handlungsspielraum von Fondsmanager Gunther Kramert begrenzt« und er fast nur noch in die Aktien sehr großer Unternehmen investieren könne. Angeblich deshalb wurden vom Fonds am 31.7.2015 etwa zwei Drittel abgespalten und in den neuen Riester-Fonds Uniglobal Vorsorge (WKN A1C81G) übertragen. [172]

Offensichtlich spielte aber noch ein weiterer Grund eine Rolle. Dieser Grund hat zu tun mit der Kapitalgarantie, die alle Riesterprodukte zu Beginn der Rentenphase geben müssen: In der Finanzkrise 2008 fiel der Uniglobal um ca. 46 %, was bedeutete, dass die angelegten Gelder vieler älterer Riester-Fondssparplan-Investoren des UniProfiRente zwangsweise in die Rentenkomponente UniEuroRenta (vgl. Seite 184 ff.) umgeschichtet wurden, um den gesetzlich vorgeschriebenen Kapitalerhalt zu sichern. Oft blieben ihre Gelder auch dauerhaft dort. So mussten diese Leute zusehen, wie ihre Uniglobal-Anteile in der Krise zu niedrigen Preisen verkauft wurden und anschließend im UniEuroRenta – einem notorisch seine Benchmark unterbietenden Fonds – dahindümpelten, während der Uniglobal nach der Krise wieder kräftig stieg. Hier sieht man, wie die meines Erachtens unnötige Riester-Kapitalgarantie zu einer für die Anleger schädlichen prozyklischen Umschichtung geführt hat. Der neue Fonds Uniglobal Vorsorge soll dieses Problem angehen. Ob das funktioniert, ist allerdings sehr fraglich ([173], siehe auch unten). Schauen wir uns zunächst jedoch die Wertentwicklung des Uniglobal an (Tabelle 33).

Tabelle 33: Wertentwicklung (in %) des Uniglobal

	2009	2010	2011	2012	2013	2014	2015	2016 31. Mrz	2009–2015	2009–2015 (p.a.)	2010–2015	2010–2015 (p.a.)
Wertentwicklung	17,59	6,93	1,24	10,7	1,94	13,07	1,54	-2,20	61,30	8,76		
+/- Benchmark	6,51	-1,26	-0,47	-2,00	-2,98	-2,89	1,79	-0,60	-2,21	-0,32	-7,02	-1,17
Marktnähe					95 %	95 %	97 %	98 %				

Quelle: Morningstar, Benchmark: MSCI World, Marktnähe definiert als Bestimmtheitsmaß R^2, 2013–2015: jeweils zum 31.12. des Jahres (Quellen: Finanztest, Morningstar)

Wie wir sehen, ist das Bild nicht so trübe wie bei den beiden bisher betrachteten Fonds. Von 2009 bis 2015 resultiert nur ein kleines Minus auf den MSCI World von 2,21 %. Der Fonds zehrt allerdings von einem sehr guten Jahr, 2009, in dem er über 6,5 % besser als seine Benchmark, der MSCI World, gelaufen ist. Auch in den Jahren 2006 bis 2008 war er überdurchschnittlich in der Wertentwicklung, genaue Zahlenwerte liegen

9. Die Resultate der Fondslüge: Die größten deutschen Publikumsfonds

mir aber nicht vor. Das war allerdings unter einem anderen Fondsmanager und ist schon ziemlich lange her. In den Jahren 2010 bis 2015 dagegen wurde der Uniglobal in fünf von sechs Jahren vom Index abgehängt, und auch 2016 hat schlecht angefangen. Die beiden aktuellen Fondsmanager sind laut Morningstar seit Ende 2012 im Amt. [174] Ihr Track Record: -1,37 % p. a. aus dem Index in den drei Jahren 2013 bis 2015 und -0,6 % bis 31.3.2016.

Was beim Uniglobal auffällt, ist nicht wie bei den anderen bisher untersuchten Mega-Fonds eine außerordentlich schlechte Performance. Was auffällt, ist seine bedenkliche Strategie, eine außerordentlich schlechte Performance zu vermeiden. Wir kennen diese Strategie bereits: Der Uniglobal operiert zumindest in den letzten Jahren hart an der Grenze zum verkappten Indexfonds (vgl. Seite 38 ff.). Seine Fondsmanager umarmen regelrecht den MSCI World, ohne ausgeprägtes aktives Management vorzunehmen. Der Fonds erreicht eine Nähe zur Benchmark, die eher typisch für einen Indexfonds ist.

In den drei Jahren 2013 bis 2015 hat er eine Marktnähe (definiert über das Bestimmtheitsmaß) von 95 bis 97 %. Das bedeutet, man kann 95 bis 97 % der Wertentwicklung des Fonds durch die Wertentwicklung des MSCI World erklären. Tendenz steigend. Laut Morningstar erreicht der aktuelle Wert (Stand: 31.3.2016) sogar 98 %! [175] Jeder Wert von über 95 % ist ein klares Indiz für einen heimlichen Indexfonds. [176] Morningstar hat 2015 auch die Tracking Errors von großen Aktienfonds untersucht. Der Uniglobal hat demnach einen Tracking Error von gerade mal 1,99 % für die drei Jahre von 4/2013 bis 4/2015. Damit erfüllt der Uniglobal zwei der drei Kriterien, die die Europäische Wertpapier- und Marktaufsichtsbehörde ESMA als Indikatoren für heimliche Indexfonds nennt.[60]

---

[60] Die drei Kriterien für einen verkappten Indexfonds laut einem Statement der ESMA vom Februar 2016 [229] sind: Ein Bestimmtheitsmaß größer als 95 %, ein Tracking Error von kleiner als 3 % und ein Active Share von kleiner als 60 %.

Abbildung 16: Einjahres- und Dreijahrescharts von Uniglobal und MSCI World (in %)

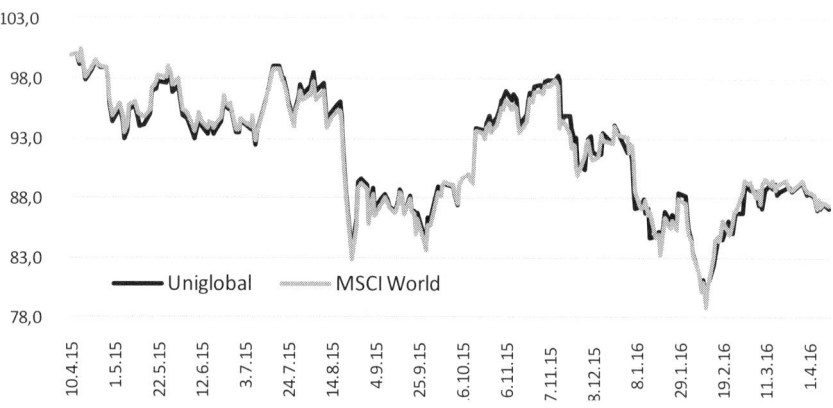

Quelle: Eigene Darstellung nach täglichen Kursdaten von Comdirect

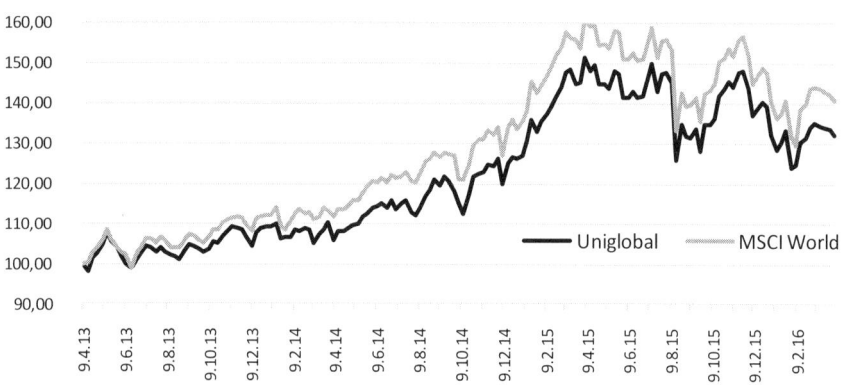

Quelle: Eigene Darstellung nach wöchentlichen Kursdaten von Comdirect

Der Chart über ein Jahr macht deutlich, wie sehr der Uniglobal am Index »klebt«. Über drei Jahre sieht man den Einfluss der Kosten: Der Uniglobal bewegt sich immer noch fast gleich wie der Index, fällt jedoch durch seine laufenden Kosten langsam, aber sicher zurück.

Der Uniglobal kassiert nämlich nicht nur 0,15 bis 0,5 % wie die 13 echten in Deutschland für Privatanleger zugänglichen »MSCI World«-Indexfonds. [177] Er kassiert satte 1,46 % pro Jahr. Also das Drei- bis Zehnfache! 0,96 bis 1,31 % mehr für eine Abweichung vom Index von 2 %? Das ist für mich kein aktives Management mehr, das ist Gebühren-Abzocke. Rechnen wir einmal aus, was die genossenschaftlichen Fondsmanager für den minimalen Aufwand, den sie betreiben, kassieren: Im Jahr 2014 waren im Uniglobal im Schnitt mehr als 10 Milliarden Euro investiert. 0,96 bis 1,31 % davon sind 96 bis 131 Millionen Euro!

Und die Riestersparer des Uniglobal Vorsorge? Etwa 8,4 Milliarden Euro sind am 31.7.2015 in diese neue »Variante« des Uniglobal übertragen worden. Wobei der neue Fonds alles andere als nur eine Riestervariante des Uniglobals ist. Dieser Fonds legt nämlich nicht 100 % in Aktien an, sondern je nach Markteinschätzung zwischen 51 und 120 %. Die Steuerung der Aktienquote erfolgt über Derivate. Da stellt sich schon sehr die Frage, ob dieser laut Fondsprospekt auf Trendindikatoren basierende Versuch, den Markt zu timen, funktionieren wird. Und ob das noch ein normaler Aktienfonds ist wie der Uniglobal.

Morningstar verneint dies offenbar und verwendet als Benchmark nicht mehr wie beim Uniglobal den MSCI World, sondern behandelt den Uniglobal Vorsorge wie einen ausgewogenen Mischfonds und vergleicht ihn mit der Benchmark für globale ausgewogene Mischfonds. Ob das die richtige Benchmark ist, lasse ich mal dahingestellt. Auf alle Fälle ist die Aktienquote des Uniglobal offensichtlich im Schnitt deutlich unter 100 %, da er seit seiner Einführung immer zurückfällt, wenn der Markt steigt. Er gewinnt zwar dadurch auch, wenn der Markt fällt, aber da Aktienmärkte nun mal langfristig häufiger steigen als fallen, wird sich das vermutlich negativ auf seine mittel- bis langfristige Rendite auswirken. Schlecht für die jüngeren UniProfiRente-Investoren mit hoher Risikofähigkeit, die sich für dieses Produkt gerade wegen der hundertprozentigen Aktienquote entschieden haben.

Man sieht das schon jetzt. Es ist zwar noch nicht viel Zeit vergangen seit der Abspaltung, aber der Uniglobal Vorsorge hat sich in den neun Monaten seiner Existenz schlechter als der MSCI World und – im Vergleich zur Morningstar-Benchmark – sogar massiv schlechter entwickelt (Abbildung 17, Stand: 31.3.2016).

Abbildung 17: Wertentwicklung (in %) des Uniglobal Vorsorge im Vergleich zur Morningstar-Benchmark und zum MSCI World

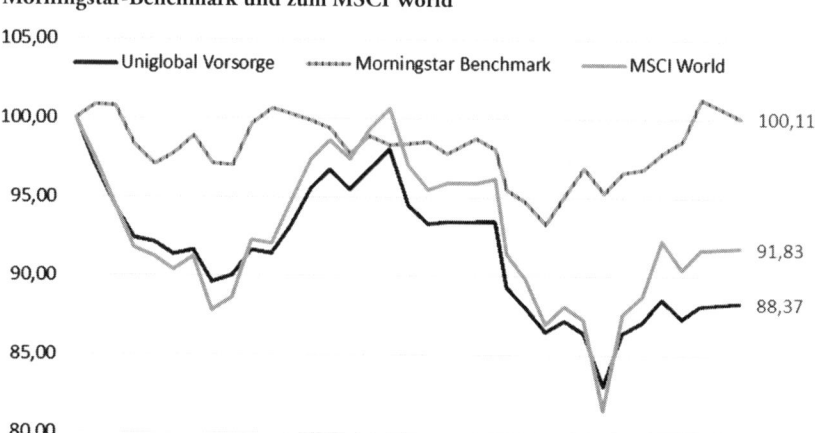

Quelle: Eigene Darstellung aus Kursdaten von Comdirect

Schlechte Ergebnisse mit Konstanz: Der UniEuroRenta

Die Anleger in Rentenfonds suchen zumeist eins: eine konstante Wertentwicklung. Der UniEuroRenta (WKN 849106) der genossenschaftlichen Fondsgesellschaft Union Investment bietet das: Eine konstante Wertentwicklung. Vor allem aber: eine konstant *schlechte* Wertentwicklung! In den sieben Jahren von 2009 bis 2015 wurde der Fonds fünfmal von seiner Morningstar-Benchmark abgehängt.[61] Und 2016 sieht es bislang nicht besser aus: 1,3 % relativen Verlust haben die genossenschaftlichen Fondsmanager bis Ende März schon »erwirtschaftet«. Sie haben also noch eine Chance, die Jahre 2012 und 2014 zu toppen, in denen sie jeweils über 5 % hinter den Index zurückfielen. Tabelle 34 zeigt die Details.

---

[61] Die Benchmark ist der uns schon aus Kapitel 7 bekannte Barclays Euro Aggregate Bond Index.

9. Die Resultate der Fondslüge: Die größten deutschen Publikumsfonds

Tabelle 34: Die Bilanz des UniEuroRenta

	2009	2010	2011	2012	2013	2014	2015	2016 31. Mrz	2009–2015	2009–2015 (p.a.)
Wertentwicklung	7,19	1,17	4,97	5,98	0,38	6,01	0,40	1,64	28,89	4,13
+/- Benchmark	0,24	-1,01	1,73	-5,22	-1,79	-5,09	-0,61	-1,30	-11,36	-1,62

Quelle: Morningstar

Im Schnitt kommen jährliche Verluste auf die Benchmark von 1,62 % zusammen. Das ist für einen Rentenfonds schon sehr viel, wenn man bedenkt, dass die laufenden Kosten geringer sind als bei Aktienfonds. Beim UniEuroRenta betragen sie 0,71 % pro Jahr. Das Fondsmanagement des UniEuroRenta hat also durch sein Fondsmanagement den jährlichen Verlust noch mal mehr als verdoppelt.

Den Anlegern muss man das aber nicht unbedingt auf die Nase binden. In den »Produktinformationen« seiner Fonds lässt Union Investment die Benchmarks lieber generell weg. Der Vergleich könnte womöglich ein schlechtes Licht auf das »professionelle« Fondsmanagement werfen! Stattdessen hebt man in den Produktinformationen des UniEuroRenta lieber hervor, dass das Fondsmanagement im März 2016 erfolgreich auf langlaufende Anleihen setzte und so speziell vom Zinsrückgang vor allem in längeren Laufzeiten profitierte. [178] Geschickt, wie die Fondsmanager hier einen Mehrwert generieren, denkt man sich. Dumm nur, dass der Fonds auch im März 2016 weiter gegenüber seiner Benchmark an Boden verlor … Union Investment wird wohl auch weiterhin lieber auf den Vergleich zur Benchmark verzichten, sonst müssten womöglich auch noch Marktkommentare umgeschrieben werden.

Der UniEuroRenta ist seit 2009 auch schlechter als der Durchschnitt seiner Kategorie.[62] Angesichts der äußerst dürftigen Bilanz fragt man sich wiederum, warum der Fonds der drittgrößte Rentenfonds für Privatanleger in Deutschland ist. Nicht weniger als 6,360 Milliarden Euro haben die Anleger in ihn investiert (Stand: 7.4.2016 [179]). Tendenz stetig steigend. Die Antwort ist einfach. Riester sei Dank! Der UniEuroRenta

---

[62] Unter dem üblichen Vorbehalt Survivorship Bias. Die Kategorie-Performance der Morningstar-Datenbank enthält ja nicht mehr die Daten der »gestorbenen« Fonds.

ist nämlich die Rentenkomponente des schon erwähnten meistverkauften Riester-Fondssparplans »UniProfiRente«. Viele Riestersparer hängen in diesem Fonds mit mieser Bilanz seit 2008 fest aufgrund der gesetzlich vorgeschriebenen Kapitalgarantie zu Rentenbeginn. Diese Kapitalgarantie – vermutlich ein Ergebnis der Lobbyarbeit des Gesamtverbands der Deutschen Versicherungswirtschaft (GDV) – hätte man nicht vornehmen müssen, wie wir von der schwedischen Prämienrente wissen.

Am Fondssparplan UniEuroRenta sieht man wieder einmal die Konstruktionsfehler der deutschen Riesterrente. Den Anbieter Union Investment trifft das nicht. Die Leidtragenden sind vielmehr die Riester-Fondssparer. Sie sollten besser in Indexfonds investieren und die Riesterförderung über ein einfaches Produkt wie einen Riester-Banksparplan mitnehmen. Aber das macht kaum einer. Warum? Weil kein Vermittler einen Cent Provision für einen Riester-Banksparplan erhält.

10:2 für den Index: Die 12 größten Aktien-, Renten- und Mischfonds in Deutschland

Ich habe vier Mega-Fonds für Privatanleger aus den wichtigsten Anlagekategorien näher betrachtet und begründet, warum ich sie ausgewählt habe. Damit man mir aber kein Rosinenpicken der schlechtesten Fonds vorwirft, betrachte ich nun – unabhängig von ihrer Wertentwicklung – die zwölf größten (Stand: 11.3.2016) Aktien-, Renten- bzw. Mischfonds für Privatanleger in Deutschland.[63]

Allein in diesen zwölf Fonds stecken knapp 123 Milliarden Euro (Stand: 11.3.2016). Wie haben sie sich in den fünf Jahren von Anfang 2011 bis Ende 2015 im Vergleich zu ihren jeweiligen Morningstar-Benchmarks geschlagen?[64] Auskunft gibt Tabelle 35.

---

[63] Die Quelle ist die Aufstellung der größten Fonds bei www.moneyspecial.de. Ich habe mich mit größtmöglicher Sorgfalt bemüht, alle nur institutionellen Anlegern zugänglichen Spezialfonds von der Liste der zwölf größten Fonds zu entfernen. Eventuelle Fehler bei diesem Prozess kann ich nicht zu 100 % ausschließen.

[64] Wir untersuchen nur fünf Jahre, da wir nur für diese Zeitspanne Angaben zu den in den Fonds investierten Geldern finden und so die Geldvernichtung berechnen können.

9. Die Resultate der Fondslüge: Die größten deutschen Publikumsfonds

Tabelle 35: relative Wertentwicklung (in %) der zwölf größten Aktien-, Renten- und Mischfonds

Fondsname	WKN	Fondsart	laufende Kosten	Volumen*	Relative Rendite zur Morningstar Benchmark					31. Mrz 2016	2011–15 p.a.	2011–15 kumuliert
					2011	2012	2013	2014	2015			
Carmignac Patrimoine	A0DPW0	Misch	1,68 %	24.737	-1,03	-7,80	-6,94	-6,37	-4,91	-1,55	-5,41	-24,40
DWS Top Dividende LD	984811	Aktien	1,45 %	14.641	-2,23	-3,05	-4,17	1,02	4,89	0,21	-0,71	-3,75
Ethna-AKTIV A	764930	Misch	1,86 %	10.052	-3,70	-2,19	-0,86	-5,48	-3,47	-5,78	-3,14	-14,80
BGF Euro Short Duration Bond	989694	Renten	0,90 %	9.061	-0,87	0,95	-0,04	0,60	0,11	-0,25	0,15	0,74
FvS Multiple Opportunities F	A0M43Z	Misch	1,16 %	8.392	8,27	3,47	-0,05	-0,67	4,65	1,27	3,13	16,39
PrivatFonds: Kontrolliert	A0RPAM	Misch	2,05 %	8.192	-5,90	-4,40	1,00	-6,37	-1,01	-2,08	-3,34	-15,79
Carmignac Sécurité A EUR Acc	A0DP51	Renten	1,05 %	7.632	-1,48	0,22	0,60	-0,12	0,53	0,76	-0,05	-0,26
UniGlobal Vorsorge	A1C81G	Misch	1,49 %	7.520						-4,92		
Fidelity European Growth	973270	Aktien	1,89 %	7.134	-6,77	-0,28	-0,37	1,32	0,51	0,60	-1,12	-5,67
Schroder ISF Euro Corp Bd	577941	Renten	1,05 %	6.535	-3,17	-0,75	1,63	0,43	1,31	-0,24	-0,11	-0,62
Templeton Growth (Euro)	941034	Aktien	1,83 %	6.460	-1,15	4,49	3,06	-7,57	-3,11	-1,60	-0,86	-4,67
DWS Vermögensbildungsfonds I	847652	Aktien	1,45 %	6.359	-8,66	-2,95	-4,44	0,43	1,13	-0,84	-2,90	-13,96
UniEuroRenta	849106	Renten	0,71 %	6.360	1,73	-5,22	-1,79	-5,09	-0,61	-1,30	-2,20	-10,67
Alle Fonds			1,46 %	123.075	-2,08	-1,46	-1,03	-2,32	0,00	-1,37	-1,38	-6,72

Quellen: Morningstar (Wertentwicklung), www.moeneyspecial.de (Anlagevolumen), *In Mrd. Euro

Wir sehen, dass gerade mal zwei Fonds besser als ihre Benchmark abschneiden und nur einer davon signifikant. Falls Sie, lieber Leser, nach Studium dieser Tabelle den Drang verspüren sollten, Ihr Geld in den »FvS Multiple Opportunities F«-Fonds zu lenken, dann lesen Sie bitte dieses Buch noch einmal, zumindest aber den Abschnitt über den »besten Fondsmanager der Welt«. Diesem einen Outperformer stehen fünf Fonds gegenüber, die 2,2 bis 5,4 % pro Jahr gegenüber ihren Vergleichsmaßstäben verlieren. Insgesamt fahren die Fonds im Schnitt Verluste ein, die knapp der Höhe ihrer laufenden Kosten entsprechen.

Letztlich war alles aktive Management in den fünf Jahren umsonst, und worauf die Anleger sitzen bleiben, sind die hohen laufenden Kosten. Wer glaubt, 1,38 % relativer Verlust auf den Index pro Jahr sei doch gar nicht so schlecht, der sei daran erinnert, dass der Zinseszinseffekt auch für die Kosten gilt, und welche enormen Summen hier investiert sind. Ich konnte leider nicht alle Daten zu den Anlagevolumen der Fonds über die letzten fünf Jahre herausfinden, deshalb können wir sie nur größenordnungsmäßig abschätzen. Am 11.3.2016 steckten 123 Milliarden Euro in diesen zwölf Fonds. Nehmen wir sehr konservativ an, über die fünf Jahre von Anfang 2011 bis Ende 2015 waren durchschnittlich 50 bis 100 Milliarden Euro in diesen Fonds investiert, dann kommen wir auf einen jährlichen relativen Verlust gegenüber ihren Benchmarks von 0,65 bis 1,30

Milliarden Euro, den allein diese zwölf Fonds verursacht haben! Das berücksichtigt noch nicht das schlechte Timing, das die Anleger vermutlich beim Investieren in diesen Fonds an den Tag gelegt haben. Dies ist Thema des nächsten Abschnitts.

Noch ein wichtiger Punkt zur Performance der größten Fonds. Diese Fonds sind nicht durch Zufall so groß geworden. Sie sind so groß, weil sie alle einmal mehre Jahre in den Fondshitlisten vorne lagen mit entsprechenden Auswirkungen auf ihre Ratings und die Vermarktungsmaschine der Fondsindustrie. Deshalb wird man fast immer in der weiter zurückliegenden Vergangenheit eine Zeitperiode von einigen Jahren finden, in denen diese Fonds ihre Benchmarks mehr oder weniger deutlich geschlagen haben. Die Tatsache, dass aber fast alle Fonds diese Outperformance nicht halten konnten und in der betrachteten mehr als fünfjährigen Zeitperiode in ca. zwei Dritteln der Jahre hinter ihren Index zurückfielen, macht deutlich, dass es sich bei fast allen um Zufallsgewinner der Vergangenheit handelt. Nur bei zwei der zwölf Fonds kann man die Frage nach Zufall oder Können noch nicht abschließend beantworten.

Geld verlieren mit Gewinnerfonds von gestern: Wie Anleger durch falsches Timing schlechtere Renditen erzielen als die Fonds, in die Sie investieren

Wir haben bereits am Beispiel des »Legg Mason Capital Management Value Trust Fund« gesehen, wie massiv sich die Rendite eines Fonds von der Rendite der in diesen Fonds investierenden Anleger unterscheiden kann. Es ist in der Tat so, dass Anleger meistens schlechtere Renditen erzielen als die Fonds, in die sie investieren. Der Grund dafür liegt generell im schlechten Timing von Ankauf und Verkauf der Fondsanteile. Privatanleger laufen häufig irgendwelchen Modetrends hinterher. Sie kaufen tendenziell Fonds in gerade angesagten hoch bewerteten Branchen oder Märkten. Die kommerziellen Fondsratings und die Fondstipps aktiver Fonds bei der Finanztest verleiten sie ja auch geradezu dazu, immer den Gewinnern der Vergangenheit hinterherzulaufen und prozyklisch zu spekulieren, statt langfristig zu investieren.

Umgekehrt verkaufen die Leute überdurchschnittlich viel in Aktienmarktkrisen, wenn die Aussichten zwar schlecht, aber die Bewertung auch niedrig ist. Wir haben auch gesehen, wie die Riester-Kapitalgarantie beim Fondssparplan UniProfiRente einen ähnlichen prozyklischen Umschichtungseffekt haben kann. Man findet auch für diesen Effekt kaum quantitative Daten für Deutschland, aber glücklicherweise sehr gute Studien aus den USA. Solche Studien vergleichen die Wertentwicklung von Fonds in einer bestimmten Zeitperiode mit der Wertentwicklung der durchschnittlichen in diesen Fonds investierten Gelder. Man bestimmt also die »geld- bzw. wertgewichtete Rendite« eines Fonds (im Gegensatz zur »normalen« zeitgewichteten Rendite). Zum besseren Verständnis zeigt Tabelle 36 ein extremes Beispiel.

Tabelle 36: Geldgewichtete Rendite

Zeitperiode	Fonds-Rendite	Anlagesumme Jahresbeginn	Einzahlungen bzw. Entnahmen	Bestand Jahresende	Zeitgewichtete Rendite (3 Jahre)*	Geldgewichtete Rendite (3 Jahre)**
Jahr 1	10 %	5.000		5.500		
Jahr 2	-5 %	15.000	9.500	14.250		
Jahr 3	8 %	5.000	-9.250	5.400	12,86 %	0,50 %

Quelle: Eigene Berechnungen, *Rendite des Fonds, **Rendite des Anlegers

Ein Anleger legt zu Beginn von Jahr 1 5.000 Euro in einen Fonds an. Nach einem Jahr freut er sich über 10 % Gewinn und investiert weitere 9.500 Euro also insgesamt 15.000. Das zweite Jahr läuft aber schlecht, und der Fonds verliert 5 % an Wert. Unser enttäuschter Anleger entnimmt wieder 9.250 Euro, so dass zu Beginn des dritten Jahres wieder nur 5.000 Euro investiert sind. Am Ende des dritten Jahres hat unser Anleger nur eine geldgewichtete Rendite von 0,5 % erzielt, während die zeitgewichtete Rendite (die er ohne Nachschießen oder Entnahmen von Kapital erzielt hätte) 12,86 % beträgt. Grund ist natürlich, dass unser Anleger im schlechtesten Jahr das dreifache Kapital investiert hat. Vanguard hat dazu eine Studie vorgelegt, die die Renditen amerikanischer Aktienfonds und ihrer Anleger über den Zeitraum von 1980 bis 2005 untersucht (Abbildung 18).

Abbildung 18: Jährliche Durchschnittsrenditen 1980–2005

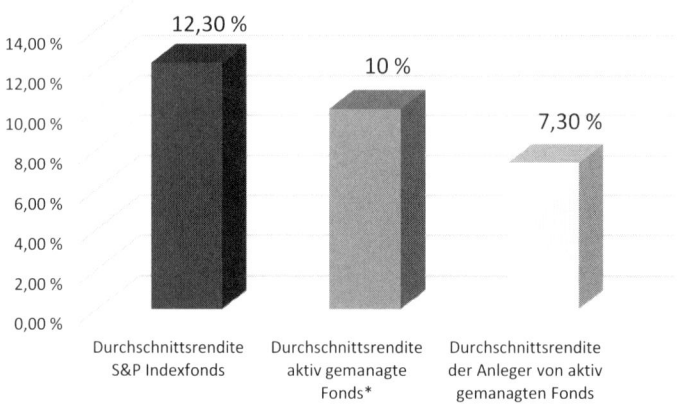

*Quelle: Eigene Darstellung auf Grundlage von Economist/Vanguard [180], *Diese haben den S&P 500 als Benchmark*

Man sieht, dass die aktiv gemanagten Fonds über die 25 Jahre im Schnitt 2,3 % pro Jahr schlechter als vergleichbare Indexfonds abschnitten. Das überrascht die meisten Leser sicher nicht mehr. Das eigentlich schockierende Ergebnis ist aber die Rendite der Anleger dieser aktiv gemanagten Fonds: Sie ist volle 5 % niedriger als die der Indexfonds und nochmals 2,7 % schlechter als die der aktiven Fonds, in die sie ihr Geld investiert haben! Dies zeigt dramatisch den negativen Effekt, den das Investieren in Gewinnerfonds der Vergangenheit haben kann.

10. Die große Fondslüge – Wie viel Geld kostet sie uns?

Wir haben nun die große Fondslüge in all ihren Facetten kennengelernt. Wir wissen, wie und warum sie funktioniert und wer alles mitmischt. Aber eins wissen wir noch nicht: Welcher Schaden entsteht uns allen dadurch? Eine genaue Antwort auf diese Frage kann man nicht geben. So tragen Ausgabeaufschläge zum angerichteten Schaden bei, sind aber kaum zu erfassen: Ausgabeaufschläge werden teilweise z. B. über Fondsdiscounter reduziert oder fallen weg. Wir müssen deshalb diese Kosten bei unserer Schadensschätzung außen vor lassen. Bleiben noch die laufenden Kosten und die Handelskosten innerhalb der Fonds. Für Letztere liegen mir kaum Daten vor, deshalb werde ich sie nur in einer Fußnote weiter unten mit einbeziehen und mich ansonsten nur auf die veröffentlichten laufenden Kosten beziehen.

Es ist möglich, die durch die laufenden Kosten verursachten Verluste bei Privatanlegern recht gut abzuschätzen. Als Startpunkt gehen wir davon aus, dass die Bruttorendite von aktiv gemanagten Fonds und entsprechenden passiven Indexfonds vor Kosten gleich ist, wie das Prof. Sharpe in seinem Artikel »Die Arithmetik des aktiven Managements« für die generellen Kategorien aktives/passives Management bewiesen hat. [40] Den Schaden können wir dann über die erhöhten laufenden Kosten der aktiv gemanagten Fonds ausrechnen. Zunächst einmal müssen wir also die durchschnittlichen laufenden Kosten des in aktiven Fonds investierten Geldes der Privatanleger bestimmen. Das tun wir in Tabelle 37 für die wichtigsten Kategorien der Publikumsfonds.

Tabelle 37: Gewichtete laufende Kosten des in Aktien-, Renten- und Mischfonds angelegten Privatanleger-Geldes

	Laufende Kosten	Mrd. Euro (2015)**	Anteil	Gewichtete laufende Kosten
Aktienfonds	1,85 %*	322,8	36,6 %	
Rentenfonds	0,9 %**	190,9	21,6 %	
Mischfonds	1,73 %*	217,4	24,6 %	
Summe	-	731,1	83 %	
Durchschnitt	1,49 %			1,55 %

Quellen: *Morningstar [69] [42], **BVI-Jahrbuch 2016 [181]

Auf die in der Tabelle angegebenen Fondskategorien Aktien-, Renten- und Mischfonds waren 83 % aller in Publikumsfonds investierten Gelder verteilt (Stand: 31.12.2015). Die anderen Fondskategorien (offene Immobilienfonds, Geldmarkt- und Garantiefonds) berücksichtigen wir nicht, was bei den Immobilienfonds auch insofern Sinn macht, als es bei ihnen keine äquivalenten ETF-Alternativen gibt.[65]

Die berechneten gewichteten laufenden Kosten von 1,55 % sind kein absolut exakter Wert, da wir nicht die genaue Verteilung der Gelder auf die einzelnen Fonds in den Anlagekategorien kennen, aber der Wert sollte doch ziemlich nahe an der Wahrheit liegen.

Diesen Wert müssen wir nun mit einer entsprechenden Größe bei den ETFs vergleichen. Hier liegen mir nur ältere Zahlen von 2011 vor, die nicht volumengewichtet sind. In einer Untersuchung aus diesem Jahr gibt Morningstar die durchschnittlichen Kosten für europäische ETFs mit 0,38 % an. [182] Seither ist dieser Wert mit Sicherheit weiter gefallen, da die laufenden Kosten von ETFs auf breiter Front teilweise drastisch gesenkt wurden. [183] [184] [185] Die gilt insbesondere für sehr große marktbreite Aktien-ETFs auf wichtige Indizes wie den MSCI World, den MSCI Europe und den MSCI Emerging Markets. Da keine Zahlen bekannt sind, habe ich sie aus der Liste der 1.087 (Stand: 29.1.2016) an der Deutschen Börse gehandelten Aktien- und Renten-ETFs berechnet (Tabelle 38). Der errechnete Wert von 0,31 % ist sehr exakt, da er die genaue Verteilung der Anlagegelder auf die einzelnen ETFs berücksichtigt.

---

[65] Immobilien-ETFs investieren nicht wie offene Immobilienfonds direkt in Immobilien, sondern in Immobilienaktien.

10. Die große Fondslüge – Wie viel Geld kostet sie uns?

Tabelle 38: Volumengewichtete durchschnittliche laufenden Kosten von ETFs

ETF Kategorie	Volumen (Mrd. EUR)	Gewichteter Mittelwert laufende Kosten
Alle ETF	335,50	0,31 %
Aktien-ETF	91,70	0,33 %
Renten-ETF	243,80	0,24 %

Quellen: Deutsche Börse, eigene Berechnungen, Stand: 29.1.2016

Nun müssen wir nur noch die Differenz der beiden errechneten Werte bilden: 1,55 minus 0,31 % ergibt einen Kostenunterschied von 1,24 %. Das sind die Mehrkosten der Fonds pro Jahr, für die sie keine Leistung erbringen.[66] Natürlich ist dieser Wert nicht absolut perfekt. So sind die Fondszahlen von Ende August 2015, die der ETFs von Januar 2016. Aber eine gute Abschätzung ist damit auf alle Fälle möglich. 1,24 % hört sich irgendwie läppisch an. Bedenken sie aber die riesige Zahl, von der diese leistungslosen Gebühren abgezogen werden: 731,1 Milliarden EURO. **1,24 % von 731 Milliarden ergibt knapp 9,1 Milliarden Euro! 9 100 000 000 Euro! Pro Jahr!**

Diese unglaubliche Summe ist die sehr konservative Schätzung des Schadens der großen Fondslüge nur in Deutschland allein im Jahr 2015.[67] Über zehn Milliarden. In dieser Größenordnung bewegen sich die 2015 zu viel gezahlten laufenden Kosten für Privatanleger von Fonds. Fonds, bei deren Kauf – egal ob auf Initiative des Anlegers oder Empfehlung eines »Beraters« – meist irrelevante Fondsratings und/oder Fondsempfehlungen nach Vergangenheitsperformance benutzt wurden. Fonds, die deshalb meist unter falschen Annahmen gekauft wurden. Eine Summe dieser Größenordnung hätten die deutschen Privatanleger allein 2015 sparen kön-

---

[66] Wir erinnern uns an William F. Sharpes Veröffentlichung »The arithmetic of active management« [40], nach der aktiv gemanagtes Geld zu allen Zeiten genau um so viel schlechter abschneiden muss als passiv gemanagtes Geld, wie die Kosten des aktiven die des passiven Managements übersteigen.

[67] Es gibt eine Studie von 2007 [230], die die durchschnittlichen Handelskosten bei US-Aktienfonds bei 1,44 % pro Jahr ansetzt. Würden wir diese Zahl übernehmen, so würden wir bei knapp 19,6 Mrd. Euro Schaden landen bzw. bei 14,3 Mrd. Euro, wenn wir die Handelskosten konservativ nur bei der Hälfte ansetzen.

nen, wenn sie in genau die Indexfonds investiert hätten, die die Banken und Sparkassen entweder systematisch vor ihnen verstecken, oder wie im Fall der Volks- und Raiffeisenbanken gar nicht erst anbieten.

11. Die Lehren aus der Fondslüge für Privatanleger

Im abschließenden Kapitel geht es darum, was wir als Privatanleger, die das System der großen Fondslüge durchschaut haben, besser machen können. Wir sind nun auf unserer Lernkurve das entscheidende Stück weiter gekommen. Nun gilt es, das Gelernte umzusetzen und in Zukunft bessere Anlageentscheidungen bei Fonds und anderen Finanzprodukten zu treffen.

Provisionssystem durchschauen!

Das Provisionssystem ist seit 2013 verboten!

Freuen Sie sich nicht zu früh: Leider nicht bei uns, sondern nur in Großbritannien und den Niederlanden. Die Politik in Deutschland hat sich zu so einem – von den Verbraucherzentralen lange geforderten [186] – Schritt nicht durchringen können. Solange sich das nicht ändert, und es sieht nicht danach aus, dass das in absehbarer Zeit der Fall sein wird, hilft es nur, das Provisionssystem zu durchschauen und sich entsprechend zu verhalten: Ich möchte hier nicht die lange Liste der Argumente wiederholen, die ich schon in Kapitel 2 aufgeführt habe.

Stattdessen schlage ich vor, Sie übertragen das Provisionssystem der Finanzberatung in Gedanken auf einen ganz anderen Bereich: Stellen sie sich vor, Sie wären kein Bank- oder Versicherungskunde, sondern ein Patient, der zu seinem Arzt geht. Stellen Sie sich außerdem vor, Ihr Arzt würde nicht von Ihrer Krankenkasse, sondern von verschiedenen Herstellern teurer Medikamente bezahlt. Dieser Arzt verdient nichts, wenn er Ihnen keine Medikamente verschreibt. Er verdient auch nichts, wenn er Ihnen ein kostengünstiges Generikum statt der teuren Original-Präparate verordnet. Würden Sie einem solchen Arzt vertrauen?

Vermutlich nicht. Aber genau das ist die Situation bei 99 % aller Bank- und Versicherungsberatungen. Wenn Sie dieses Gedankenexperiment bei jedem Gespräch mit einem Bankangestellten oder Versicherungsmakler im Hinterkopf haben, sind Sie vermutlich gegen allzu große Leichtgläubigkeit gefeit.[68]

Vergessen Sie nie: Der fundamentale Fehler des Provisionssystems liegt im Interessenkonflikt zwischen Berater und Kunde. Es ist klar, dass auch viele Bankmitarbeiter unter diesem System leiden. Sie werden dadurch von ihren Arbeitgebern unter Druck gesetzt – oft wider ihr eigenes besseres Wissen –, schlechte überteuerte Finanzprodukte zu verkaufen. Sie müssen diese schlechten Produkte mit den falschen Argumenten und oft strikten Verkaufsvorgaben an den Mann oder die Frau bringen. Bei vielen hinterlässt dieser Zwang, die Kunden ständig »über den Tisch zu ziehen«, Spuren wie Schlafstörungen, Angstattacken und Depressionen. [187]

Es gibt aus Anlegersicht nur zwei Wege, den Fallstricken dieses unseligen Systems zu entkommen: Machen Sie sich selbst kundig, oder suchen sie wirklich unabhängigen Rat. Und wie finden Sie raus, ob der Rat unabhängig ist? Er ist nicht gratis! Behalten Sie deshalb immer ein Zitat von Verbraucherschützer Niels Nauhauser im Kopf: »Jeder, der kostenlos berät, ist Verkäufer!« [35]

Kosten, Kosten, Kosten!

Sie kennen vielleicht die drei wichtigsten Kriterien, die man beim Immobilienkauf beachten soll: Lage, Lage, Lage! Wir haben das grandiose Scheitern der teuren aktiven Fondsmanager und die Prognosekraft der Gebühren gesehen. Wollte man deshalb einen analogen Satz für die Geldanlage im Allgemeinen und das Investieren in Fonds im Speziellen formulieren, so müsste er lauten: Kosten, Kosten, Kosten! Kosten schmälern die Rendi-

---

[68] Die Verbraucherzentralen haben auch schon ein ähnliches Beispiel angeführt, um die Funktionsweise des Provisionssystems zu verdeutlichen.

te immer, aber bei den laufenden Kosten muss man besonders aufpassen. Hohe laufende Kosten sind Gift für jede Geldanlage, egal ob Fonds oder etwas anderes.

Stellen Sie sich laufende Kosten als Rucksack vor, der den Lauf Ihres »Rendite-Läufers« umso mehr behindert, je schwerer er ist. Laufende Kosten fallen immer an. Bei einem Aktienfonds z. B. ist die genaue Rendite ungewiss, die laufenden Kosten sind es nicht. Wenn die Börsen boomen, mindern sie Ihre Rendite, in der Krise erhöhen sie Ihren Verlust. Das Schlimmste bei laufenden Kosten: Im Gegensatz zu einmaligen Kosten unterliegen sie dem Zinseszinseffekt, d. h., absolut betrachtet steigen sie häufig exponentiell mit der Zeit (vorausgesetzt die Rendite ist positiv). Wir haben es vielfach in diesem Buch gesehen und es wurde von zwei Nobelpreisträgern und unzähligen Studien bestätigt: Nicht die gute Performance der Vergangenheit, sondern nur niedrige laufende Kosten lassen mit einiger Gewissheit eine gute Wertentwicklung in der Zukunft erwarten.

Lassen Sie sich bei keiner Geldanlage – ob fondsbasiert oder nicht – von schönen Projektionen mit angenommenen Renditen oder möglichen Überschüssen blenden. Das sind die üblichen Themen der provisionsbasierten Verkäufer, um Sie von den Kosten abzulenken. Schielen Sie nicht primär nur auf staatliche Zuschüsse und mögliche Steuerersparnis. Prüfen Sie zuerst die Kosten eines Finanzprodukts. Wenn ein Produkt zu teuer ist, lassen Sie die Finger davon. Denn das ist die gute Nachricht. Es gibt sie, die kostengünstigen Alternativen. Das begreifen immer mehr Leute. Nicht umsonst ist seit 2013 ein Indexfonds der größte Fonds der Welt [190]. Und wohl auch so ziemlich der billigste, denn mit laufenden Kosten von gerade mal 0,05 % ist der Vanguard Total Stock Market ETF 37-fach billiger als der durchschnittliche aktive Aktienfonds.

Diversifizieren, diversifizieren, diversifizieren!

Ich habe Sie angelogen! Bei Geldanlage und dem Investieren in Fonds gibt es noch eine zweite goldene Regel, die genauso wichtig ist wie die mit den Kosten. Sie lautet: diversifizieren, diversifizieren, diversifizieren. Das Gute daran: Sie können es mit Indexfonds fast zum Nulltarif machen. Eigentlich gilt ja die Regel, dass man nichts umsonst bekommt an den Anlagemärkten. Wollen Sie eine höhere Rendite, müssen Sie ein höheres Risiko eingehen, heißt es. Das stimmt aber so nur bedingt! Es gibt nämlich zwei Arten von Risiken beim Investieren in risikobehaftete Wertpapiere und Fonds (Abbildung 19).

Abbildung 19: Systematisches und unsystematisches Risiko bei Aktieninvestments

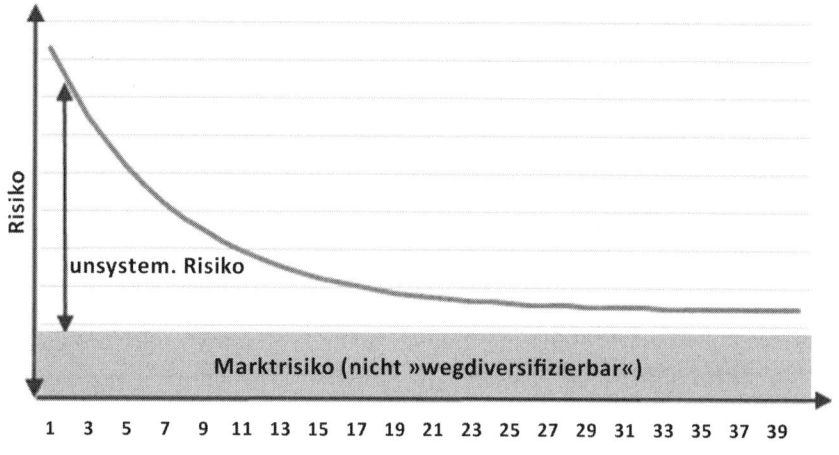

Eigene Darstellung

Das erste Risiko ist das »systematische« Risiko, auch Marktrisiko genannt. Dieses Risiko wird man nicht los. Man kann es nicht »wegdiversifizieren«. Für jemanden, der in einen Aktienfonds investiert, fallen darunter z. B. das Risiko einer Rezession, einer Zinserhöhung, einer Deflation oder Hyperinflation sowie politische Risiken. Dieses Risiko muss man hinnehmen. Als »Entschädigung« hat man eine höhere »erwartete Rendite«.[69]

---

[69] Diese »erwartete Rendite« entspricht der Rendite, die man im Schnitt über sehr lange Zeiträume erzielt. Sie kann (und wird typischerweise) höher oder tiefer ausfallen. Wenn man nicht sehr langfristig (>10 bis 15 Jahre) investiert, ist sie selbst bei breit diversifizierten Aktieninvestments wie dem MSCI World manchmal negativ, wenn man das Pech hat, zu sehr ungünstigen Einstiegszeitpunkten direkt vor einem Kurssturz zu investieren. Das Ne-

11. Die Lehren aus der Fondslüge für Privatanleger

Glücklicherweise gibt es noch das »unsystematische« Risiko, das man im Prinzip zu 100 % durch Diversifikation eliminieren kann. Hierunter fällt für einen Aktieninvestor vor allem das Einzelaktienrisiko. Ein Aktienfonds ist viel breiter aufgestellt, aber es gibt große Unterschiede. Breit diversifizierte Fonds auf Indizes wie den MSCI World, der Aktien aus allen Branchen in 23 Industrieländern enthält, sind recht gut, aber nicht perfekt diversifiziert. So dominieren US-Aktien mit zur Zeit knapp 60 % in diesem Index, während der Anteil der USA am weltweiten Bruttoinlandsprodukt unter 20 % liegt. [188] Weniger diversifiziert sind Länderfonds, z. B. Indexfonds auf den deutschen Dax mit nur 30 Aktien, in dem manche wichtige Branchen wie die Öl- und Rohstoffbranche fehlen und der stärker als der MSCI World mit seinen über 1.600 Aktien durch zyklische Aktien der Automobil- und Chemiebranche beeinflusst wird. Sie enthalten noch relativ viel unsystematisches Risiko und eignen sich als deshalb nicht als alleiniger Baustein eines Aktienportfolios.

Noch weniger diversifiziert sind Branchenfonds. Es gibt für Privatanleger eigentlich keinen Grund, in diese zu investieren. Natürlich gibt es immer irgendwelche Branchen, die über mehr oder weniger lange Zeiträume besser als der Gesamtmarkt abschneiden. Aber deswegen in die vermeintlich aussichtsreichsten zu investieren, ist ein Vabanquespiel. Wir haben am Beispiel des M&G Global Basics gesehen, wie der Schuss nach hinten losgehen kann. Wenn es so einfach wäre, immer in die Branchen mit der jeweils besten Wertentwicklung zu investieren, würden die Fondsmanager nicht reihenweise daran scheitern. Fakt ist, dass man mit Branchenfonds ein unnötig hohes unsystematisches Risiko auf sich nimmt, für das man nicht mit einer höheren erwarteten Rendite belohnt wird.

Bisher haben wir nur die Diversifikation innerhalb einer Anlageklasse (Aktien) betrachtet. Daneben gibt es aber noch die Diversifikation über mehrere Anlageklassen. Es ist wünschenswert, ein Portfolio aufzubauen, in dem die einzelnen Anlageklassen möglichst wenig miteinander korrelieren. Im Idealfall ist die Korrelation sogar negativ (wenn Anlageklasse A

---

gativbeispiel Japan, wo der Nikkei-Index sein historisches Hoch (1989 erreicht mit knapp 39.000 Punkten) auch 2016 noch weit verfehlt (Stand: 22.4.2016: rund 17.600 Punkte), ist dagegen meines Erachtens als Abschreckungsargument nicht relevant: Es ist eben keine ausreichende Diversifikation, nur in die Aktien eines Landes zu investieren.

fällt, steigt Anlageklasse B), was aber in der Praxis nicht immer der Fall sein kann und wird. Klassische Komponenten eines diversifizierten Portfolios sind Aktien auf der einen und Anleihen sicherer Schuldner auf der anderen Seite. Abbildung 20 zeigt den Effekt sehr schön für den Zeitraum Ende 2007 bis Ende 2012, der die Finanzkrise umfasst. Jemand, der die Finanzkrise vorhergesehen hätte (und das hat niemand außer notorischen Schwarzsehern – vgl. Kapitel 11), wäre über diese fünf Jahre am besten mit deutschen Staatsanleihen gefahren (obere Linie: REX, der Index der deutschen Staatsanleihen). Aber auch der Anleger, der ein Portfolio aus REX und MSCI World gehalten hätte (mittlere Linie: 50:50-Mischung), wäre über diese fünf Jahre trotz Finanzkrise noch im Plus gewesen. Der reine Aktieninvestor, der z. B. nur einen Indexfonds auf den MSCI World gehalten hätte, wäre auch Ende 2012 noch etwa 20 % im Minus gewesen.

Abbildung 20: Diversifikationseffekt bei Aktien (MSCI World) und Anleihen (Rex)

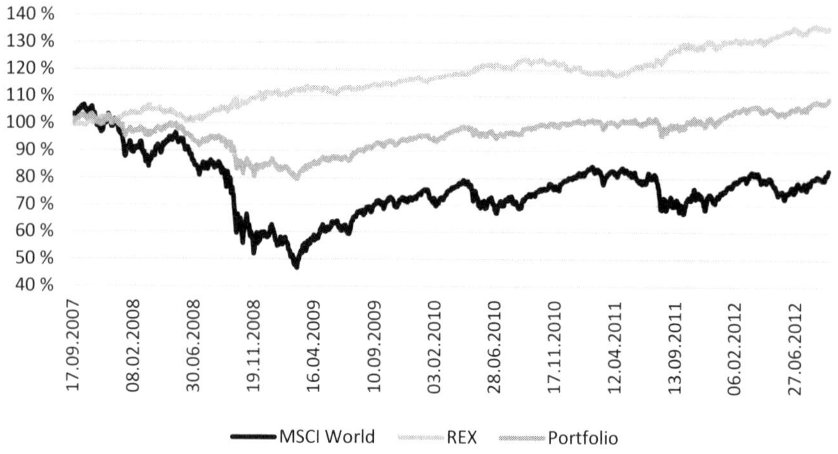

Quelle: Eigene Darstellung, Quelle für historische Kurse REX und MSCI World: Onvista

Immer schön durchschnittlich bleiben!

>»Nichts ist mächtiger als eine Idee, deren Zeit gekommen ist.«
>
> VICTOR HUGO

Wir haben gesehen: nicht die Starfonds, sondern Indizes und Indexfonds sind die wahren Stars. Wenn

- erstens die aktiv gemanagten Fonds durch den Index regelmäßig geschlagen werden,
- es zweitens nicht möglich ist, die Spreu von Weizen zu trennen, sprich herauszufinden, welche Fondsmanager Können und welche Glück haben,
- wenn schließlich drittens eine niedrige Kostenquote das Einzige ist, was eine gute Wertentwicklung bei Fonds mit einiger Genauigkeit vorhersagt,

dann landet man unausweichlich bei kostengünstigen Indexfonds. Die mit Abstand wichtigste und auch die kostengünstigste Form ist der börsengehandelte Indexfonds. Dies, obwohl die Möglichkeit, einen ETF mehrfach am Tag zu kaufen oder zu verkaufen, für den mittel- bis langfristig investierenden Anleger eigentlich völlig unwichtig ist.

Börsengehandelte Indexfonds (ETFs) sind weltweit auf dem Vormarsch und drängen teure aktiv gemanagte Fonds langsam, aber sicher zurück. [189] Im Jahr 2013 war es so weit: Mit dem US-amerikanischen »Vanguard Total Stock Market ETF« erklomm erstmals ein ETF Rang eins der weltweit größten Fonds. [190] Seine Marktkapitalisierung ist seitdem weiter gestiegen: auf unglaubliche 371 Milliarden US-Dollar! (Stand: 30.9.2015 [191]). Damit steckt allein in diesem einen amerikanischen Indexfonds ziemlich genauso viel Geld, wie in allen 1.118 in Deutschland gelisteten ETFs! Trotz dieser ungeheuren Zahlen und obwohl ETFs überall auf Kosten der aktiv gemanagten Fonds wachsen, ist immer noch wesentlich mehr Geld in aktiven Fonds investiert. In Deutschland betrug das gesamte in ETFs verwaltete Vermögen im Februar 2015 333 Milliarden Euro[192], während sich das Fondsvermögen 2015 auf über 2,257 Milliarden Euro belief[193].⁷⁰ Wie wir sehen, haben die Banken und Sparkassen bisher noch einigen Erfolg mit ihrer Strategie, Anleger von Indexfonds fernzuhalten.

Nun ist es aber nicht so, dass alle ETFs unbedingt empfehlenswert sind. Nicht einmal die Mehrheit der ETFs ist das. Nein, nur eine Minderheit breit diversifizierter ETFs ist als gutes langfristiges Investitionsvehikel für Privatanleger geeignet. Warum so wenige? Nun, viele ETF-Emittenten haben leider eine für Kleinanleger völlig unüberschaubare Produktvielfalt geschaffen. Nicht weniger als 1.118 ETFs waren am 11.3.2016 allein an der Deutschen Börse handelbar. Von den meisten sollte man die Finger lassen, weil sie in viel zu enge und spezielle Märkte und Branchen investieren. Da gibt es ETFs auf alle möglichen Länder bis hin zu so exotischen wie Bangladesch oder Pakistan. Ebenso alle möglichen Branchen-ETFs. Mit ihnen kann der Privatanleger selbst Fondsmanager spielen. Die Verlockung ist groß: Man liest vielleicht etwas über eine erwartete baldige Abschwächung des Wirtschaftswachstums, und schon kann man kaum der Versuchung widerstehen, Aktien-ETFs zu verkaufen, oder defensive Sektoren wie die Pharmabranche über die entsprechenden ETFs überzugewichten.

Aber – man muss es wirklich mantrahaft wiederholen – statistisch gesehen verliert man dabei. Egal wie sehr man beispielsweise denkt, dass sich gerade eine Blase gebildet hat – man sollte der Versuchung, den Markt zu timen, in aller Regel widerstehen und nicht vom Investor zum Spekulanten werden. Man muss sich immer die professionellen Fondsmanager vor Augen halten, die nicht nur mit ihrer Aktienauswahl, sondern auch mit ihren Timing-Versuchen immer wieder grandios scheitern. Wer spekuliert, handelt unweigerlich viel mehr und produziert so Handelskosten, die nur den Banken nutzen. Deshalb schaffen die ja eine so unüberschaubare Produktvielfalt. Es gilt der alte Spruch »Hin und her macht Taschen leer«. Besonders heikel und spekulativ in der Fülle der angebotenen ETFs sind die Short- und Hebel-ETFs.⁷¹

---

70 Die Zahl umfasst Publikumsfonds für Privatanleger und Spezialfonds für institutionelle Anleger.
71 Dies ist kein Buch über ETFs, deswegen gehe ich nicht weiter darauf ein. Ein Short-ETF profitiert im Allgemeinen bei fallenden Märkten, ein Hebel-ETF arbeitet mit Hebel, d. h.,

Hier kommt noch hinzu, dass viele Privatanleger diese Produkte nicht genau verstehen. So entwickeln sich die Short-ETFs, mit denen man auf fallende Märkte setzen kann, immer nur auf Tagesbasis genau gegenteilig zum entsprechenden Long-ETF. Ein Short-ETF auf den Dax etwa muss deshalb nicht im Plus sein, wenn der Dax über einen längeren Zeitraum um sagen wir 10 % gefallen ist. Deshalb eignen sich solche ETFs aus meiner Sicht auch nicht zur Depot-Absicherung. [194] Und schließlich gibt es auch noch die aktiv gemanagten ETFs, die den Gedanken des kostengünstigen Indexfonds ad absurdum führen.

Ignorieren Sie die Börsennachrichten!

Was war das Leben doch früher schön einfach für Aktionäre und Aktienfondsanleger. Keine ständige Nachrichtenflut, die man beachten musste. Man setzte sich einfach ein paar Minuten vor 20 Uhr vor den Fernseher und wartete gemütlich bis zum Beginn der Tagesschau. Mit dieser Ruhe ist es vorbei seit dem 2. November 2000, dem Startpunkt von »Börse vor Acht« (früher »Börse im Ersten«). Seitdem muss man sich in Erwartung der Tagesschau von Börsennachrichten berieseln lassen. Einen Nutzen hat man davon als Anleger nicht, da die Meldungen alle schon längst eingepreist sind: Siemens hat gute Quartalszahlen vorgelegt – die Aktie ist sofort danach schon gestiegen. Abgas-Skandal bei VW: Aktie ist dramatisch gefallen. Und so weiter und so weiter. Besonders amüsant: die Erklärungen für Börsenbewegungen, die sich oft in geradezu grotesker Weise selbst widersprechen. Typisch sind z. B. folgende Erklärungsmuster:

- »Der Dax ist heute aufgrund *guter* Konjunkturdaten in Europa gestiegen.« Die Logik dahinter: Die Konjunkturdaten sind gut, was natürlich gut für Aktien ist.
- »Der Dax ist heute aufgrund *schlechter* Konjunkturdaten in Europa gestiegen.« Die Logik diesmal: Die europäische Notenbank wird wegen der schlechten Nachrichten die Zinsen länger niedrig lassen, was gut für Aktien ist.

---

er verstärkt die Gewinne und Verluste des zugrundeliegenden Index.

- »Dax gefallen, weil der Ölpreis *gestiegen* ist.« Logik: Die Verbraucher haben weniger Geld für andere Waren übrig, was schlecht für Aktien ist.
- »Dax gefallen, weil der Ölpreis *gefallen* ist«. Logik: Das ist schlecht für die Konjunktur in den ölexportierenden Ländern, die dann weniger Waren von den Dax-Unternehmen kaufen.

Im besten Fall lässt man als Aktienfondsanleger diese nutzlose Nachrichtenflut einfach über sich ergehen. Im schlimmsten Fall verleitet sie einen zu unüberlegtem Aktionismus, etwa bei Meldungen wie: »Börsenguru warnt vor weiterem dramatischen Kurssturz«. Mein Tipp: Schalten Sie Ihren Fernseher immer erst genau um Punkt acht ein.

Investieren, nicht Spekulieren!

Langfristig investieren ist das Erfolgsrezept für fast alle von uns. Es klingt einfach, ist aber psychologisch ungeheuer schwierig umzusetzen und durchzuhalten. Wir haben es im vorigen Abschnitt gesehen: Durch die ständige Nachrichtenflut im Zeitalter von Fernsehen und Internet wird man permanent zu einem unnötigen, ja schädlichen Aktionismus verleitet. Privatanleger kaufen und verkaufen ihre Fonds und andere Finanzprodukte zu häufig und zu den falschen Zeitpunkten. Aber nicht nur wir Privatanleger machen diesen Fehler. Bei den Fondsmanagern läuft es ganz genauso: Wir haben immer auf die Vorhersagekraft der laufenden Kosten für die Fondsperformance hingewiesen. Diese umfassen aber nicht nur die veröffentlichten laufenden Kosten, die im »Beipackzettel« eines Fonds angegeben sind.[72]

Hinzu kommen auch die Handelskosten, die den Fonds durch Kauf und Verkauf der Wertpapiere (Akten, Anleihen usw.) entstehen. Die Studien sind eindeutig: Fondsmanager, die häufiger handeln, schneiden schlechter ab als solche, die weniger oft kaufen und verkaufen. [195] Wenn Nobelpreisträger Fama im Interview von der Vorhersagekraft der

---

[72] Seit 2011 sind in Deutschland standardisierte Produktinformationsblätter bei Fonds vorgeschrieben. Diese sogenannten »wesentlichen Anlegerinformationen« (umgangssprachlich auch Beipackzettel genannt) müssen die laufenden Kosten eines Fonds aufführen.

laufenden Kosten spricht, dann spezifiziert er diese nicht umsonst als Kosten und *Handelskosten*. Es gibt keine guten und schlechten Kosten. Die Selbstkosten durch unnötiges Handeln fressen genauso Rendite wie die Kosten durch Gebühren. Das gilt ebenso für uns Privatanleger. Je besser es uns gelingt, der Versuchung zu handeln – z. B. in Reaktion auf Börsen- oder Wirtschaftsmeldungen – zu widerstehen, desto besser werden wir vermutlich abschneiden.

Das liegt auch daran, dass die Prognosen, zum Beispiel für das Wirtschaftswachstum, über Zeiträume von mehr als einem Jahr permanent völlig unzuverlässig sind. [197] Fast niemand, außer notorischen Schwarzmalern, die immer nur Krisen vorhersagen, hat die Finanzkrise kommen sehen. Das war kein Zufall, das hat System. Wir sollten dieses Wissen zu unserem Vorteil als Anleger nutzen. Das Beste, was man als Anleger gegen die Unvorhersehbarkeit der Zukunft machen kann, ist »seine Eier nicht alle in einen Korb« zu legen und nur in solche Fonds und andere Finanzprodukte zu investieren, die der eigenen Risikofähigkeit und Risikoverträglichkeit entsprechen.

Warten Sie nicht auf den richtigen Zeitpunkt – beginnen Sie jetzt!

Gerade potenzielle Aktienfondsanleger haben immer wieder mit einem anlegerpsychologischen Problem zu kämpfen: Sie warten zu lange auf den richtigen Einstiegszeitpunkt. Die Ausgangslage ist oft ein Szenario wie dieses:

Unser Aktienfondsanleger in spe – nennen wir ihn Herrn Meier – wollte aufgrund der niedrigen Zinsen eigentlich in einen Aktienindexfonds anlegen. Er wollte nur noch tiefere Kurse abwarten und dann einsteigen (vielleicht weil ein Börsenguru vor zu erwartenden dramatischen Kursstürzen gewarnt hat oder weil er aus sonst irgendeinem Grund gemeint hat, die Kurse würden noch fallen). Dummerweise sind die Kurse dann aber nicht gefallen, sondern gestiegen. Deshalb wartet Herr Meyer jetzt schon drei Jahre auf die Korrektur, und sie kommt nicht. Dabei hat er schon eine Menge schöne Kursgewinne und Dividendenzahlungen verpasst, während sein Geld auf dem niedrig verzinsten Tagesgeldkonto liegt.

So oder so ähnlich passiert das ständig. Dabei ist die Studienlage eindeutig: Weder Anleger noch Fondsmanager sind gut im Timing der Märkte [198] Dennoch lässt man sich immer wieder zu Timing-Versuchen hinreißen. Erfolg hat man dabei meist nicht.[73] Da die Aktienmärkte langfristig gestiegen sind, war es historisch meist am besten, einfach alles Geld sofort anzulegen. Aber viele zögern, z. B. einen großen Einmalbetrag nach einer langen Aktienmarktrally zu investieren. Man muss diese psychologische Schwierigkeit anerkennen und pragmatische Wege finden, einen geplanten Aktienfondskauf auch auszuführen. Dazu gibt es zwei praktikable Wege:

1. »Worst case«- Szenarios betrachten: Man schaut sich an, was in der Vergangenheit passiert wäre, wenn man zu einem schlechten Zeitpunkt eingestiegen wäre.
2. Oder man entscheidet sich für die pragmatische Lösung: den Sparplan.

Bei Weg eins schaut man sich am besten so etwas wie das Renditedreieck des Dax oder Euro Stoxx an. [199] Beide werden vom Deutschen Aktieninstitut herausgegeben und zeigen die jährlichen Renditen der beiden Indizes in Abhängigkeit von Einstiegszeitpunkt und Haltedauer. Wenn man sieht, dass jemand, der kurz vor der Finanzmarktkrise zu Höchstkursen eingestiegen ist, nach einem über 40-prozentigen Verlust im ersten Jahr sechs Jahre später schon eine jährliche durchschnittliche Rendite 2008 bis 2013 von 2,8 % hatte, hilft das psychologisch ungemein. Und darum geht es mir hier ausschließlich: um den psychologischen Effekt. Natürlich

---

[73] Mit einer *möglicherweise* geltenden Ausnahme, die Professor Sharpe in seinem Interview mit mir angesprochen hat: »Es gibt nur eine Art von Regelmäßigkeit, die möglicherweise auftritt: Menschen, die bereit sind, nach einem ausgeprägten Fall des Marktes mehr riskante Wertpapiere zu kaufen, erzielen auf lange Sicht möglicherweise bessere Renditen, weil sie bereit sind, ihr Risiko zu erhöhen, wenn dies am schwersten ist. Das bedeutet, sie bekommen nicht etwas für gar nichts.« Dies entspricht auch meiner persönlichen Erfahrung, wobei ich es nicht als so schwer empfinde, in solchen Phasen zu investieren. Auch die Tatsache, dass 2009 direkt nach dem Kurssturz 2008 eines der besten Jahre der Aktienfondsmanager war, spricht für die Richtigkeit dieser These. Jeder, der Ende 2008 oder Anfang 2009 Risiko nahm, wurde belohnt. Man muss dennoch betonen, dass sich auch Prof. Sharpe sehr vorsichtig ausdrückt, da er offenbar nicht genügend harte Beweise für die Richtigkeit dieser These finden konnte.

sind solche Zahlen wie alle Vergangenheitsrenditen keine Garantie für die Zukunft, und andere Indizes haben die Verluste nicht so schnell aufgeholt. Aber sie helfen einem bei den anlegerpsychologischen Problemen, die man bei der Umsetzung seiner geplanten Fondskäufe hat.

Bei Weg zwei legt man einfach seine geplante Summe über einen Sparplan an. Dabei geht es mir gar nicht so sehr um den sogenannten Durchschnittskosteneffekt, der durchaus kontrovers diskutiert wird. [200] Wenn man nur die wahrscheinlich beste Rendite erzielen will, sollte man sofort alles Geld, das man investieren will, in ein für die eigenen Anlageziele und die eigene Risikofähigkeit optimiertes Portfolio anlegen. Das ist aber nur ein Teil der Wahrheit, denn es berücksichtigt nicht unsere Anlegerpsychologie. Ein Sparplan hilft, sich aus der eigenen psychologischen Falle des ewigen Wartes auf den richtigen Zeitpunkt zu befreien und endlich mit dem Fondskauf zu beginnen. Es sind dann drei Szenarien denkbar, die alle anlegerpsychologisch gut zu verarbeiten sind.

- **Szenario A:** Die Aktienmärkte steigen. Man freut sich, dass man schon begonnen hat, zu günstigeren Kursen einzukaufen und nicht weiter nur abgewartet hat.
- **Szenario B:** Die Märkte fallen. Man ist froh, nicht alles zu Höchstkursen eingekauft zu haben, und freut sich, dass man für seine fixen Sparraten nun mehr Fondsanteile bekommt.
- **Szenario C:** Die Märkte schwanken. Auch hier gibt einem der Durchschnittskosteneffekt ein gutes Gefühl, da man mit fixen Sparraten mehr Anteile zu niedrigen Kursen einkauft.

Bleiben Sie Optimist und ignorieren Sie die Schwarzseher!

Wir Deutschen investieren unser Geld äußerst konservativ. Und haben wir nicht allen Grund dazu? Eine Krise scheint sich im neuen Jahrtausend an die andere zu reihen: 2000 das Platzen der Internet-und Technologieblase an den Börsen. 2008 Finanzkrise, Bankenkrise, Euro-Vertrauenskrise, Griechenlandkrise und 2015/16 hat die Krise sogar den Wachstumsmotor

China erreicht. Die Zinsen eilen derweil von Tiefstand zu Tiefstand, und der sicherheitsbewusste deutsche Sparer wird dadurch hart für etwas bestraft, dass er nicht verursacht hat: die internationale Schuldenkrise. Aber deshalb in schwankungsanfällige Alternativen wie Aktienfonds zu investieren, davor schrecken viele Deutsche immer noch zurück. Es gibt ja auch noch all die anderen Krisen wie auseinanderfallende Staaten, Flüchtlingskrise und vieles mehr.

In diese Kerbe hauen die »notorischen Schwarzseher«. Das sind Leute, die vorgeben, eine Kristallkugel zu besitzen. Leute, die Crashs haben kommen sehen und weitere Krisen prophezeien. Man muss sie klar trennen von denen, die zu Recht auf die nicht zu bestreitenden Probleme des Finanzmarkts hinweisen, aber keine permanent negative Sichtweise verbreiten. Die notorischen Schwarzseher machen nämlich genau das, was ihre Bezeichnung schon verrät: Sie sehen immer schwarz. Ihre Zeit kommt, wenn die Kurse fallen. Da zeigt sich dann, wie recht sie hatten, vor dem nun eingetretenen Kurssturz schon lange Zeit gewarnt zu haben. Sehr lange sogar! So lange, dass Leute, die auf ihre Ratschläge gehört und ihr Geld unter der Matratze, auf niedrig verzinsten Konten oder in Gold angelegt haben, oft arm geworden sind währenddessen.

Dem Ruf dieser Schwarzseher tut das aber keinen Abbruch. Wenn die nächste Krise nicht wie vorhergesagt kommen will, liegt das nicht etwa an der falschen Prognose der Schwarzseher. Es liegt an den anderen. Meist ist die unverantwortliche Politik der Notenbanken schuld. Wenn der Goldpreis nicht so steigt, wie er nach Ansicht der Schwarzseher eigentlich müsste, liegt es an Fed und EZB. Die Notenbanken betreiben »fast eine sozialistische Zwangspolitik gegen das Gold«, lässt sich etwa Max Otte zitieren, [201] dessen Fonds viel in Goldminenaktien investiert haben. Schlechte Aktienwahl? Nein! Egal wie falsch sie liegen: Schuld sind immer die anderen.

In Interviews werden diese Schwarzseher ungefähr so vorgestellt: »Unser heutiger Gast ist Herr X, der die Finanzmarktkrise vorhergesehen hat.« Die Schwarzmaler erinnern mich immer an eine stehengebliebene Uhr mit Zwölf-Stunden-Skala. Eine solche Uhr zeigt im Verlauf des Tages zweimal die richtige Uhrzeit an. Übertragen auf Börsen und Finanzmärk-

11. Die Lehren aus der Fondslüge für Privatanleger

te heißt das: Wenn man nur konsequent immer die Krise vorhersagt, wird man zufällig irgendwann richtig liegen! In diesem Moment stürzen sich die Medien auf einen. Man liegt dann voll im Trend. Niemand prüft dann, wie oft und wie lange man schon völlig daneben lag.

Das Angebot an Schwarzmalern ist reichlich: Marc Faber, Felix Zulauf, Roland Leuschel, Max Otte oder auch der als »Mr. Dax« bekannte Dirk Müller, der neben manch vernünftiger Ansicht etwa zum Trennbankensystem auch gerne mal wüste Verschwörungstheorien spinnt. Weil es amüsant und lehrreich zugleich ist, wollen wir uns einmal die Erfolgsbilanz eines dieser Schwarzseher ansehen, und zwar die des Schweizers Marc Faber, genannt »Dr. Doom«. Der gute Mann ist im angloamerikanischen Raum fast bekannter als in Deutschland oder der Schweiz. Wer seinen Wikipedia-Eintrag liest, muss glauben, der Mann habe geradezu hellseherische Fähigkeiten: »Faber gilt als pessimistischer Börsenguru, da er vergangene Crashs, nämlich die Japan-Baisse, den Börsencrash von 1987, die Asienkrise und das Platzen der Technologieblase 2000 richtig prognostizierte.« [202]

Alles richtig prognostiziert? Hm. Schauen wir mal, was er sonst noch so alles vorhergesagt hat:

- 23.7.2007: »Die Weltwirtschaft wird in eine Phase der Stagnation bei gleichzeitiger Hyperinflation eintreten.« (Tatsächlich gab es ab Ende 2007 die Finanzmarktkrise, allerdings folgte genau das Gegenteil einer Hyperinflation.)
- 28.10.2008: »Wir werden jahrelang auf diesem tiefen Niveau verharren.« [203] (Tatsächlich lag der Dax am 28.10.2008 bei 4.823 Punkten, am 29.10.2012 bei 7.203 Punkten und am 27.4.2016 bei 10.052 Punkten.)
- 10.1.2012: »Die Chance, dass die Weltwirtschaft 2013 in eine Rezession zurückfällt, liegt bei 100 Prozent.« [204] (Tatsächlich: 2,5 % Wachstum 2013)
- 8/2013: »Aktien werden am Ende des Jahres vielleicht 20 Prozent niedriger stehen, vielleicht ist es auch mehr.« [204] (Tatsächlich war 2013 eines der besten Aktienjahre, der Dax z. B. lag 2013 bei + 25 %.)

- 14.4.2014: »Es ist sehr wahrscheinlich, dass wir in den nächsten zwölf Monaten einen Crash schlimmer als 1987 sehen.« [204] (14.4.2014: Dax: 9.248, 14.4.2015: Dax: 12.227)

Vielleicht sollte man den geschönten Wikipedia-Eintrag einmal anpassen … Das Geschäftsmodell dieser Schwarzseher ist einfach: Ihre Schwarzseherei wird mit kostenpflichtigen Börsenbriefen, Büchern und bezahlten Vorträgen in bares Geld verwandelt. [205] Manche von ihnen haben auch teure aktiv gemanagte Fonds aufgelegt oder beraten solche. Ihre Erfolgsbilanz ist meist schlecht. [206] Es sind alles »Uhren, die stehengeblieben sind«. Sie liegen häufiger falsch als richtig. Widerstehen Sie der Versuchung, ihre grundsätzlich pessimistische Haltung zu übernehmen. Den Schwarzsehern schadet es nicht, wenn sie danebenliegen. Ihnen schon!

Ich will gar nicht leugnen, dass die Menschheit – nicht nur wirtschaftlich – vor großen Herausforderungen steht. Ich weiß noch nicht einmal, ob – und wenn ja, wann – es die Menschheit schaffen wird, die großen globalen Herausforderungen zu meistern. Aber ich weiß auch: Krisen gehören zur Menschheitsgeschichte und sind kein Grund, das Geld überängstlich nur auf niedrig verzinsten Konten zu lassen.[74] Überlegen Sie doch einmal, wo wir herkommen. War es in der Vergangenheit anders? Zwei verheerende Weltkriege, der Börsencrash von 1929 mit anschließender Weltwirtschaftskrise, Koreakrieg, Kubakrise, Vietnamkrieg, Ölpreisschock, Ost-West-Konflikt, Wettrüsten mit der Gefahr eines Atomkrieges. Das ganze 20. Jahrhundert war voll von Krisen.

Man kann die Krisen natürlich deutlich z. B. an der Wertentwicklung des Dax-Index ablesen. In Erinnerung bleiben vielen Leuten im neuen Jahrtausend vor allem die beiden großen Crashs der Jahre 2000 bis 2003 und 2007 bis 2009. Massive 72,7 % bzw. 54,3 % hat der Dax jeweils von seinen Höchstständen bis zum Tiefpunkt verloren, was bei vielen Leuten die Vorstellung verfestigt hat, dass Aktien nur etwas für Zocker sind. Nur gut neun Millionen Deutsche investieren überhaupt direkt oder indirekt

---

[74] Ich gebe in diesem Buch keine Anlagetipps. Die von mir geäußerten Ansichten stellen keine Prognose zukünftiger Entwicklungen dar. Grundsätzlich sollten natürlich nur Anleger mit ausreichend langem Anlagehorizont sowie entsprechender Risikofähigkeit und Risikotoleranz in schwankungsanfällige Anlageformen wie Aktienfonds investieren.

11. Die Lehren aus der Fondslüge für Privatanleger

in Aktien. [207] Viele von ihnen über Mitarbeiteraktien, so dass es nur gut sechs Millionen Aktienfondsbesitzer gibt. Eine nicht geringe Zahl von Kleinanlegern hat sich durch schlechtes Timing oder unsinnige Wetten auf Einzeltitel (Stichwort Telekom-Aktien) oder enge Branchenfonds die Finger verbrannt.

Aber bedeutet das, dass Aktien und auch Anleihen – die beiden wichtigsten Anlageklassen bei Fonds – sich aufgrund all dieser Krisen schlecht entwickelt haben? Vanguard hat dazu Zahlen veröffentlicht, die von 1926 bis 2015 reichen. [208] Der breite US-Aktienmarkt ist über diese 90 Jahre mit all ihren Krisen und einem Weltkrieg im Schnitt sage und schreibe 10,1 % pro Jahr (6,9 % nach Inflation) gewachsen. Ein ausgeglichenes Portfolio mit je 50 % Aktien und Anleihen war immer noch 8,3 % (5,1 % inflationsbereinigt) im Jahr im Plus, bei allerdings viel geringeren Schwankungen. Für Deutschland liegen mir keine so langfristigen Zahlen vor. Aber der Dax z. B. hat seit seiner Erstberechnung Ende 1987 bis heute (Stand: 1.3.2016) trotz der massiven Einbrüche eine durchschnittliche Jahresrendite von 8,36 % erzielt. Natürlich: Die Aktienmarktrenditen kamen unter hohen Schwankungen zustande. Und selbstverständlich gibt niemand uns eine Garantie, dass die Renditen der Zukunft gleich gut sein werden.

Aber der Punkt ist doch ein ganz anderer: Die angegebenen hohen Renditen sind keine ausgewählten Renditen aus Boom-Phasen. Es sind Durchschnittsrenditen. Sie umfassen schwere Krisenjahre. Leute, die langfristig und diversifiziert in Aktien und Anleihen investiert waren, haben meist gute bis sehr gute Renditen bei vertretbaren Schwankungen eingefahren. Das Buch, das die langfristigste Studie zu den Renditen internationaler Aktien- und Anleihemärkte vorgelegt hat, heißt deshalb nicht zufällig »Triumph of the Optimists«! [209] Für die Zukunft ist der Triumph der Optimisten ebenso wenig sicher, wie er es in der Vergangenheit jemals war. Aber es wird weiterhin eine gute Strategie bleiben, sein Geld breit diversifiziert auch in risikobehaftete Aktien und Anleihen zu investieren. Wahrscheinlicher als nicht werden die Optimisten auch in Zukunft die Gewinner unter den Anlegern sein.

Schlusswort

Wir sind nun fast am Ende dieses Buches. Sie sollten nun auf Ihrer persönlichen Lernkurve ein ganzes Stück weiter sein. Nah am Ende, um genauer zu sein. Sie wissen, wie die große Fondslüge funktioniert, wer uns ein X für ein U vormacht und warum. Sie durchschauen das System des provisionsgetriebenen Verkaufs und die Nebelwand der vorgeschobenen Performance-Argumente. Sie wissen, dass nur die laufenden Kosten zweifelsfrei etwas über die zukünftige Wertenentwicklung bei Fonds aussagen, und wie wichtig Diversifikation ist. Sie verstehen, warum Timing-Versuche scheitern, und Sie stecken Ihr Geld nicht aus Zukunftsangst unter die Matratze.

Was Ihnen aber vermutlich noch nicht klar ist: Dieses Wissen macht Sie nicht nur zu einem besseren Anleger, es sorgt nicht nur dafür, dass Sie mit einiger Wahrscheinlichkeit in Ihrem Leben finanziell besser dastehen werden als andere Leute mit dem gleichen Gehalt. Mehr als das: Ihr Wissen macht Sie urteilsfähig. Zumindest in allen Bereichen der Geldanlage in Fonds. Und in einigen Bereichen darüber hinaus. Sie müssen keinen Gurus folgen, die vorgeben, eine Kristallkugel zu besitzen, Sie haben die Zusammenhänge begriffen und sind Ihr eigener bester Ratgeber. Sie können sich weniger mit Ihrem Geld und mehr mit den Dingen befassen, die Sie vielleicht mehr interessieren. Sie können gelassener bleiben und entspannter der Zukunft entgegenschauen. Sie können die tägliche Flut nutzloser Finanznachrichten ignorieren. Und das Beste: Was Sie gelernt haben, hat kein baldiges Verfallsdatum. Teures aktives Management war und ist zum Scheitern verurteilt. Daran wird sich nichts ändern. Lassen Sie mich deshalb schließen mit einer Erkenntnis von William F. Sharpe, die ewig gültig bleiben wird: »Nach Abzug der Kosten muss die Rendite des durchschnittlichen aktiv gemanagten Geldes geringer sein als die Rendite des durchschnittlichen passiv verwalteten Geldes! Dies gilt für jede Zeitperiode.«

Anmerkung
Der Bundestag hat am 10.6.2016 erneut die Einführung eines Lobbyistenregisters abgelehnt, obwohl sich in der Diskussion zeigte, dass alle Fraktionen außer der CDU/CSU dafür waren. Die SPD-Fraktion folgte aber bedauerlicherweise der Koalitionsdisziplin und stimmte ebenfalls dagegen. https://www.bundestag.de/dokumente/textarchiv/2016/kw23-de-lobbyistenregister/426446 [Abgerufen am 22.3.2016].

Anhang – Ausführliche Tabellen

Tabelle 39: Detaillierte Wertentwicklungen der 38 überlebenden Mischfondsempfehlungen aus Finanztest 3/2011

Fondsname	WKN	Laufende Kosten	Performance 1 Jahr	Performance 3 Jahre	Performance 5 Jahre	Relative Performance 1 Jahr	Relative Performance 3 Jahre	Relative Performance 5 Jahre
Sehr defensive Mischfonds (~10 % Aktien)								
QUINT ESSENCE STRATEGY DEFENSIVE B	974560	1,38 %	-3,30 %	0,17 %	8,05 %	-2,72 %	-20,75 %	-31,86 %
ARIQON Konservativ (T)	A0KFXB	2,10 %	-4,34 %	1,43 %	8,74 %	-3,76 %	-19,49 %	-31,17 %
BBBANK KONTINUITAET UNION	531423	0,85 %	-5,39 %	11,72 %	19,62 %	-4,81 %	-9,20 %	-20,29 %
BERENBERG-SELECT INCOME-UI A	201644	1,05 %	-7,03 %	-21,26 %	-23,54 %	-6,45 %	-42,18 %	-63,45 %
HAIG Balance First Euro Invest	983445	0,44 %	-7,08 %	7,37 %	15,45 %	-6,50 %	-13,55 %	-24,46 %
DEKA-EUROLAND BALANCE CF	589687	0,99 %	-7,06 %	4,46 %	16,76 %	-6,48 %	-16,46 %	-23,15 %
Macquarie Portfolio Two	A0DQNH	1,02 %	-4,40 %	12,26 %	26,34 %	-3,82 %	-8,66 %	-13,57 %
BHF TOTAL RETURN FT	A0D95Q	1,25 %	-0,88 %	10,36 %	18,50 %	-0,30 %	-10,56 %	-21,41 %
Durchschnitt aller sehr defensiven Mischfonds			**-4,94 %**	**3,31 %**	**11,24 %**	**-4,36 %**	**-17,61 %**	**-28,67 %**
Vergleichsindex (1)			-0,58 %	20,92 %	39,91 %			
Defensive Mischfonds (~30 % Aktien)								
4Q-INCOME FONDS	978199	1,33 %	-0,70 %	9,58 %	23,33 %	0,93 %	-16,67 %	-21,95 %
ETHNA- AKTIV A	764930	1,83 %	-7,83 %	4,55 %	15,66 %	-6,20 %	-21,70 %	-29,62 %
DWS CONCEPT ARTS CONSERVATIVE	988726	1,30 %	-8,22 %	13,45 %	26,76 %	-6,59 %	-12,80 %	-18,52 %
RWS-ERTRAG	976337	1,47 %	-2,95 %	9,62 %	15,82 %	-1,32 %	-16,63 %	-29,46 %
DWS CONCEPT DJE ALPHA RENTEN GLOBAL	974515	1,35 %	-3,22 %	11,41 %	20,86 %	-1,59 %	-14,84 %	-24,42 %
LBBW MULTI GLOBAL	976688	1,39 %	-5,28 %	9,75 %	19,32 %	-3,65 %	-16,50 %	-25,96 %
H & A PRIME VALUES Income EUR	986054	1,98 %	-5,37 %	6,51 %	18,44 %	-3,74 %	-19,74 %	-26,84 %
Durchschnitt aller defensiven Mischfonds			**-4,80 %**	**9,27 %**	**20,03 %**	**-3,17 %**	**-16,99 %**	**-25,25 %**
Vergleichsindex (2)			-1,63 %	26,25 %	45,28 %			
Ausgewogene Mischfonds (~50 % Aktien)								
DWS CONCEPT ARTS BALANCED	988727	1,84 %	-8,87 %	13,35 %	20,46 %	-5,61 %	-17,26 %	-31,29 %
DWS MULTI OPPORTUNITIES	794824	0,94 %	-6,50 %	22,32 %	34,11 %	-3,24 %	-8,29 %	-17,64 %
KAPITAL PLUS A	847625	1,15 %	-2,65 %	21,01 %	50,88 %	0,61 %	-9,60 %	-0,87 %
CARMIGNAC PATRIMOINE A	A0DPW0	1,73 %	-10,19 %	9,66 %	20,03 %	-6,93 %	-20,95 %	-31,72 %
WALSER PORTFOLIO GERMAN SELECT	A0BKM9	1,72 %	-14,83 %	5,94 %	17,65 %	-11,57 %	-24,67 %	-34,10 %
C-QUADRAT ARTS Total Ret. Balanced T	A0B6WX	2,44 %	-10,45 %	8,95 %	14,67 %	-7,19 %	-21,66 %	-37,08 %
THREADNEEDLE GLOBAL ASSET Allocation	974978	2,22 %	-3,01 %	25,05 %	42,91 %	0,25 %	-5,56 %	-8,84 %
Durchschnitt aller ausgewogenen Mischfonds			**-8,07 %**	**15,18 %**	**28,67 %**	**-4,81 %**	**-15,43 %**	**-23,08 %**
Vergleichsindex (3)			-3,26 %	30,61 %	51,75 %			
Offensive Mischfonds (~60-75 % Aktien)								
HAIG RETURN GLOBAL	983449	2,39 %	-9,91 %	14,85 %	32,37 %	-5,22 %	-19,57 %	-25,04 %
DEGUSSA BANK-UNIVERSAL-RENTEN	849067	1,14 %	-7,64 %	29,15 %	32,71 %	-2,95 %	-5,27 %	-24,70 %
LGT STRATEGY 4 YEARS (EUR)	964812	1,75 %	-3,99 %	7,30 %	8,70 %	0,70 %	-27,12 %	-48,71 %
BGF GLOBAL ALLOCATION FUND	A0BL2G	1,76 %	-7,09 %	26,91 %	41,28 %	-2,40 %	-7,51 %	-16,13 %
UNISTRATEGIE: AUSGEWOGEN	531411	2,03 %	-6,39 %	23,24 %	36,30 %	-0,40 %	-11,18 %	-21,11 %
Macquarie Portfolio Three	A0DQNJ	1,12 %	-5,43 %	15,54 %	26,82 %	-0,74 %	-18,88 %	-30,59 %
AMPEGA PORTF MULTI ETF STRATEGIE P	A0NGJ6	1,77 %	-6,42 %	12,16 %	16,91 %	-1,73 %	-22,26 %	-40,50 %
Durchschnitt aller offensiven Mischfonds			**-6,70 %**	**18,45 %**	**27,87 %**	**-2,01 %**	**-15,97 %**	**-29,54 %**
Vergleichsindex (4)			-4,69 %	34,42 %	57,41 %			

ANHANG – AUSFÜHRLICHE TABELLEN 217

Sehr offensive Mischfonds (~75-90 % Aktien)								
PIONEER INVESTMENTS SUBSTANZWERTE	979200	1,75 %	-12,28 %	-3,39 %	-10,72 %	-6,37 %	-41,08 %	-72,99 %
TEMPLETON GLOBAL INCOME A (ACC) EUR	A0DQXD	1,69 %	-10,02 %	21,60 %	40,96 %	-4,11 %	-16,09 %	-21,31 %
FONDRA	847100	1,40 %	-5,98 %	8,97 %	13,96 %	-0,07 %	-28,72 %	-48,31 %
UNIRACK	849104	1,27 %	-6,50 %	25,78 %	41,83 %	-0,59 %	-11,91 %	-20,44 %
BL GLOBAL 75 A	986855	1,21 %	-1,53 %	24,68 %	41,89 %	4,38 %	-13,01 %	-20,38 %
LGT STRATEGY 5 YEARS (EUR) B	A0B8LC	1,90 %	-5,22 %	7,50 %	6,37 %	0,69 %	-30,19 %	-55,90 %
Durchschnitt aller sehr offensiven Mischfonds			**-6,92 %**	**14,19 %**	**22,38 %**	**-1,01 %**	**-23,50 %**	**-39,89 %**
Vergleichsindex (5)			-5,91 %	37,69 %	62,27 %			
Aktienfokussierte Mischfonds (~95 % Aktien)								
MULTIMANAGER FONDS 3	701360	2,37 %	-5,99 %	16,13 %	26,03 %	0,94 %	-24,28 %	-40,28 %
FAIRASSETMANAGEMENTFUNDS FLEXIBLE	A0DNS0	2,53 %	-29,44 %	-29,28 %	-43,97 %	-22,51 %	-69,69 %	-110,28 %
UNISTRATEGIE: DYNAMISCH	531412	2,47 %	-8,68 %	27,31 %	38,37 %	-1,75 %	-13,10 %	-27,94 %
Durchschnitt aller aktienfokussierten Mischfonds			**-14,70 %**	**4,72 %**	**6,81 %**	**-7,77 %**	**-35,69 %**	**-59,50 %**
Vergleichsindex (6)			-6,93 %	40,41 %	66,31 %			
Referenz ETFs:								
LYXOR EUROMTS ALL-MATURITY INV. GRADE (Anleihe-ETF)	A0B9ED	0.16 %	0,82 %	19,72 %	35,57 %			
DB X-TRACKERS MSCI WORLD INDEX (Aktien-ETF)	DBX1MW	0.45 %	-7,34 %	41,50 %	67,93 %			

Quelle: Comdirect, Stand: 7.3.2016

Tabelle 40: Wertentwicklung der überlebenden 26 »stark überdurchschnittlichen Aktienfonds« aus Finanztest 12/2007

		Laufende		Relative Performance gegenüber Morningstar Benchmark[1]					
Fondsname	WKN	Kosten	2008	2009	2010	2011	2012	2013	2014	2015
M&G Global Leaders Fund A*	797739	1,92%	-9,33	11,18	0,72	-7,63	-3,57	1,03	-11,55	-0,25
Lingohr-Systematic-LBB-Invest*	977479	1,99%	-10,31	24,75	6,79	-12,55	1,79	-10,42	-7,99	-5,60
M&G Global Basics Fund A-EUR*	797735	1,93%	-6,36	19,68	11,83	-7,54	-10,67	-20,47	-12,93	-7,80
StarCapital Starpoint A EUR**	940076	1,79%	-4,14	17,60	-3,68	-11,90	-9,63	-3,49	-9,68	-2,83
Pioneer Funds - Global Ecology A EUR*	A0MJ48	2,07%	-1,00	-5,13	-11,85	-10,05	2,54	8,46	-17,81	2,93
StarCapital Priamos A EUR**	805784	1,80%	-11,89	9,85	-1,01	-14,58	-6,41	1,69	-10,87	-10,53
Investec Global Strategic Equity A GBP*	A0B72F	1,62%	-12.24	3,70	-0,30	-3,91	2,16	2,94	2,09	-1,37
UniValueFonds: Global A**	631010	1,57%	-4,42	-2,72	1,53	-3,01	-3,00	1,89	-3,81	5,99
Astra-Fonds***	977700	1,60%	-3,12	-12,37	-0,06	-12,71	2,04	-2,01	-14,61	5,83
Jyske Invest Aggressive Strategy*	A0B73C	1,73%	-11,67	-5,90	5,04	-0,05	-3,83	-1,25	-2,78	4,43
M&G Global Select Fund A*	797745	1,93%	2,82	8,05	-1,78	-6,24	2,03	-6,67	-7,42	0,44
Klassik Aktien A**	974570	1,78%	-7,01	14,25	-2,48	-15,59	2,29	-10,02	-4,07	-0,30
Swisscanto Equity Fund Green Invest A*	907430	2,02%	-6,29	0,50	-13,04	-8,45	-6,57	3,47	-10,10	-0,40
FMM-Fonds (EUR)***	847811	1,66%	4,76	-11,94	-1,02	-11,72	0,34	-1,00	-15,55	-2,56
Global Advantage Funds - High Value**	972580	1,54%	-5,01	6,42	-4,31	-11,90	-0,09	-7,10	-11,40	0,35
Sauren Global Opportunities*	930921	2,86%	-2,84	23,29	5,12	-9,67	-5,92	-22,69	-11,47	-1,97
Acatis 5 Sterne Universal Fonds*	531713	2,18%	-5,48	4,23	-2,47	-15,72	-2,59	-10,44	-11,33	-4,47
Flossbach von Storch - Global Equity F*	989975	1,18%	12,09	4,00	-6,72	-0,43	-6,86	-3,82	0,39	-4,12
Sparinvest SICAV Global Value*	A0DQN4	2,01%	-4,90	-2,83	6,83	-15,59	-3,27	4,28	-15,34	1,88
Swisscanto Green Invest Equity B*	811428	2,11%	-6,85	-0,42	-15,50	-8,70	-7,12	2,90	-10,19	-0,37
DWS Global Value LD**	939853	1,50%	-4,16	11,07	-0,15	-5,42	-4,32	4,18	5,00	3,34
DWS Akkumula LC*	847402	1,45%	5,70	2,14	-15,44	-7,69	-2,87	-3,43	1,41	2,81
WM Aktien Global UI*	979075	2,07%	-15,08	-16,83	7,99	-12,60	-7,03	19,21	-11,41	-1,34
KASSELER BANK Union Select*****	531449	2,41%	2,75	2,20	1,39	-1,64	-2,74	-2,97	-3,45	-2,35
Vontobel Fund - Global Equity****	796575	2,06%	-2,86	-9,21	-4,02	3,38	2,78	-20,58	-4,70	-2,03
BNY Mellon Global Opportunities*	693868	2,21%	-9,71	5,87	2,10	-4,74	-0,78	-4,39	-1,29	6,68
Durchschnitt aller Fonds		**1,88%**	**-4,17**	**3,90**	**-1,37**	**-8,51**	**-2,74**	**-3,10**	**-7,73**	**-0,49**

Quelle: Morningstar, Stand: 30.1.2016 [1] *Morningstar-Benchmarks:* *MSCI World **MSCI World Value ***25 % Barclays EurAgg/75 % FTSE World ****MSCI World Growth *****MSCI Europe

Tabelle 41: Aktienfonds Umtauschstrategie: Detaillierte relative Wertentwicklung der Einzelfonds und Jahresportfolios im Vergleich zum MSCI World 1/2011–12/2015

Topfonds Januar 2011	WKN	Laufende Kosten	Relative Performance gegenüber MSCI World				
			2011	2012	2013	2014	2015
WARBURG VALUE A	A0DN29	2,00%	-12,1	-8,0	3,1	-14,7	-3,9
UNIGLOBAL	849105	1.49%	-0,5	-2,0	-3,0	-2,9	1,8
FLOSSBACH VON STORCH - GLOBAL EQUITY F	989975	1.20%	-0,4	-6,9	-3,8	0,4	-4,1
CARMIGNAC INVESTISSEMENT A	A0DP5W	2.02%	-7,6	-5,2	-6,8	-9,1	-9,1
M&G GLOBAL GROWTH FUND A EUR	797745	1.93%	-6,2	2,0	-6,7	-7,4	0,4
BL-Global Equities B	577995	1,25%	0,3	0,5	-11,3	-5,8	2,3
DJE - Dividende & Substanz P	164325	1,92%	-8,3	-0,2	-9,4	-8,5	2,4
Tweedy, Browne International Value Fund	988568	2,05%	0,8	2,8	-6,6	-13,4	-9,5
DWS TOP DIVIDENDE	984811	1.45%	7,5	-6,6	-8,7	-1,8	2,3
INVEST GLOBAL	975792	1.34%	-0,9	-2,2	-3,4	-3,2	1,6
UNIDYNAMICFONDS: GLOBAL A	988255	1.69%	-11,3	13,2	20,7	14,6	13,4
SAUREN GLOBAL OPPORTUNITIES A	930921	2.86%	-9,7	-5,9	-22,7	-11,5	-2,0
VALUEINVEST LUX GLOBAL	A0D838	1.87%	-3,7	-7,7	0,6	-2,1	11,9
C-QUADRAT ARTS Best Momentum (EUR) (T)	541664	2,88%	-14,0	-6,6	-8,0	-4,5	-12,1
JSS EquiSar - Global P	988087	1,81%	-7,4	-2,1	-4,0	-4,3	-4,6
Johannes Führ-UI-Aktien Global	978190	2,59%	-13,7	-4,7	-5,0	-21,6	-12,5
FIRST EAGLE AMUNDI INTERNATIONAL FUND	635297	2.20%	-6,3	-2,6	-1,0	-17,3	-7,9
LOYS Global P	926229	1,61%	-3,0	0,7	-1,6	-11,9	-3,5
R + P Universal	531696	1,64%	-0,5	-3,4	-6,8	-6,8	1,9
Vontobel Fund - Global Equity A	A0EQVB	2,05%	9,8	1,8	-11,5	1,1	4,9
Relative Performance des Portfolios aller Topfonds 1/2011 gegenüber dem MSCI World			-4,4	-2,2	-4,8	-6,5	-1,3

Topfonds Januar 2012	WKN	Laufende Kosten	Relative Performance gegenüber MSCI World				
			2011	2012	2013	2014	2015
SKAG Global Growth	977265	1,70%	3,6	-15,2	25,9	-6,5	9,6
DWS GLOBAL GROWTH	515244	1.45%	-5,6	0,1	-5,0	-4,2	-2,4
UniFavorit: Aktien	847707	1,74%	2,4	-2,3	2,8	2,3	2,4
WARBURG VALUE A	A0DN29	2,00%	-12,1	-8,0	3,1	-14,7	-3,9
DWS Top Dividende	984811	1,45%	7,5	-6,6	-8,7	-1,8	2,3
CARMIGNAC INVESTISSEMENT A	A0DP5W	2.02%	-7,6	-5,2	-6,8	-9,1	-9,1
FLOSSBACH VON STORCH - GLOBAL EQUITY F	989975	1.20%	-0,4	-6,9	-3,8	0,4	-4,1
FLOSSBACH VON STORCH – Fundament	A0HGMH	1.09%	6,4	-5,1	-5,1	-3,3	4,9
Tweedy, Browne International Value Fund	988568	2,05%	0,8	2,8	-6,6	-13,4	-9,5
BL-Global Equities B	577995	1,25%	0,3	0,5	-11,3	-5,8	2,3
R + P Universal	531696	1,64%	-0,5	-3,4	-6,8	-6,8	1,9
FIRST EAGLE AMUNDI INTERNATIONAL FUND	635297	2.20%	-0,8	-3,9	4,5	-1,0	-0,4
SAUREN GLOBAL OPPORTUNITIES A	930921	2.86%	-9,7	-5,9	-22,7	-11,5	-2,0
BGF - Global Dynamic Equity Fund	A0H1ET	1,83%	-2,7	-4,5	-1,0	-1,4	-1,5
Global Equity Opportunities - P Cap	A0LG8Q	1,85%	-9,1	0,7	-10,6	-4,8	-2,7
Sauren Global Growth Plus	940641	2,84%	-6,1	-1,4	-5,6	-6,7	1,1
Vontobel Fund - Global Equity A	A0EQVB	2,05%	9,8	1,8	-11,5	1,1	4,9
MFS Meridian Funds Global Equity A1 EUR	989632	1,89%	-1,0	4,9	1,0	-2,5	-2,9
Allianz Global Intellectual Capital A	926091	2,04%	-17,2	1,1	15,8	4,3	0,8
Relative Performance des Portfolios aller Topfonds 1/2012 gegenüber dem MSCI World			-2,2	-3,0	-2,8	-4,5	-0,4

Topfonds Januar 2013	WKN	Laufende Kosten	Relative Performance gegenüber MSCI World				
			2011	2012	2013	2014	2015
R + P Universal	531696	1,64%	-0,5	-3,4	-6,8	-6,8	1,9
FLOSSBACH VON STORCH - GLOBAL EQUITY F	989975	1.20%	-0,4	-6,9	-3,8	0,4	-4,1
FLOSSBACH VON STORCH – Fundament	A0HGMH	1.09%	6,4	-5,1	-5,1	-3,3	4,9
DJE - Dividende & Substanz P	164325	1,92%	-8,3	-0,2	-9,4	-8,5	2,4
DWS Top Dividende	984811	1,45%	7,5	-6,6	-8,7	-1,8	2,3
Vontobel Fund - Global Equity A	A0EQVB	2,05%	9,8	1,8	-11,5	1,1	4,9
MFS Meridian Funds Global Equity A1 EUR	989632	1,89%	-1,0	4,9	1,0	-2,5	-2,9
UNIGLOBAL	849105	1.49%	-0,5	-2,0	-3,0	-2,9	1,8
CARMIGNAC INVESTISSEMENT A	A0DP5W	2.02%	-7,6	-5,2	-6,8	-9,1	-9,1
WARBURG VALUE A	A0DN29	2,00%	-12,1	-8,0	3,1	-14,7	-3,9
DWS Internationale Aktien Typ 0*	984801	1,47%	9,2	2,9	-7,1	-5,7	-5,1
M&G Global Basics Fund A-EUR	797735	1,93%	-7,5	-10,7	-20,5	-12,9	-7,8
Relative Performance des Portfolios aller Topfonds 1/2013 gegenüber dem MSCI World			-0,4	-3,2	-6,6	-5,6	-1,2

Anhang – Ausführliche Tabellen

Topfonds Januar 2014	WKN	Laufende Kosten	Relative Performance gegenüber MSCI World				
			2011	2012	2013	2014	2015
BL-Equities Dividend A	A0MWCV	1,23%	4,4	-4,3	-13,8	-2,7	-10,1
R + P Universal	531696	1,64%	-0,5	-3,4	-6,8	-6,8	1,9
Franklin Mutual Global Discovery Fund A	A0KECM	1,83%	-1,5	-1,6	0,5	-9,7	-5,9
ValueInvest LUX Global A Dist	A0D838	1,87%	-3,7	-7,7	0,6	-2,1	11,9
FLOSSBACH VON STORCH – Fundament	A0HGMH	1.09%	6,4	-5,1	-5,1	-3,3	4,9
Lombard Odier Funds - Generation Global (EUR) P	A0RNUR	1,87%	-4,7	1,7	-0,5	5,4	5,3
MFS Meridian Funds Global Equity A1 EUR	989632	1,89%	-1,0	4,9	1,0	-2,5	-2,9
Swisscanto (LU) Equity Selection International B	A0MM86	1,84%	4,4	-4,2	1,4	0,7	2,5
Pictet-Security P dy USD	A0LASE	2,02%	-4,3	0,3	-2,2	2,7	6,0
WARBURG VALUE A	A0DN29	2,00%	-12,1	-8,0	3,1	-14,7	-3,9
Calamos Global Equity Class A EUR Acc	A0RKMJ	1,85%	-3,4	-1,5	-2,9	-18,8	-5,8
Relative Performance des Portfolios aller Topfonds 1/2014 gegenüber dem MSCI World			-1,5	-2,6	-2,2	-4,7	0,4

Topfonds Januar 2015	WKN	Laufende Kosten	Relative Performance gegenüber MSCI World				
			2011	2012	2013	2014	2015
KBC Equity Fund - High Dividend	A0JKMV	1,91%	3,0	-2,4	0,8	-1,4	-2,9
Swisscanto Equity Fund Selection International B	A0MM86	1,84%	4,4	-4,2	1,4	0,7	2,5
Global High Dividend - P Dis EUR	A0CAL0	1,85%	1,1	-2,9	-4,6	-4,2	-5,2
Franklin World Perspectives Fund A(acc)EUR	A0RAKK	1,85%	-4,1	-1,6	-1,0	-3,3	1,2
UniFavorit: Aktien	847707	1,74%	2,4	-2,3	2,8	2,3	2,4
UBS (D) EF - Global Opportunity	848821	2,08%	-4,7	-1,4	0,0	0,7	4,3
Schroder QEP Global Quality A EUR	A0M70T	1,66%	0,4	-2,4	-3,3	-0,3	-0,6
Lombard Odier Funds - Generation Global (EUR) P	A0RNUR	1,87%	-4,7	1,7	-0,5	5,4	5,3
Schroder ISF Global Dividend Maximiser A	A0MWXR	1,92%	4,9	1,3	-11,2	-1,0	-6,2
Schroder ISF Global Equity Yield A USD	A0F5AL	1,92%	2,4	2,2	-8,4	1,9	-6,6
BL-Global Equities B	577995	1,25%	0,3	0,5	-11,3	-5,8	2,3
DWS Top Dividende	984811	1,45%	7,5	-6,6	-8,7	-1,8	2,3
Nordea-1 Global Stable Equity Unhedged BP EUR	591135	1,91%	7,2	-7,1	2,6	4,0	0,0
Newton Global Income GBP	A0NDX3	1,61%	8,1	-0,1	-9,4	-3,0	5,0
Vontobel Fund - Global Equity A	A0EQVB	2,05%	9,8	1,8	-11,5	1,1	4,9
Uni-Global - Equities World SA-USD	A0M94E	1,50%	5,0	-6,5	-6,0	5,8	1,4
BL-Equities Dividend A	A0MWCV	1,23%	4,4	-4,3	-13,8	-2,7	-10,1
Invesco Funds - Invesco Global Structured Equity A	A0LELN	1,29%	10,7	-6,8	-1,5	8,8	7,9
Relative Performance des Portfolios aller Topfonds 1/2015 gegenüber dem MSCI World			3,2	-2,3	-4,6	0,4	0,4

Quelle: Morningstar

Tabelle 42: Finanztest Umschichtstrategie Rentenfonds: Detaillierte relative Wertentwicklung der Einzelfonds und Jahresportfolios mit verwendeten Benchmarks 1/2011–12/2015

Topfonds Januar 2011	WKN	Laufende Kosten	2011	2012	2013	2014	2015	Benchmark
BNY MELLON EUROLAND BOND FUND EURO A	348195	1.14 %	**-2,1**	1,9	-0,8	-0,4	-2,2	Barclays Euro Agg Bond
LBBW RENTEN EURO FLEX	976696	0.89 %	**-0,5**	-1,7	0,2	-3,7	-2,4	Barclays Euro Agg Bond
KEPLER Vorsorge Rentenfonds A	921827	0.56 %	**1,4**	1,7	-2	-3,3	-1,6	Barclays Euro Agg Bond
RT VORSORGE RENTENFONDS A	989542	0.53 %	**0,3**	-6,4	-4,5	-2,3	-2,1	Citi EMU GBI EUR
ESPA BOND EURO-RESERVA A	971084	0.44 %	**3,0**	-5,5	-2,1	-4,1	-2,6	Citi EMU GBI EUR
BGF EURO BOND FUND A (EUR)	973514	0.97 %	**-0,2**	0,6	0,5	0,3	0,5	Barclays Euro Agg Bond
Volksbank Mündel-Rent A	935569	0.40 %	**1,7**	0	-4,2	-0,2	-2,6	Citi EMU GBI EUR
Allianz Euro Rentenfonds A EUR	847504	0,80 %	**0,1**	3	-0,3	2	0,1	Barclays Euro Agg Bond
Durchschnitt aller Fonds		0,80 %	**0,5**	-0,8	-1,7	-1,5	-1,6	

*Ohne Adirenta(liquidiert), und Parvest Bond CH (Strategiewechsel)

Topfonds Januar 2012	WKN	Laufende Kosten	2011	2012	2013	2014	2015	Benchmark
KEPLER Vorsorge Rentenfonds A	921827	0.56 %	1,4	**1,7**	-2	-3,3	-1,6	Barclays Euro Agg Bond
LBBW RENTEN EURO FLEX	976696	0.89 %	-0,5	**-1,7**	0,2	-3,7	-2,4	Barclays Euro Agg Bond
Klassik Anleihen A	974572	0.60 %	1,9	**-3,7**	-3	-5,4	-0,5	Barclays Euro Agg Bond
PIMCO Global Investors Series Total Return Bond E Acc	A0KD24	1,40 %	-5,3	**4,1**	-1,1	-2,9	-1,7	Barclays US Agg Bond
Nomura Real Return Fonds	848436	0,86 %	3	**-1,5**	-3,2	-3,3	-1,8	Barclays Gbl Infl Linked EUR
RT VORSORGE RENTENFONDS A	989542	0.53 %	0,3	**-6,4**	-4,5	-2,3	-2,1	Citi EMU GBI EUR
ESPA BOND EURO-RESERVA A	971084	0.44 %	3	**-5,5**	-2,1	-4,1	-2,6	Citi EMU GBI EUR
BNY MELLON EUROLAND BOND FUND EURO A	348195	1.14 %	-2,1	**1,9**	-0,8	-0,4	-2,2	Barclays Euro Agg Bond
Durchschnitt aller Fonds		1,13 %	0,2	**-1,4**	-2,1	-2,8	-1,9	

*Ohne UBS Mixed Plus III, Allianz Rendite Extra – A (liquidiert)

Topfonds Januar 2013	WKN	Laufende Kosten	2011	2012	2013	2014	2015	Benchmark
Pioneer Investments Euro Bond Medium	975231	0,72 %	2,4	-6,4	**-2,5**	-9,5	-1,6	Citi EMU GBI EUR
Deka-Renten: Euro 3-7 CF B	615131	0,54 %	-0,8	-2,1	**0,2**	-5,7	0,2	Barclays Euro Agg Bond
3 Banken Staatsanleihen-Fonds A	A0ER7P	0,39 %	2,2	-3,9	**-2,4**	-8,5	-1,4	Citi EMU GBI EUR
KEPLER Vorsorge Rentenfonds A	921827	0.56 %	1,4	1,7	**-2,0**	-3,3	-1,6	Barclays Euro Agg Bond
BNY MELLON EUROLAND BOND FUND EURO A	348195	1.14 %	-2,1	1,9	**-0,8**	-0,4	-2,2	Barclays Euro Agg Bond
Durchschnitt aller Fonds		0,67 %	0,6	-1,8	**-1,5**	-5,5	-1,3	

*Ohne SSgA EMU Government Bond (liquidiert)

Topfonds Januar 2014	WKN	Laufende Kosten	2011	2012	2013	2014	2015	Benchmark
Deka-Renten: Euro 3-7 CF B	615131	0,54 %	-0,8	-2,1	0,2	**-5,7**	0,2	Barclays Euro Agg Bond
KEPLER Vorsorge Rentenfonds A	921827	0.56 %	1,4	1,7	-2	**-3,3**	-1,6	Barclays Euro Agg Bond
KBC Renta Medium EUR A	A0HM86	0,94 %	3,3	-0,4	0,5	**3,4**	0,1	Barclays Euro Agg Bond
BNY MELLON EUROLAND BOND FUND EURO A	348195	1.14 %	-2,1	1,9	-0,8	**-0,4**	-2,2	Barclays Euro Agg Bond
VB Mündel-Rent (A)	935569	0,53 %	1,7	0	-4,2	**-0,2**	-2,6	Citi EMU GBI EUR
Durchschnitt aller Fonds		0,67 %	0,7	0,2	-1,3	**-1,2**	-1,2	

*Ohne SSgA EMU Government Bond (liquidiert)

Topfonds Januar 2015	WKN	Laufende Kosten	2011	2012	2013	2014	2015	Benchmark
RT VORSORGE RENTENFONDS A	989542	0.53 %	0.3	-6.4	-4.5	-2.3	**-2,1**	Citi EMU GBI EUR

Quelle: Morningstar

Tabelle 43: Finanztest-ETF-Bewertung 1/2011 und Wertentwicklung 2011–2015

ETF Name	WKN	Laufende Kosten	2011	2012	2013	2014	2015	2013–2015	2011–2015	Finanztest bewertung
Indexfonds Aktien Welt:										
db x-trackers MSCI World	DBX1MW	0,45 %	-3,2	12,7	21,5	20,0	10,7	61,4	76,1	50,0
ComStage MSCI World	ETF110	0,20 %	-2,1	11,4	21,8	20,0	10,9	62,0	76,6	50,0
iShares Dow Jones Global Titans 50	628938	0,51 %	3,6	10,3	17,2	20,0	11,2	56,4	78,8	37,6
Indexfonds Aktien Europa:										
ComStage STOXX Europe 600	ETF060	0,20 %	-9,9	18,9	20,6	7,5	10,5	43,2	53,4	66,2
db x-trackers Stoxx® Europe 600	DBX1A7	0,20 %	-9,6	18,3	20,6	7,7	10,4	43,4	53,3	66,2
iShares STOXX Europe 600	263530	0,20 %	-9,1	18,2	20,6	7,4	10,9	43,7	54,3	66,2
db x-trackers MSCI Europe	DBX1ME	0,30 %	-9,2	17,4	19,8	7,0	9,0	39,8	48,9	50,0
ComStage MSCI Europe	ETF111	0,25 %	-9,5	17,9	19,5	7,1	9,1	39,7	49,1	50,0
Pictet-Europe Index P	A0LCT4	0,44 %	-9,2	18,2	19,6	6,8	8,1	38,0	48,1	50,0
ComStage MSCI Europe Large Cap	ETF124	0,25 %	-8,4	17,2	18,6	6,9	7,6	36,2	46,4	45,4
Deka MSCI Europe LC	ETFL08	0,30 %	-7,8	17,1	18,5	6,8	7,8	36,5	47,4	45,4
db x-trackers MSCI Pan-Euro Index	DBXOB7	0,30 %	-8,4	16,6	18,4	6,5	7,8	35,8	45,2	45,4
iShares FTSEurofirst 100	633814	0,40 %	-11,6	11,1	14,9	2,1	2,0	19,6	17,5	43,8
iShares STOXX Europe Large 200	593398	0,20 %	-7,8	17,5	19,6	7,5	8,9	39,9	51,7	42,6
Deka STOXX Europe 50	ETFL25	0,19 %	-5,7	13,0	16,9	8,2	7,7	36,1	45,0	37,3
iShares STOXX Europe 50	593394	0,51 %	-6,1	13,1	16,5	6,3	7,4	33,0	41,3	37,3
Indexfonds Aktien Euroland:										
iShares FTSEurofirst 80	A1C4T1	0,40 %	-18,1	14,3	18,8	2,5	6,5	29,6	21,4	53,1
ComStage MSCI EMU	ETF112	0,25 %	-16,0	20,3	23,6	4,7	11,0	43,6	45,1	50,0
Amundi ETF MSCI EMU	A0REJN	0,25 %	-15,7	20,0	23,8	4,8	10,9	43,8	45,4	50,0
Pictet-Euroland Index P	A0LCCR	0,44 %	-15,1	19,8	23,0	4,5	9,9	41,2	43,6	50,0
ComStage EURO STOXX 50	ETF050	0,08 %	-14,9	19,2	22,0	4,7	7,8	37,7	39,8	47,1
Deka EURO STOXX 50	ETFL02	0,15 %	-13,9	19,1	21,9	4,9	8,0	38,1	41,7	47,1
db x-trackers Euro Stoxx 50	DBX1EU	0,09 %	-14,9	19,2	21,9	4,9	7,8	37,9	39,8	47,1
iShares EURO STOXX	A0D8Q0	0,20 %	-15,3	19,4	24,5	4,9	11,7	46,0	47,5	28,2
Indexfonds Aktien Deutschland:										
Deka DAX UCITS ETF	ETFL01	0,15 %	-15,1	28,1	25,4	2,4	9,4	40,5	52,8	62,8
db x-trackers DAX	DBX1DA	0,09 %	-15,4	29,2	25,2	2,3	9,2	39,9	52,9	62,8
iShares Core DAX	593393	0,16 %	-15,2	29,0	25,5	2,5	9,4	40,6	53,8	62,8
Amundi ETF MSCI Germany	A0REJQ	0,25 %	-15,4	29,2	26,2	2,1	9,2	40,7	53,9	50,0
Indexfonds Aktien Schwellenl.										
db x-trackers MSCI EM	DBX1EM	0,65 %	-16,3	14,1	-7,8	9,6	-5,7	-4,7	-8,9	50,0
Indexfonds Renten Euro										
IBoxx Liquid Sov. Global	A0MN4E	0,15 %	1,6	11,7	2,4	13,1	1,5	17,6	33,5	62,8
iShares eb.rexx® Gov. Germ.	628946	0,16 %	7,4	3,5	-1,3	6,4	0,4	5,5	17,2	56,1
iShares Core Euro Gov.	A0YBRZ	0,20 %	0,4	7,7	-0,2	11,1	0,8	11,7	20,9	51,0
iShares Euro Aggregate Bond	A0RGEN	0,25 %	0,1	8,2	-0,7	8,6	0,1	7,9	17,0	50,1
Lyxor UCITS ETF EuroMTS	A0B9ED	0,17 %	1,2	10,7	1,9	13,1	1,5	17,0	31,2	49,0
db x-trackers II iBoxx Sov. Euroz.	DBX0AC	0,15 %	3,2	10,9	2,0	13,0	1,4	17,0	33,8	48,7

Quelle: Morningstar

Literaturverzeichnis

1 Yale Alumni Magazine, »David Swensen's guide to sleeping soundly«, 2009. https://yale alumnimagazine.com/articles/2398/david-swensen-s-guide-to-sleeping-soundly. [Abgerufen am 7.4.2016].
2 The Economist, Philip Coggan, »Money for old hope: The fund-management industry has done very well – but mainly for itself«, 2008. http://www.economist.com/node/10715946. [Abgerufen am 25.3.2016].
3 Wirtschaftswoche, »Geschlossene Fonds: Die schlechteste Geldanlage der Welt«, 11.4.2011. http://www.wiwo.de/finanzen/vorsorge/geschlossene-fonds-die-schlechteste-geldanlage-der-welt-/5155380.html. [Abgerufen am 22.3.2016].
4 Morningstar, »Investmentfonds«, http://www.morningstar.de/de/funds/default.aspx. [Abgerufen am 7.3.2016].
5 Feri Rating & Research AG, »Fondsrating für offene Kapitalmarktfonds«, http://fer.feri.de/de/produkte-dienstleistungen/fonds/investmentfonds/fondsrating/. [Abgerufen am 20.2.2016].
6 www.lipperleaders.com, »Lipper Leaders Fonds-Rating«, http://www.lipperleaders.com/. [Abgerufen am 7.3.2016].
7 Morningstar, »Datenlizenzen«, http://corporate.morningstar.com/de/asp/subject.aspx?xmlfile=932.xml. [Abgerufen am 22.3.2016].
8 de.statistica.com, »Marktanteile der Anbieter von Publikumsfonds in Deutschland nach dem Vermögen der abgesetzten Fonds (Stand: 31. Dezember 2015)«, http://de.statista.com/statistik/daten/studie/180362/umfrage/marktanteil-der-fondsanbieter-in-deutschland/. [Abgerufen am 22.3.2016].
9 D. Del Guercio, P. A. Tkac, »Star Power: The Effect of Morningstar Ratings on Mutual Fund Flow«, Vol. 43, No. 4 (Dec. 2008), pp. 907–936 The Journal of Financial and Quantitative Analysis. http://www.jstor.org/stable/27647379?seq=1#page_scan_tab_contents.
10 Südwestpresse, »Adenauer hatte die Idee«, 1.12.2014. http://www.swp.de/ulm/nachrichten/wirtschaft/Adenauer-hatte-die-Idee;art4325,2926986.
11 WDR online, »4. Dezember 1964 – Gründung der Stiftung Warentest«, 4.12.2014. http://www1.wdr.de/themen/archiv/stichtag/stichtag8756.html.
12 Stiftung Warentest, »Die Stiftung Warentest stellt sich vor«, https://www.test.de/unternehmen/ueberuns/.

13 Stiftung Warentest, »Erträge 2014«, https://www.test.de/filestore/ertraege-gross.gif?path=/c1/31/3f0c5c67-ccad-4e08-baaa-e27b62bec70a-file.gif&key=AF42081988448F3FC4CAE4237C92F597161E31AC.
14 Stiftung Warentest, »Fonds im Test: Das sind die besten – und so performen sie«, https://www.test.de/Fonds-im-Test-Fuenf-Punkte-fuer-die-Besten-4331006-4331014/.
15 Stiftung Warentest, »Sind die Fonds noch top?«, 20.10.2015. https://www.test.de/Grosser-Check-des-Fondsdepots-Die-Richtigen-aus-17000-4927329-0/.
16 Stiftung Warentest, »Sofortrente: Nur 2 von 30 Angeboten sind gut«, 2015. https://www.test.de/Sofortrente-Nur-2-von-30-Angeboten-sind-gut-4942064-0/.
17 Stiftung Warentest, »Private Rentenversicherung: 39 Policen im Test«, https://www.test.de/Private-Rentenversicherung-39-Policen-im-Test-4752789-4752791/.
18 Stiftung Warentest, »Riester-Fondssparpläne: Die besten Renditechancen für Sparer bis 40«, 30.9.2015. https://www.test.de/Riester-Fondssparplaene-Die-besten-Renditechancen-fuer-Sparer-bis-40-4910378-0/. [Abgerufen am 3.4.2016].
19 www.fairr.de, »Riester-Fondssparplan mit ETFs«, https://www.fairr.de/produkte/fairriester/. [Abgerufen am 3.4.2016].
20 Finanztip, »Der beste Fondssparplan mit staatlicher Zulage«, 16.9.2015. http://www.finanztip.de/riester/riestern-mit-fonds/. [Abgerufen am 3.4.2016].
21 Morningstar, »Das Morningstar Sterne-Rating«, 2013. http://www.morningstar.co.uk/static/UploadManager/Other/de_morningstar_rating_2014.pdf. [Abgerufen am 19.2.2016].
22 Vanguard, »Mutual fund ratings and future performance«, June 2010. www.vanguard.com/pdf/icrwmf.pdf. [Abgerufen am 19.2.2016].
23 Morningstar, »Fonds-Rating ist nicht gleich Fonds-Rating«, http://www.morningstar.de/de/news/104674/fonds-rating-ist-nicht-gleich-fonds-rating.aspx. [Abgerufen am 19.2.2016].
24 Deutsche Asset Management, »10 mal Weltklasse DWS Deutschland und DWS Aktien Strategie Deutschland. Ausgezeichnet mit 10 von 10 Morningstar Sternen.«, https://www.dws.de/Produkte/10-Morningstars. [Abgerufen am 19.2.2016].
25 Heidelberger Leben Versicherung, »5R-Qualitätssicherungsprozess. Für eine hohe Qualität der angebotenen Fonds«, http://www.heidelberger-leben.de/anlagekonzepte/5r-qualitaetsicherungsprozess/. [Abgerufen am 19.2.2016].
26 www.fondsclever.de, »Top 5 Sterne-Fonds bei FondsClever.de« https://www.fondsclever.de/investmentfonds/sterne-fonds.php. [Abgerufen am 19.2.2016].
27 www.advisorperspectives.com, »A First Look at Morningstar's Analyst Ratings«, 11.11.2014. http://www.advisorperspectives.com/articles/2014/11/11/a-first-look-at-morningstar-s-analyst-ratings/3. [Abgerufen am 5.3.2016].
28 Lipper, »Lipper Leaders Rating System Methodik«, http://www.lipperleaders.com/documents/LipperLeaders_Methodology_US.pdf. [Abgerufen am 7.3.2016].
29 FERI EuroRating Services AG, »Produkte und Dienstleistungen«, http://fer.feri.de/de/produkte-dienstleistungen/. [Abgerufen am 20.2.2016].

30 FERI EuroRating Services AG, FondsGuide Deutschland, Schäffer-Poeschel Verlag Stuttgart, 2009.
31 FERI EuroRating Services AG, »Top Fonds Deutschland«, 31.1.2016. http://www.feri-fund-rating.com/Default.aspx?Name=FundsRatingGermany&Content=TopFonds&Lang=de. [Abgerufen am 7.3.2016].
32 Finanzen Verlag GmbH, »Die €uro-Fund Awards«, http://www.eurofundawards.de/. [Abgerufen am 7.3.2016].
33 Allianz Global Investors, »Finanzen Euro Fund Award 2015: 36 Euro Finanzen Fund Awards für Allianz Global Investors«, https://www.allianzglobalinvestors.de/webmain?page=/cms-out/ueber-uns/unsere-gruppe/auszeichnungen/finanzen.html. [Abgerufen am 7.3.2016].
34 LBBW Asset Management, »€uro Fund Awards 2016 Zwei unserer Fonds wurden mit dem €uro Fund Award 2016 ausgezeichnet:«, https://www.lbbw-am.de/newsroom/aktuelles/eururo-fund-awards-2016.html. [Abgerufen am 25.3.2016].
35 www.t-online.de, »Bankberatung: Qualität hat ihren Preis«, http://www.t-online.de/wirtschaft/boerse/id_16651106/bankberatung-qualitaet-hat-ihren-preis.html. [Abgerufen am 25.3.2016].
36 Stiftung Warentest, »Anlageberatung: Nur 3 von 23 Banken beraten gut«, 19.1.2016. https://www.test.de/Anlageberatung-Nur-3-von-23-Banken-beraten-gut-4964413-0/.
37 Stiftung Warentest, »Banken im Test: Die Blamage geht weiter«, 20.7.2010. https://www.test.de/Banken-im-Test-Die-Blamage-geht-weiter-4113924-0/.
38 EBS Business School, »Diskussion um Honorar- und Provisionsberatung geht an Realität der meisten Verbraucher vorbei«, Vergütungsstrukturen und -formen bei Privatanlegern nicht bekannt, 12.11.2014. https://www.ebs.edu/fileadmin/redakteur/funkt.dept.finance/Pressemitteilung_Diskussion_um_Honorar-_und_Provisionsberatung.doc. [Abgerufen am 25.3.2016].
39 Verbraucherzentrale Bundesverband, »Provisionsrechner«, http://www.vzbv.de/meldung/provisionsrechner. [Abgerufen am 2.4.2016].
40 William. F. Sharpe, »'The Arithmetic of active management'«, The Financial Analysts' Journal Vol. 47, No. 1, pp. pp. 7–9, https://web.stanford.edu/~wfsharpe/art/active/active.htm January/February 1991.
41 JustETF, »Dax-ETFs: Welcher ist der Beste?«, https://www.justetf.com/de/how-to/dax-etfs.html. [Abgerufen am 25.3.2016].
42 Ali Masarwah, Chefredakteur Morningstar Deutschland, im Handelsblatt Interview, »Seit 2011 liegt die Gesamtkostenquote über alle Aktienfonds-Kategorien hinweg bei durchschnittlich 1,85 Prozent.«, 30.6.2014. http://www.handelsblatt.com/finanzen/anlagestrategie/fonds-etf/interview-neue-fonds-sind-deutlich-teurer/10102400.html. [Abgerufen am 8.3.2016].
43 Focus online, »Indexfonds Wie sich Anleger von Börsenturbulenzen abkoppeln«, 24.9.2014. http://www.focus.de/finanzen/experten/friess/indexfonds-wie-anleger-vom-steigenden-dax-profitieren_id_4154091.html.

44 www.justetf.de, »Alle börsengehandelten Indexfonds der Deutschen Bank«, https://www.justetf.com/de/find-etf.html?ic=db+X-trackers. [Abgerufen am 11.4.2016].
45 Deutsche Bank, »Pensionseinrichtungen & Versicherungen – Integrierte, ganzheitliche Lösungen«, https://www.deutsche-bank.de/ioek/de/zielgruppen/pensionseinrichtungen-und-versicherungen.htm.
46 Morningstar, Ali Masarwah, »Wer hat Angst vorm MSCI Welt?«, 17.2.2015. http://www.morningstar.de/de/news/134397/wer-hat-angst-vorm-msci-welt.aspx.
47 Martijn Cremers, Miguel A. Ferreira, Pedro P. Matos and Laura T. Starks, »Indexing and Active Fund Management: International Evidence, Journal of Financial Economics, February 2015. http://papers.ssrn.com/sol3/papers.cfm?abstract_id=2558724. [Abgerufen am 11.4.2016].
48 BVI Bundesverband Investment und Asset Management e. V., »BVI Investmentstatistik«, 31.8.2015. https://www.bvi.de/uploads/tx_news/BVI_Investmentstatisik1508_DE.pdf. [Abgerufen am 11.4.2016].
49 Financial Times, »Closet tracking: 'Gigantic mis-selling phenomenon'«, 15.11.2015. https://next.ft.com/content/2db9877a-8a00-11e5-9f8c-a8d619fa707c. [Abgerufen am 11.4.2016].
50 Financial Times, »Italian closet trackers sanctioned by regulator«, 6.3.2016. https://next.ft.com/content/85387d82-e20f-11e5-9217-6ae3733a2cd1. [Abgerufen am 10.4.2016].
51 Financial Times, »German regulator launches closet-tracker investigation«, 15.2.2016. https://next.ft.com/content/f4c8fc8e-d1a8-11e5-831d-09f7778e7377. [Abgerufen am 30.3.2016].
52 de.statistica.com, »Anzahl der Kunden (Giro-/Gehaltskonto) der beliebtesten Banken in Deutschland von 2010 bis 2015«, http://de.statista.com/statistik/daten/studie/182350/umfrage/beliebteste-banken-fuer-girokonto-gehaltskonto/. [Abgerufen am 5.3.2016].
53 Wikipedia, »Sparkassengesetz«, https://de.wikipedia.org/wiki/Sparkassengesetz#Unternehmenszweck. [Abgerufen am 1.3.2016].
54 www.justetf.com, »Alle ETFs der Fondsgesellschaft der Sparkassen DEKA«, https://www.justetf.com/de/find-etf.html?query=deka. [Abgerufen am 2.3.2016].
55 www.sparkasse.de, »Unsere Lösungen – Privatkunden – Sparen & Anlegen – Fonds«, https://www.sparkasse.de/unsere-loesungen/privatkunden/sparen-anlegen/fonds.html. [Abgerufen am 2.3.2016].
56 www.sparkasse.de, »Die Sparkasse antwortet auf Ihre Finanzfragen«, 22.8.2014. https://www.sparkasse.de/geld-leichter-verstehen/d/die-verbraucherzentrale-spricht-sehr-positiv-uber-etfs-gibt-es-die-bei-der-deka-oder-den-sparkassen-falls-nein-warum-nicht.html. [Abgerufen am 1.3.2016].
57 Sparkassen Broker, »Clever in FondsSterne investieren«, https://www.sbroker.de/wertpapiere/fonds/fondssterne.html. [Abgerufen am 19.2.2016].
58 Sparkasse Fürstenfeldbruck, »Deka Immobilien gewinnt Feri Award als beste Kapitalanlagegesellschaft in der Kategorie »Immobilien«, 2016. https://www.sparkasse-ffb.de/ueber_uns/auszeichnungen/index.html?&start=1457209073. [Abgerufen am 5.3.2016].

Literaturverzeichnis

59 Deutscher Sparkassen und Giroverband, »Anlageberatung auf Provisionsbasis sichert breiten Zugang zu Vermögensbildung« 14.1.2014. http://www.dsgv.de/de/fakten-und-positionen/stellungnahmen/140114_Standpunkt_Anlageberatung.html. [Abgerufen am 1.4.2016].

60 www.asscompact.de, »Britische Regulierungsbehörde: Positive Entwicklung nach Provisionsverbot«, 2.2.2015. http://www.asscompact.de/nachrichten/britische-regulierungsbeh%C3%B6rde-konstatiert-positive-entwicklung-nach-provisionsverbot. [Abgerufen am 1.4.2016].

61 Union Investment, »Unsere Topfonds«, https://ufo.union-investment.de/handle?action=viewFundsAwards. [Abgerufen am 19.2.2016].

62 Die Zeit, »Fondsgebühren – Die Renditekiller«, 15.2.2007. http://www.zeit.de/2007/08/G-Fondsgebuehren-Kasten. [Abgerufen am 6.3.2016].

63 de.statistica.com, »Entwicklung der Zahl der Mitglieder der Volksbanken und Raiffeisenbanken in Deutschland von 1970 bis 2015«, http://de.statista.com/statistik/daten/studie/71940/umfrage/volksbanken-und-raiffeisenbanken---anzahl-der-mitglieder/. [Abgerufen am 6.3.2016].

64 www.finanzen.net, »Erfolgsprämien. Neue Runde im Gebührenstreit: Mit ihren Luxemburger Fonds nutzen DWS und Union Investment weiter die Spielräume bei erfolgsabhängiger Vergütung«, 10.1.2014. http://www.finanzen.net/nachricht/fonds/Performance-Fees-Erfolgspraemien-Neue-Runde-im-Gebuehrenstreit-3117118. [Abgerufen am 18.3.2016].

65 Bund der Versicherten, »Merkblatt – Fondsgebundene Lebens- und Rentenversicherung«, 4.1.2016. https://www.bundderversicherten.de/Lebensversicherung/Fondsgebundene-Lebens-und-Rentenversicherung. [Abgerufen am 14.4.2016].

66 www.komminvestment.de, Sonderdruck Focus Money: »Riester lohnt sich immer« mit Berechnungen des Instituts für Vorsorge und Finanzplanung, November 2011. http://www.komminvestment.de/rundschreiben/Sonderdruck_Focus_Money.pdf.

67 www.fundresearch.de, BVI-Statistik, »Mischfonds vor Rentenfonds«, 9.10.2015. https://www.fundresearch.de/Nachrichten/Top-Themen/Mischfonds-vor-Rentenfonds.html. [Abgerufen am 13.3.2016].

68 Deutsche Asset Management, »Mischfonds«, https://www.dws.de/Produkte/Mischfonds/Uebersicht. [Abgerufen am 25.3.2016].

69 Morningstar, »Welche Mischfonds schützten das Anlegergeld am besten?«, 7.9.2015. http://www.morningstar.de/de/news/141881/welche-mischfonds-sch%C3%BCtzten-das-anlegergeld-am-besten.aspx. [Abgerufen am 8.3.2016].

70 S&P Dow Jones Indices, »SPIVA Europe Mid-Year 2015«, 26.10.2015. http://us.spindices.com/documents/spiva/spiva-europe-mid-year-2015.pdf?force_download=true. [Abgerufen am 14.2.2016].

71 Vanguard, »The mutual fund graveyard: An analysis of dead funds«, January 2013. https://personal.vanguard.com/pdf/s362.pdf. [Abgerufen am 31.1.2016].

72 Edwin J. Elton, Martin J. Gruber, Christopher R. Blake, »Survivor Bias and Mutual Fund Performance«, Rev. Financ. Stud. (1996) 9 (4): 1097–1120. http://finance.martinsewell.com/fund-performance/EltonGruberBlake1996a.pdf. [Abgerufen am 31.1.2016].
73 Instock Börsenlexikon, »Survivorship bias«, http://www.boersen-lexikon.com/index.php?aid=286.
74 Die Welt, »Fonds: Mehrwert durch aktives Management«, 19.3.2011. http://www.welt.de/print/die_welt/vermischtes/article12883971/Fonds-Mehrwert-durch-aktives-Management.html.
75 S&P Dow Jones Indices, »SPIVA Scorecard Europe«, 31.12.2015. http://www.spindices.com/documents/spiva/spiva-europe-year-end-2015.pdf.
76 Börse am Sonntag, »Die besten Fonds 2015 schlagen die Indizes«, 1.1.2016. http://www.boerse-am-sonntag.de/fonds/fonds-news/artikel/diese-fonds-konnten-2015-die-indizes-schlagen.html.
77 Gabler Wirtschaftslexikon, »Richtlinie über Märkte für Finanzinstrumente (MiFID, Markets in Financial Instruments Directive).«, http://wirtschaftslexikon.gabler.de/Definition/mifid.html. [Abgerufen am 22.3.2016].
78 Wikipedia, »OGAW-Richtlinie«, https://de.wikipedia.org/wiki/OGAW-Richtlinie. [Abgerufen am 19.3.2016].
79 Sabine Leutheusser-Schnarrenberger, »Unabhängigkeit und Kompetenz in der Gesetzgebung«, Rede auf der Tagung: Dankt der Staat ab? – Wo bleibt das Primat der Politik?, 31.5.2011. https://www.transparency.de/fileadmin/pdfs/Wissen/Publikationen/TIBroschure_dbb_web.pdf. [Abgerufen am 20.3.2016].
80 S. Giegold, »Eiopa: Mit der Lobby auf Du und Du«, 16.3.2016. http://versicherungsmonitor.de/2016/03/eiopa-mit-der-lobby-auf-du-und-du/.
81 www.taz.de, »Leiharbeiter mit Mission: Seit Jahren entsenden Konzerne Mitarbeiter in Ministerien. Der Verwaltungsrechtler Bernd Hartmann hält das für verfassungswidrig«, 1.12.2014. http://www.taz.de/1/archiv/digitaz/artikel/?ressort=sw&dig=2014%2F12%2F01%2Fa0052&cHash=ee8f333676491890dcc3f661c1f573b9. [Abgerufen am 20.3.2016].
82 Bernd J. Hartmann, »INKLUSIVE VERWALTUNG: Der vorübergehende Seitenwechsel aus der Privatwirtschaft in den Staatsdienst«, 5.7.2014. http://www.swrfernsehen.de/-/id=14591008/property=download/nid=2798/1mmfpfu/index.pdf. [Abgerufen am 22.3.2016].
83 Lobbycontrol, Christina Deckwirth, »Lobbyisten im Bundestag: fragwürdige Doppelrollen«, 25.3.2014. https://www.lobbycontrol.de/2014/03/lobbyisten-im-bundestag-fragwuerdige-doppelrollen/. [Abgerufen am 22.3.2016].
84 FAZ, »Keine Grenzen für Erfolgsgebühren – Europaparlament gegen Auflagen für Fondsmanager«, 3.7.2013 http://fazarchiv.faz.net/?q=Europaparlament+gegen+Auflagen+f%C3%BCr+Fondsmanager&search_in=q&timePeriod=timeFilter&timeFilter=&DT_from=&DT_to=&KO=&crxdefs=&NN=&CO=&CN=&BC=&submitSearch=Suchen&sext=0&maxHits=&sorting=&toggleFilter=&dosearch=new#hitlist. [Abgerufen am 18.3.2016].

85 Mutual Funds Governance Consulting«, Are Performance Fees a Solution or a Problem? http://production.mfgovern.com/content/view/52/89/. [Abgerufen am 18.3.2016].
86 Morningstar, »Bafin regelt Performance Fees: Der Anfang vom Anfang vom Ende«, 11.12.2012. http://www.morningstar.de/de/news/97507/bafin-regelt-performance-fees-der-anfang-vom-anfang-vom-ende.aspx. [Abgerufen am 17.3.2016].
87 Berliner Zeitung, »Fonds wehren Gebührengrenze ab«, 4.7.2013. http://www.sven-giegold.de/2013/pressespiegel-boni-fur-investmentfonds-manager-ucits-ogaw/. [Abgerufen am 31 3 2016].
88 Tagesspiegel, »Außer Spesen nichts gewesen Provisionsverbot für Banken vorerst gestoppt«, 28.9.2012. http://www.tagesspiegel.de/wirtschaft/ausser-spesen-nichts-gewesen-provisionsverbot-fuer-banken-vorerst-gestoppt/7189844.html. [Abgerufen am 1.4.2016].
89 Spiegel Online, »Finanzprodukte: EU-Parlament kippt Provisionsverbot«, 28.10.2012. http://www.spiegel.de/wirtschaft/soziales/provisions-verbot-fuer-finanzprodukte-gekippt-a-858326.html. [Abgerufen am 1.4.2016].
90 Die Welt, »Für getäuschte Fonds-Anleger läuft die Zeit ab. Bankberater dürfen Sparern keine Provisionen abverlangen, ohne sie zu informieren.«, 13.11.2011. http://www.welt.de/finanzen/geldanlage/article13714901/Fuer-getaeuschte-Fonds-Anleger-laeuft-die-Zeit-ab.html. [Abgerufen am 1.4.2016].
91 Verbraucherzentrale Bundeverband, »MIFID II bietet die Chance zu einem Systemwechsel – Warum wir ein Provisionsverbot brauchen«, 5.10.2012. http://www.vzbv.de/sites/default/files/downloads/Mifid-Provisionsverbot-Positionspapier-2012-10-05.pdf. [Abgerufen am 1.4.2016].
92 Fonds Online Professionell, »Schweden bewegt sich weiter auf Provisionsverbot für Finanzprodukte zu«, 6.2.2015. http://www.fondsprofessionell.de/news/vertrieb-praxis/nid/schweden-bewegt-sich-weiter-auf-provisionsverbot-fuer-finanzprodukte-zu/gid/1019390/ref/4/newsseite/4. [Abgerufen am 1.4.2016].
93 Wirtschaftswoche, »Seehofer will die Riester-Rente abschaffen!«, 8.4.2016. http://www.wiwo.de/politik/deutschland/csu-chef-seehofer-will-die-riester-rente-abschaffen/13423388.html.
94 Spiegel Online, »SPD: Nahles kündigt Gesamtkonzept für Rente an«, 12.4.2016. http://www.spiegel.de/politik/deutschland/rente-nahles-kuendigt-gesamtkonzept-an-a-1086683.html.
95 www.bundesregierung.de, »Riester-Rente absolut sinnvoll«, Januar 2008. https://www.bundesregierung.de/Content/DE/Magazine/MagazinSozialesFamilieBildung/060/t3-riester-rente-absolut-sinnvoll.html.
96 Bundeszentralamt für Steuern, »Was ist die Rechtsgrundlage der privaten kapitalgedeckten Altersvorsorge?«, http://www.bzst.de/DE/Steuern_National/Altersvorsorge_Fachaufsicht/FAQ/faq_node.html#faq24404. [Abgerufen am 17.3.2016].
97 Deutsche Rentenversicherung, »Rentenversicherung in Zahlen«, 2015. www.deutsche-rentenversicherung.de/cae/.../01_rv_in_zahlen_2013.pdf. [Abgerufen am 24.2.2016].

98 www.tagesschau.de, »Wirtschaftswissenschaftler zur Rentenreform »Verrat an der jüngeren Generation«, 3.4.2014. https://www.tagesschau.de/inland/rente348.html. [Abgerufen am 17.3.2016].
99 SRF Schweizer Radio und Fernsehen, »Schwedens Rentensystem: politikfreie Zone«, 25.11.2014. http://www.srf.ch/news/wirtschaft/schwedens-rentensystem-politikfreie-zone. [Abgerufen am 17.3.2016].
100 Süddeutsche Zeitung, »So soll die Deutschland-Rente funktionieren«, 17.2.2016. http://www.sueddeutsche.de/wirtschaft/altersvorsorge-vorsorgen-mit-druck-1.2867273.
101 FERI EuroRating Services AG, »Fondsbranche gewinnt Marktanteile im Riester-Geschäft«, in Fondsguide Deutschland, Schäfer Poeschel, 2009, p. 31.
102 Bundesministerium für Arbeit und Soziales, »Statistik zur privaten Altersvorsorge«, 3.12.2015. http://www.bmas.de/DE/Themen/Rente/Zusaetzliche-Altersvorsorge/statistik-zusaetzliche-altersvorsorge.html. [Abgerufen am 24.2.2016].
103 Universität Bamberg, Andreas Oehler, »Alles »Riester«? Die Umsetzung der Förderidee in der Praxis«, Gutachten im Auftrag des Verbraucherzentrale Bundesverbandes, 7.12.2009. http://www.vzbv.de/sites/default/files/mediapics/altersvorsorge_gutachen_oehler_12_2009.pdf. [Abgerufen am 17.3.2016].
104 Deutsche Asset Management, »Fragen zur Ansparphase – Welche Kosten entstehen zurzeit bei der DWS RiesterRente Premium«, https://www.dws.de/FAQ/DWSRiesterRente Premium. [Abgerufen am 21.4.2016].
105 Süddeutsche Zeitung, »Die Riester-Abzocke«, 17.5.2010. http://www.sueddeutsche.de/geld/gebuehren-fressen-zulagen-die-riester-abzocke-1.699550. [Abgerufen am 25.2.2016].
106 Bundeszentrale für Politische Bildung, »Verbreitung und Nutzung der Riester-Rente«, 31.1.2014. http://www.bpb.de/politik/innenpolitik/rentenpolitik/149343/verbreitung-und-nutzung.
107 International Labour Office Geneva, K. G. Scherman, »The Swedish pension reform«, 1999. http://www.ilo.org/wcmsp5/groups/public/---ed_protect/---soc_sec/documents/publication/wcms_207699.pdf.
108 Deutsches Institut für Wirtschaftsforschung, Marlene Haupt und Sebastian Kluth, »Das schwedische Beispiel der kapitalgedeckten Altersvorsorge: ein Vorbild für Deutschland?«, 2. 2012. http://www.diw.de/sixcms/detail.php?id=diw_01.c.412997.de. [Abgerufen am 24.2.2016].
109 Süddeutsche Zeitung, »Den Absturz voll mitgemacht: Im Börsen-Crash schichtet Union Investment Hunderttausende Riester-Verträge auf Rentenpapiere um.«, 17.5.2010. http://www.sueddeutsche.de/geld/aerger-fuer-anleger-den-absturz-voll-mitgemacht-1.489466.
110 The Swedish Investment Fund Association, »More facts about the Premium Pension 2.0«, 4. 2015. http://fondbolagen.se/Documents/Fondbolagen/Studier%20-%20dokument/PM%20More%20facts%20about%20the%20premium%20pension%202015.pdf.

LITERATURVERZEICHNIS

111 The Swedish Pensions Agency, »Premium Pension Monthly statistics 31.12.2014«, zitiert von der Schwedischen Fondsvereinigung, http://fondbolagen.se/Documents/Fondbolagen/Studier%20-%20dokument/PM%20More%20facts%20about%20the%20premium%20pension%202015.pdf.
112 Spiegel Online, »Ein Heer von Nieten. Keine Firma verkauft so erfolgreich Versicherungen, Bausparverträge und andere Geldanlagen wie die Deutsche Vermögensberatung AG.«, 5.2.1996. http://www.spiegel.de/spiegel/print/d-8871577.html.
113 Spiegel Online, »Ich bin fast 18 und habe keine Ahnung von Steuern, Miete und Versicherungen«, 14.1.2015. http://www.spiegel.de/schulspiegel/wanka-ueber-naina-schuelerin-tweet-gedichtsanalyse-oder-alltagswissen-a-1012981.html. [Abgerufen am 20.2.2016].
114 Die Welt, »Schülerin löst mit Tweet Debatte aus«, 15.1.2015. http://www.welt.de/print/welt_kompakt/vermischtes/article136385558/Schuelerin-loest-mit-Tweet-Debatte-aus.html.
115 Stefan Klein, Alles Zufall, Rowolt Verlag 2004, ISBN-13: 978-3498035198.
116 www.spiegel.de, »Hilft es, am Münz-Automaten zu reiben?«, 4.7.2007. http://www.spiegel.de/schulspiegel/wissen/1000-fragen-hilft-es-am-muenz-automaten-zu-reiben-a-515021.html.
117 Tyler. Vigen, »Divorce rate in maine correlates with per capita consumption of margarine«, http://www.tylervigen.com/spurious-correlations.
118 www.krebsliga.ch, »Tabakkonsum ist die Hauptursache für Lungenkrebs«, http://www.krebsliga.ch/de/praevention/nicht_rauchen/tabakkonsum/. [Abgerufen am 10.2.2016].
119 Burton Malkiel, zitiert von Priconomics, »financial analysts in pin-striped suits do not like being compared with bare-assed apes«, 31.1.2014. http://priceonomics.com/how-well-do-blindfolded-monkeys-play-the-stock/. [Abgerufen am 19.2.2016].
120 Burton Malkiel, »A Random Walk Down Wall Street«, ISBN-13: 978-0393340747: Norton, 2012 (10. Auflage).
121 Spiegel online, »Affe schlägt Index«, 20.4.2013. http://www.spiegel.de/wirtschaft/service/warum-zufallsauswahl-bei-aktien-fondsmanager-schlaegt-a-893572.html. [Abgerufen am 17.2.2016].
122 Andrew Clare, Nicholas Motson, Stephen Thomas, Cass Business School, »Monkeys vs Fund managers – An evaluation of alternative equity indices«, 3.4.2013. http://www.cassknowledge.com/research/article/evaluation-alternative-equity-indices-cass-knowledge. [Abgerufen am 17.2.2016].
123 Fondsmanager Uwe Zöllner von Franklin Templeton zitiert von Focus Money, »Diese Ausgangskonstellation dürfte dazu führen, dass 2014 das ultimative Jahr für Stock-Picker wird«, 2013. http://www.focus.de/finanzen/boerse/zehn-euro-taeglich-anlegen-zweistelliges-plus_id_3523924.html. [Abgerufen am 19.2.2016].
124 M. Jensen, »The performance of mutual funds in the period 1945–1964«, Journal of Finance 23, 389, 1968. http://www.efalken.com/LowVolClassics/Jensen1967.pdf.

125 R. D. Henriksson, »Market Timing and Mutual Fund Performance: An Empirical Investigation«, The Journal of Business, Vol. 57, No. 1, Part 1 (Jan. 1984), pp. 73–96, http://www.finance.martinsewell.com/fund-performance/Henriksson1984.pdf.
126 Burton G. Malkiel, »Returns from Investing in Equity Mutual Funds 1971 to 1991«, The Journal of Finance, Vol. 50, No. 2. (Jun. 1995), pp. 549–572. http://www.jstor.org/stable/2329419?seq=1#page_scan_tab_contents.
127 J. L. Davis, »Mutual Fund Performance and Manager Style«, Financial Analysts Journal, January/February 2001, Volume 57 Issue 1. http://faculty.chicagobooth.edu/john.cochrane/teaching/35150_advanced_investments/davis_james_mutual_fund_style_FAJ.pdf.
128 Rob Bauer, R. Otten, Alireza Tourani-Rad, »New Zealand mutual funds: measuring performance«, Accounting and Finance, Vol. 46, No. 3, pp. 347–363, September 2006. http://papers.ssrn.com/sol3/papers.cfm?abstract_id=925307.
129 Keith Cuthbertson, Dirk Nitzsche, Niall O'Sullivan, »UK mutual fund performance: Skill or luck?«, Journal of Empirical Finance, Volume 15, Issue 4, September 2008, Pages 613–634. https://cora.ucc.ie/bitstream/handle/10468/1717/Skill_v_Luck_SSRN.pdf?sequence=1&isAllowed=y,.
130 L. Barras, »False Discoveries in Mutual Fund Performance: Measuring Luck in Estimated Alphas«, The Journal of Finance, Vol. LXV, No. 1, February 2010, http://papers.ssrn.com/sol3/papers.cfm?abstract_id=869748.
131 Baird's Asset Manager Research, Aaron Reynolds, »Do ratings have predictive value?«, March 2014. http://www.rwbaird.com/bolimages/Media/PDF/Whitepapers/Do-Ratings-Have-Predictive-Value.pdf. [Abgerufen am 26.2.2016].
132 Pensions Institute, David Blake, Tristan Caulfield, Christos Ioannidis, Iain Tonks, »New Evidence on Mutual Fund Performance«, October 2015. http://www.pensions-institute.org/workingpapers/wp1404.pdf. [Abgerufen am 15.3.2016].
133 M. Carhart, »On persistence in mutual fund performance«, Journal of Finance, Vol. 52, Issue 1, pp. 57–82, March 1997. http://www.seligson.fi/resource/carhart.pdf.
134 Christopher R. Blake, Edwin J. Elton and Martin J. Gruber, »The Performance of Bond Mutual Funds«, The Journal of Business, Vol. 66, No. 3 (Jul. 1993), pp. 371–403 https://www.researchgate.net/profile/Edwin_Elton/publication/24103164_The_Performance_of_Bond_Mutual_Funds/links/555490d308aeaaff3bf249c2.pdf.
135 Financial Services Authority (FSA), »FSA reasearch confirms: Past Performance no Guide to future performance«, 2000. http://www.fsa.gov.uk/Pages/Library/Communication/PR/2000/107.shtml.
136 S&P Dow Jones Indices, »S&P Persistence Sorecard«, January 2016. https://us.spindices.com/documents/spiva/persistence-scorecard-january-2016.pdf.
137 www.wallstreet-online.de, »Zeitenwende: ETF ist größter Fonds der Welt«, 6.12.2013. http://www.wallstreet-online.de/nachricht/6452556-fonds-zeitenwende-etf-groesster-fonds-welt.

138 Kenneth. R. French, Eugene F. Fama, »Luck Versus Skill in the Cross Section of Mutual Fund Returns«, Journal of Finance, Vol. LXV, No 5 Oct 2009, https://faculty.chicago booth.edu/john.cochrane/teaching/35150_advanced_investments/Luck%20versus%20 Skilll%20in%20the%20Cross%20Section%20of%20Mutual%20Fund%20Returns.pdf.
139 www.forbes.com, »Bill Miller gibt auf«, 17.11.2011. http://www.forbes.com/sites/steve schaefer/2011/11/17/end-of-an-era-bill-miller-to-give-up-reins-at-legg-mason-value-trust/#459551e04529.
140 L. Mlodinow, »The Drunkard's Walk, How Randomness Rules Our Lives«, Penguin Books, 2009, ISBN-10: 9780307275172.
141 Investment Advisor Interview mit William F. Sharpe, 6.12.2004, »By the time we can say someone is skilled they will be dead«, https://web.stanford.edu/~wfsharpe/art/ftarticle.pdf
142 The Wall Street Journal, »Bill Miller dishes on his streak and his strategy«, 6.1.2005. http://www.wsj.com/articles/SB110486010683816540.
143 Resource Consulting Group, »A famous fall from grace- Bill Miller«, 9.4.2009. http://www.resourceconsulting.com/PDF/articles/2009-04-07_A_Famous_Fall_From_Grace.pdf. [Abgerufen am 16.2.2016].
144 Die Welt, »Anleger stecken in der Psycho-Falle«, 25.2.2007. http://www.welt.de/wams_print/article734359/Anleger-stecken-in-der-Psycho-Falle.html. [Abgerufen am 16.2.2016].
145 www.fondsweb.de, »Glossar Fondsrating und -ranking«, http://www.fondsweb.de/glossar/413-Fondsranking-Fondsrating.
146 Stiftung Warentest, »Glossar Fonds«, https://www.test.de/Fonds-im-Test-Fuenf-Punkte-fuer-die-Besten-4331006-4331017/.
147 Morningstar, »Rating and Ranking Methodology«, http://www.morningstar.de/de/help/methodology.aspx.
148 M&G Investments, »Wesentliche Anlegerinformationen M&G Global Basics Fonds«, http://docs.mandg.com/KID%5Cglobal-basics-fund_eur_a_acc_de_kiid_deu_pe_gb0030932676.pdf. [Abgerufen am 4.4.2016].
149 C. Meinhardt, »Die Aussagekraft von Fondsratings– Eine Analyse des Finanztest-Ratings«, 2009. http://www2.wiwi.hu-berlin.de/finanz/paper/meinhardt_ratingsvsrankings_2011.pdf.
150 Johannes Hain, Universität Würzburg, »Abhängigkeit zweier Merkmale«, http://www.uni-wuerzburg.de/fileadmin/10040800/user_upload/hain/SPSS/Abhaengigkeit.pdf. [Abgerufen am 7.2.2016].
151 B. F. Cummings, »The Effect of Mutual Fund Fees on Performance«, 24.2.2010, http://papers.ssrn.com/sol3/papers.cfm?abstract_id=1967307.
152 www.msci.com, »MSCI World Index (EUR)«, https://www.msci.com/resources/factsheets/index_fact_sheet/msci-world-index.pdf.
153 www.welt.de, 4.6.2010, »Fondsmanager profitieren von der Krise«, http://www.welt.de/welt_print/finanzen/article7904557/Fondsmanager-profitieren-von-der-Krise.html.
154 R. Kosowski, »Do mutual funds perform when it matters most to investors?«, 1.8.2011. http://papers.ssrn.com/sol3/papers.cfm?abstract_id=926971.

155 www.handelsblatt.com, »Börsenpsychologie: Verluste wiegen schwerer als Gewinne«, http://www.handelsblatt.com/finanzen/anlagestrategie/trends/boersenpsychologie-verluste-wiegen-schwerer-als-gewinne/11553090-2.html.
156 europe.etf.com, »Tracking Error, Optimisation& Costs:Evaluating ETF Quality«, 2013. http://europe.etf.com/docs/presentation2013/TrackingErrorOptimisationCostsEvaluatingETFQuality.pdf. [Abgerufen am 6.2.2016].
157 www.msci.com, »The MSCI World«, 29.1.2016. https://www.msci.com/resources/factsheets/index_fact_sheet/msci-world-index.pdf. [Abgerufen am 12.2.2016].
158 www.finanzen100.de, »Shiller-KGV«, http://www.finanzen100.de/dossier/Shiller-KGV/. [Abgerufen am 12.2.2016].
159 www.starcapital.de, »Global Overview of Fundamental Valuation Ratios«, 31.12.2015. http://www.starcapital.de/research/stockmarketvaluation. [Abgerufen am 12.2.2016].
160 www.starcapital.de, »Lassen sich Börsenkurse vorausberechnen?«, Februar 2014. http://www.starcapital.de/docs/2014_02_Lassen_sich_Aktienkurse_vorausberechnen.pdf. [Abgerufen am 12.2.2016].
161 Finanztip, »Finanztip Investmentfonds«, http://www.finanztip.de/investmentfonds/. [Abgerufen am 12.2. 2016].
162 Stiftung Warentest, »Anlegen mit Fonds: Mehr Erfolg mit Fonds«, 15.2.2010. https://www.test.de/Anlegen-mit-Fonds-Mehr-Erfolg-mit-Fonds-1844434-2844434/.
163 Dimensional Fund Advisors, »Fama French Forum«, What can one learn from one, three, or five years of past returns about a manager's skill or the future performance of an investment?, 24.3.2015. https://www.dimensional.com/famafrench/questions-answers/qa-what-can-one-learn-from-one,-three,-or-five-years-of-past-returns-about-a-manager%E2%80%99s-skill-or-the-future-performance-of-an-investment.aspx.
164 Stiftung Warentest, »Geldanlage für Bequeme: Das Pantoffel-Portfolio«, 19.3.2013. https://www.test.de/Geldanlage-fuer-Bequeme-Das-Pantoffel-Portfolio-4516356-0/.
165 FERI EuroRating Services AG, »Das Feri Fondsrating«, Stand: 1.3.2016, http://fer.feri.de/Content/Frr/Files/Fondsplattform/PUBLICARCHIVE/FERI_Fondsrating.pdf.
166 Juliette Heer, »Analyse von Rankingverfahren als Grundlage für Investitionsentscheide in Aktienfonds«, Institut für Finanzmanagement der Universität Bern, 24.4.2003.
167 R. Bölke, »Bedeutung und Nutzbarkeit von Ratings für in Deutschland zugelassene Publikumsfonds im Beratungsprozess der Fondsvermittlung bei einem privaten Finanzdienstleister«, 11.9.2006, https://www.amazon.de/Nutzbarkeit-Publikumsfonds-Beratungsprozess-Fondsvermittlung-Finanzdienstleister/dp/3838698266.
168 www.moneyspecial.de, »Größte Aktienfonds in Deutschland«, http://www.moneyspecial.de/fonds/topfonds/groesste_fonds/aktienfonds.html?securityGroupCode=FUND_SHARE&sektion=groesste. [Abgerufen am 16.2.2016].
169 Wikipedia, »Irrational exuberance«, https://en.wikipedia.org/wiki/Irrational_exuberance. [Abgerufen am 6.4.2016].
170 Wayback Machine, »www.moneyspecial.de/fonds/topfonds/groesste_fonds«, http://web.archive.org/web/20100915000000*/http://www.moneyspecial.de/fonds/topfonds/groesste_fonds/alle_fonds.html?sektion=groesste. [Abgerufen am 6.4.2016].

171 Morningstar, »Den verkappten Indexfonds auf der Spur«, 29.4.2015. http://www.morningstar.de/de/news/137230/den-verkappten-indexfonds-auf-der-spur.aspx. [Abgerufen am 12.4.2016].
172 Morningstar, »UniGlobal wird schlanker«, 30.7.2015. http://www.morningstar.de/de/news/140656/uniglobal-wird-schlanker.aspx. [Abgerufen am 30.3.2016].
173 Boerse Online, »Union Investment baut UniProfiRente um«, 19 6 2015. http://www.boerse-online.de/nachrichten/fonds/Union-Investment-baut-UniProfiRente-um-Was-bedeutet-das-fuer-Anleger-1000679691.
174 Union Investment, »Gunther Kramert wird neuer Fondsmanager des UniGlobal«, 25.9.2012. https://unternehmen.union-investment.de/startseite/newsroom/nachrichten/2012/gunther-kramert-wird-neuer-fondsmanager-des-uniglobal.html. [Abgerufen am 30.3.2016].
175 Morningstar, »Uniglobal«, 31.3.2016. http://www.morningstar.de/de/funds/snapshot/snapshot.aspx?id=F0GBR04PQD&tab=2. [Abgerufen am 10.4.2016].
176 The Telegraph, »How to know if your funds are expensive 'closet trackers'«, 30.11.2015. http://www.telegraph.co.uk/finance/investor/investing-news/12025339/How-to-know-if-your-funds-are-expensive-closet-trackers.html. [Abgerufen am 10.4.2016].
177 www.justetf.com, »MSCI World-ETFs«, https://www.justetf.com/de/how-to/msci-world-etfs.html. [Abgerufen am 30.3.2016].
178 Union Investment, »Produktinformationen UniEuroRenta«, 31.3.2016. https://www.union-investment.de/handle?action=getPIF&isin=DE0008491069&nodl=1. [Abgerufen am 24.4.2016].
179 www.moneyspecal.de, »Die Größten Fonds- UniEuroRenta«, 7.4.2016. http://www.moneyspecial.de/fonds/kurse/UniEuroRenta_849106_DE0008491069/uebersicht.html?seite=fonds&i=163577. [Abgerufen am 9.4.2016].
180 John Bogle (Vanguard), zitiert im Eonomist zu Renditen von S&P Aktienfonds und Ihren Anlegern 1980–2005, http://www.economist.com/node/10715946. [Abgerufen am 5.4.2016].
181 BVI Bundesverband Investment und Asset Management e. V., »BVI Jahrbuch 2016«, https://www.bvi.de/uploads/tx_bvibcenter/BVI_3178_2015_Jahrbuch_2016_RZ_final_web.pdf. [Abgerufen am 7.10.2016].
182 Morningstar, »Kosten für ETF-Anleger«, 5.9.2011. http://www.morningstar.de/de/news/42790/Kosten-f%C3%BCr-ETF-Anleger.aspx. [Abgerufen am 7.3.2016].
183 Ali Masarwah, Chefredakteur Morningstar im Handelsblatt Interview, »In der ETF-Branche herrscht derzeit Preiskrieg«, 2014. http://www.handelsblatt.com/finanzen/anlagestrategie/fonds-etf/interview-in-der-etf-branche-herrscht-derzeit-preiskrieg/10102400-3.html. [Abgerufen am 8.3.2016].
184 Extra ETF, »iShares senkt drastisch die Gebühren für Core-ETFs«, 2.6.2014. https://www.extra-funds.de/ETF-News/ishares-senkt-drastisch-die-gebuehren-fuer-core-etfs.html. [Abgerufen am 8.3.2016].

185 Yahoo Finanzen Deutschland, »ETFs senken die Gebühren«, 21.11.2012. https://de.finance.yahoo.com/nachrichten/etfs-senken-geb%C3%BChren-074500858.html. [Abgerufen am 8.3.2016].
186 Verbraucherzentralen Bundesverband, »Interessenkonflikte ausräumen. Provisionen verbieten: Finanzempfehlungen sind sehr oft fehlerhaft bis falsch, da Berater auf Provisionen angewiesen sind und einem Interessenkonflikt unterliegen.«, http://www.vzbv.de/themen/finanzen/geldanlage. [Abgerufen am 11.3.2016].
187 Die Welt, »Bankberater halten dem Verkaufsdruck nicht stand«, 20.6.2009. http://www.welt.de/finanzen/article3962527/Bankberater-halten-dem-Verkaufsdruck-nicht-stand.html.
188 Statistica, »Wirtschaft der USA«, http://de.statista.com/statistik/faktenbuch/331/a/l-nder/usa---vereinigte-staaten-von-amerika/wirtschaft-der-usa/. [Abgerufen am 15.3.2016].
189 http://etfdb.com, »ETF versus Mutual Funds Growth«, 24.4.2015. http://etfdb.com/etf-industry/7-charts-to-put-the-etf-industry-in-perspective/. [Abgerufen am 6.2.2016].
190 www.faz.net, 5.11.2013, »Ein ETF ist jetzt weltgrößter Investmentfonds«, http://www.faz.net/aktuell/finanzen/fonds-mehr/pimcos-total-return-entthront-ein-etf-ist-jetzt-welt-groesster-investmentfonds-12649428.html.
191 Investopedia, »The 3 Best and Most Popular Vanguard Index Funds«, http://www.investopedia.com/articles/investing/111215/3-best-and-most-popular-vanguard-index-funds.asp.
192 Deutsche Börse, »15 Jahre ETF-Handel in Europa und auf Xetra«, http://deutsche-boerse.com/INTERNET/MR/mr_presse.nsf/maincontent/B8867D55581A7639C1257E2100296117?Opendocument&lang=de. [Abgerufen am 6.2.2016].
193 BVI Bundesverband Investment und Asset Management e. V., »Statistik Fondsvermögen«, Dezember 2015. https://www.bvi.de/uploads/tx_news/2015_12_31_BVI_Verwahrstellenstatistik.pdf. [Abgerufen am 7.3.2016].
194 www.justetf.com, Dominique Riedl, »Short ETFs: Depotabsicherung?«, 4.3.2012. https://www.justetf.com/ch/news/etf/short-etfs-depotabsicherung.html. [Abgerufen am 9.2.2016].
195 Roger Edelen, Richard Evans, and Gregory Kadlec, »Shedding Light on ›Invisible‹ Costs: Trading Costs and Mutual Fund Performance«, Financial Analysts Journal, January/February 2013, Volume 69 Issue 1. http://www.cfapubs.org/doi/pdf/10.2469/faj.v69.n1.6.
197 Wirtschaftswoche, »Warum eigentlich irren sich die Konjunkturforscher so häufig«, 8.9.2008. http://www.wiwo.de/politik/konjunktur/warum-eigentlich-irren-sich-die-konjunkturforscher-so-haeufig-und-wie-kommen-ihre-prognosen-zustande/5464618.html.
198 Keith Cuthbertson, Dirk Nitsche, Niall O'Sullivan, »The Market Timing Ability of UK mutual funds«, Journal of Business, Finance and Accounting 37, pp. 270–89, 2010. http://www.cassknowledge.com/sites/default/files/article-attachments/521--keithcuthbertson_the_market_timing_ability_of_uk_mutual_funds.pdf.
199 Deutsches Aktieninstitut, »Renditedreiecke Dax und Euro Stoxx 50«, https://www.dai.de/de/das-bieten-wir/studien-und-statistiken/renditedreieck.html.

Literaturverzeichnis

237

200 Niels Nauhauser. Thomas Lager, »Gibt es einen Cost-Average-Effekt?«, 2003. https://www.wiwi.uni-muenster.de/fcm/downloads/forschen/2003_Gibt_es_einen_Cost-Average-Effekt.pdf.

201 www.dasinvestment.com, »Max Otte: »Dann wird der Goldpreis wieder steigen«, 24.6.2015. http://www.dasinvestment.com/gold/news/datum/2015/06/24/dann-wird-der-goldpreis-wieder-steigen/.

202 Wikipedia, »Marc Faber«, https://de.wikipedia.org/wiki/Marc_Faber. [Abgerufen am 27.3.2016].

203 www.swissinfo.ch, »Börsenguru spricht von »größter Krise aller Zeiten«», 28.10.2008. http://www.swissinfo.ch/ger/boersenguru-spricht-von--groesster-krise-aller-zeiten-/137606. [Abgerufen am 27.3.2016].

204 ARD Börse, »Marc Faber: Der Crash-Prophet«, 5.9.2014. http://boerse.ard.de/boersenwissen/boersengeschichte-n/marc-faber-der-crash-prophet100.html. [Abgerufen am 28.3.2016].

205 Handelsblatt, »Geschäftsmodell Schwarzsehen«, 2010. http://www.handelsblatt.com/politik/konjunktur/nachrichten/geschaeftsmodell-schwarzsehen-die-duesteren-prophe ten-der-oekonomie/3515360.html. [Abgerufen am 27.3.2016].

206 Die Welt, »Das grandiose Scheitern der Crash-Propheten«, 18.8.2014. http://www.welt.de/finanzen/geldanlage/article131318393/Das-grandiose-Scheitern-der-Crash-Prophe ten.html. [Abgerufen am 27.3.2016].

207 Deutsches Aktieninstitut, »Aktionärszahlen des Deutschen Aktieninstituts 2015«, 9.2.2016. https://www.dai.de/files/dai_usercontent/dokumente/studien/2016-02-09%20 DAI%20Aktionaerszahlen%202015%20Web.pdf. [Abgerufen am 27.3.2016].

208 Vanguard, »Vanguard portfolio allocation models«, https://personal.vanguard.com/us/insights/saving-investing/model-portfolio-allocations. [Abgerufen am 11.3.2016].

209 Elroy Dimson, Paul Marsh &. Mike Staunton, »Triumph of the Optimists: 101 Years of Global Investment Returns«, Princeton University Press, 2002.

210 www.portigon.com, »Das war die WestLB«, http://www.portigon.com/cm/content/portigon/i/de/portigon-ag/westlb-archiv.html. [Abgerufen am 6.3.2016].

211 Spiegel online, »Abschreibungsbedarf: Landesbanken kämpfen mit Folgen der Finanzkrise«, 27.11.2008. http://www.spiegel.de/wirtschaft/abschreibungsbedarf-landesbanken-kaempfen-mit-folgen-der-finanzkrise-a-593128.html. [Abgerufen am 1.3.2016].

212 Wikipedia, »Lehmann-Brothers«, https://de.wikipedia.org/wiki/Lehman_Brothers#Folg en_der_Insolvenz_in_Deutschland. [Abgerufen am 2.3.2016].

213 Studie im Auftrag des Bundesministeriums für Ernährung, Landwirtschaft und Verbraucherschutz, September 2008, Titel: Anforderungen an Finanzvermittler mehr Qualität, bessere Entscheidungen, Seite 9: »50–80 Prozent der Langfristanlagen werden mit Verlust vorzeitig abgebrochen«, http://www.bmel.de/cae/servlet/contentblob/379922/publicati onFile/21929/StudieFinanzvermittler.pdf. [Abgerufen am 14.4.2016].

214 Die Welt, »Helmut Schmidt lästert über Politiker ohne Beruf«, 19.4.2011. http://www.welt.de/politik/deutschland/article13218624/Helmut-Schmidt-laestert-ueber-Politi ker-ohne-Beruf.html. [Abgerufen am 20.3.2016].

215 Monitor Sendung vom 1.10.2008, »Monitor über die Riester-Rente«,. https://www.you tube.com/watch?v=9u7lZHNVbEk.
216 N-TV, »Rentenreform endgültig beschlossen«, 11.5.2001. http://www.n-tv.de/politik/Ren tenreform-endgueltig-beschlossen-article141444.html.
217 Bund der Steuerzahler Deutschland e.V., »Die Finanzierung der Bundestagsabgeordneten«, http://www.steuerzahler.de/Die-Finanzierung-der-Bundestagsabgeordneten/8692c997 2i1p525/. [Abgerufen am 22.4.2016].
218 Nadine Oberhuber, Die Zeit, »Wenn Maschinen zocken – Welchen Schaden richtet der automatisierte Computerhandel tatsächlich an?«, 31.8.2015. http://www.zeit.de/wirt schaft/2015-08/hochfrequenzhandel-boerse-wertpapiere-finanzmarkt/seite-2. [Abgerufen am 8.4.2016].
219 Morningstar, »Gesamtrendite Franklin European Growth Fund«, http://www.mor ningstar.de/de/funds/snapshot/snapshot.aspx?id=F0GBR04LW5&tab=1. [Abgerufen am 22.4.2016].
220 Morningstar, »Gesamt-Rendite Franklin European Dividend Fund«, http://www.mor ningstar.de/de/funds/snapshot/snapshot.aspx?id=F00000MQFC&tab=1. [Abgerufen am 22.4.2016].
221 Wikipedia, »Peter L. Bernstein«, https://en.wikipedia.org/wiki/Peter_L._Bernstein#Wor ks.
222 Wikipedia, »Carhart four factor modell«, https://en.wikipedia.org/wiki/Carhart_four-fac tor_model.
223 Wikipedia, »Fama-French-Dreifaktorenmodell«, https://de.wikipedia.org/wiki/Fama-Fre nch-Dreifaktorenmodell.
224 gehaltsreporter.de, »Gehalt Fondsmanager«, http://gehaltsreporter.de/gehaelter-von-a-bis-z/113.html. [Abgerufen am 14.2.2016].
225 Mark M. Carhart, »Persistence in Mutual Funds Performance re-examined«, Working paper Graduate School of Business, University of Chicago, 1992.
226 Ishares, »Wertpapieranleihe bei Ishares ETFs«, http://www.ishares.com/at/qualifizierte-investoren/de/literature/brochure/ishares-securities-lending-unlocking-the-potenti al-de-de-pc-brochure.pdf?siteEntryPassthrough=true. [Abgerufen am 5.4.2016].
227 Wikipedia, »Internet Archive-Wayback Machine«, https://de.wikipedia.org/wiki/Inter net_Archive. [Abgerufen am 24.4.2016].
228 Wayback Machine, »Archivierte Website www.moneyspecial.de/fonds/topfonds/groess te_fonds«, 22.11.2010. http://web.archive.org/web/20101122074852/http://www.money special.de/fonds/topfonds/groesste_fonds/alle_fonds.html?sektion=groesste.
229 Europäische Wertpapier- und Marktaufsichtsbehörde (ESMA), »ESMA Statement: Su pervisory work on potential closet index tracking«, 2.2.2016. https://www.esma.europa. eu/sites/default/files/library/2016-165_public_statement_-_supervisory_work_on_po tential_closet_index_tracking.pdf. [Abgerufen am 12.4.2016].
230 Roger M. Eldelan, Richard B. Evans and Gregory B. Kadlec. »Scale Effects in Mutu al Fund Performance: The Role of Trading Costs.« 17 March 2007. http://www.forbes. com/2011/04/04/real-cost-mutual-fund-taxes-fees-retirement-bernicke.html.

Ernst Wolff

Weltmacht IWF

Chronik eines Raubzugs

2014, 240 Seiten
Klappenbroschur
17,95 € [D] / 18,50 € [A]
ISBN 978-3-8288-3329-6

Ausgabe in englischer Sprache:
2014, 206 Seiten
17,95 € [D] / 18,50 € [A]
ISBN 978-3-8288-3438-5

Er erpresst Staaten. Er plündert Kontinente. Er hat Generationen von Menschen die Hoffnung auf eine bessere Zukunft genommen und ist dabei zur mächtigsten Finanzorganisation der Welt aufgestiegen: Die Geschichte des IWF gleicht einem modernen Kreuzzug gegen die arbeitende Bevölkerung auf fünf Kontinenten.

In seinem bis zur letzten Seite fesselnden Buch schildert der Journalist Ernst Wolff, welche dramatischen Folgen die Politik des IWF für die globale Gesellschaft und seit Eintreten der Eurokrise auch für Europa und Deutschland hat. Denn die Vergabe von Krediten durch den IWF hat die Erzwingung neoliberaler Reformen zur Folge: Auf der einen Seite fördert diese Praxis Hunger, Armut, Seuchen und Kriege, auf der anderen begünstigt sie eine winzige Gruppe von Ultrareichen, deren Vermögen derzeit ins Unermessliche wächst – alles im Namen der Stabilisierung des Finanzsystems.

Ernst Wolff, 1950 geboren, wuchs in Südostasien auf, ging in Deutschland zur Schule und studierte in den USA. Er arbeitete in diversen Berufen, u.a. als Journalist, Dolmetscher und Drehbuchautor. Die Wechselbeziehung von Wirtschaft und Politik, mit der er sich seit vier Jahrzehnten beschäftigt, ist für ihn gegenwärtig von höchster Bedeutung: »Die Finanzkrise von 2008 und die Eurokrise waren nur die ersten Vorboten eines aufziehenden globalen Finanz-Tsunamis, in dem der IWF und seine Verbündeten auch in Deutschland zu Maßnahmen greifen werden, die wir uns heute noch nicht vorstellen können.«

Harald Trabold

Kapital Macht Politik
Die Zerstörung der Demokratie

2014, 563 Seiten
Klappenbroschur
19,95 € [D] / 20,60 € [A]
ISBN 978-3-8288-3330-2

Die Macht des Volkes ist längst zu einer Phrase in Sonntagsreden verkommen. In den westlichen Demokratien herrscht nicht mehr das Volk, sondern das Kapital. Politiker regieren die Bürger, aber Finanzmärkte und Großkonzerne regieren die Politik. Lobbyisten steuern die Gesetzgebung zum Wohl der Großkonzerne, PR-Agenturen machen Kapitalismus-Propaganda, die Unterhaltungsindustrie stellt das Volk ruhig und das Bildungssystem erzieht ökonomisch verwertbaren Nachwuchs. Es ist der klare Blick eines erfahrenen Insiders, der das Warum dahinter aufdeckt. Seit 2005 ist Trabold Professor für Volkswirtschaftslehre mit zahlreichen Veröffentlichungen u. a. zu den Themen Globalisierung, Wettbewerbsfähigkeit, Finanzkrise. Zudem ist er als Berater für UN-Organisationen, die Europäische Kommission und das Wirtschaftsministerium tätig gewesen.

»Harald Trabold – Ökonomie-Professor an der Hochschule Osnabrück und ausgewiesener Fachmann für internationale Wirtschaftsbeziehungen – beschreibt detailreich, fesselnd und bildhaft, wie der Kapitalismus sich anschickt, die Demokratie auszuhebeln. [...] Dieses Buch ist für jeden an Politik und Wirtschaft Interessierten ein großer Gewinn.« Herbert Wilkens – Netzwerk Grundeinkommen

Prof. Dr. Harald Trabold, geboren 1958, Studium der VWL in Regensburg und Boulder (USA), danach für die KfW (Frankfurt) und UNCTAD (Genf) tätig. Seit 2005 Professor für Volkswirtschaftslehre an der Hochschule Osnabrück. Zahlreiche Veröffentlichungen zu den Themen Globalisierung, Finanzkrise. Beratungstätigkeit für verschiedene UN-Organisationen, Europäische Kommission etc. Seit 2011 Leiter des als Reaktion auf die Finanzkrise neu konzipierten Studiengangs Angewandte Volkswirtschaftslehre an der Hochschule Osnabrück.